www.united-pc.eu

Joëlle Schüpfer

# Banshee
# Schrei des Todes

# 1. Player ... nein danke!

Wie ein Kleinkind spielte ich mit meinem Kugel-
schreiber und hörte ungeduldig Mrs. Martish zu.
Gott, ich mochte diese Schule ganz und gar nicht.
Hätte jemand sie abgefackelt, hätte ich vermutlich
schadenfroh gelacht. Der Gedanke daran brachte
mich zum Schmunzeln.
„Cassandra, würdest du bitte einmal zuhören?",
bat mich Mrs. Martish aufmüpfig.
Dafür bekam sie meinen Killerblick. Niemand
nannte mich Cassandra. Weder meine Lehrerin
noch sonst jemand.
Ich hasse meinen Namen.
Sauer knallte ich meinen Stift aufs Pult und fauchte
unfreundlich: „Zum wievielten Mal soll ich es Ihnen
noch sagen?! Ich will nicht, dass Sie mich
Cassandra nennen. Mein Name ist Cassie, Cassie
Clark!"
Mrs. Martish war kurz davor, mich zum Direktor zu
schicken, da ich in einer drohenden Stimmlage mit
ihr redete. Doch gottlob unterbrach sie die Schul-
glocke. Erleichtert erhob ich mich und warf meine
Bücher in den Rucksack. Endlich war die Schule
vorbei! Leider Gottes musste ich noch Hausauf-
gaben machen ... Naja, ich hatte schon genug
Einträge, also machte es nichts aus, wenn ich
noch einen weiteren bekam. Mit grossen Schritten

eilte ich aus dem Raum, gefolgt von meinen zwei besten Freundinnen.

Okay, ich bin ein beliebtes Mädchen und gehöre wohl zu den interessantesten Girls der Schule. Doch ich brauche nur zwei Freundinnen, damit ich glücklich bin … Und Jungs … die können mich mal! Ich kann ganz gut auf sie verzichten. Viele sind asoziale Badboys oder komische Streber, die sind merkwürdig und überhaupt nicht lustig!

„Mrs. Martish hätte dich beinahe mit dem Direktor bestraft, Süsse", meinte meine beste Freundin Poppy, die sich lässig an den Spind lehnte. Poppy Millington wickelte eine gelockte Strähne ihrer brustlangen goldblonden Haare um den Finger. Dabei strahlten ihre schmalen giftgrünen Augen, unbekümmert grinste sie mich an. Wie jeden Tag fiel mir ihr überladenes Make-up auf. Oh Gott, sie sah aber auch ohne Make-up wunder- schön aus, und jeder Junge latschte ihr hinterher. Egal, ob sie Make-up trug oder nicht: Sie war das Playgirl schlechthin!
„Ich weiss, Pop. Es wäre auch nicht das allererste Mal, dass ich beim Direktor lande. Inzwischen hat er sich daran gewöhnt, dass ich einmal pro Woche zu ihm muss."
Dabei schenkte ich Poppy mein freches Grinsen und holte die neue Jeansjacke aus dem Spind. Poppy lachte dabei laut, doch es tönte eher wie ein Quietschen. Auffällig rieb ich mir die Ohren, sodass sie merken musste, dass sie besser ihren

Mund halten sollte. Leider nützte das nichts. Neben ihr verdrehte Isabel ihre grossen eisblauen Augen und klatschte die Hand auf Poppys Mund. „Sei still! Dein Lachen tut in den Ohren weh! Du verjagst mir jeden Jungen in der Gegend."
Sofort verstummte Poppy und schluckte leer. Am liebsten hätte ich losgelacht. Wenn es um Jungs ging, war Pop immer sehr neugierig, und es war inzwischen normal, dass sie mit fremden Jungs rumknutschte. Beinahe jede Woche hatte sie einen Neuen und bestimmt schon die Lippen der meisten Jungs aus dem Schulhaus an ihren gehabt. Ich hatte gerade einmal zwei Küsse verteilt, und das waren nicht einmal richtige Küsse. Naja, wir spielten Pflicht oder Wahrheit, und ich musste zwei Jungs küssen. Es machte mir überhaupt keinen Spass!
Isabel strich ihre langen dunkelbraunen Haare hinter die Schulter und fragte mich, ob wir zusammen nach Hause laufen. Ich nickte, und Poppy wäre am liebsten mitgekommen, aber sie wohnte leider auf der anderen Seite von Adelaide. Zusammen verliessen wir das Schulhaus und verabschiedeten uns von Pop. Kaum hatte sie sich von uns abgewandt, kamen auch schon zwei Jungs auf sie zu und begleiteten sie nach Hause. Typisch Poppy!
„Und was hast du heute noch so vor?", fragte ich Isabel.

Isabel Hannigan kenne ich seit der Grundschule.

Ich mag ihre Offenheit. Sie hat einen tollen Charakter, ist freundlich, lebhaft und hilfsbereit. Okay, sie kann zwischendurch sehr kalt sein. Ihre direkte Art wirkt manchmal verletzend, doch ich kenne sie zu gut, und das macht sie für mich sympathisch … Also ich empfinde das so. Ausserdem ist sie sehr hübsch. Isabel ist von uns dreien die Grösste und Älteste. Sie ist achtzehn, Poppy und ich siebzehn. Bald habe ich Geburtstag.

Isabel kratzte sich an der Nase und strich sich durchs lange dunkelbraune Haar.
„Keine Ahnung. Lesen auf Wattpad."
Da sie sich selber nicht sicher war, klang das irgendwie lustig. Isabel schmunzelte leicht, da sie mein Gekicher witzig fand.
Ja, ich lache oft und liebe das. Lachen ist mein Hobby.
Isabel fragte mich nach meinen Plänen.
„Teen Wolf schauen!"
Dieses Mal lachte Isabel derart laut, dass uns die Menschen, die an uns vorbeigingen, komisch anstarrten.
„Du Seriensuchti!", zischte sie und boxte mir in den Oberarm, was mich wieder zum Kichern brachte.

Kurze Zeit später sichtete ich mein Zuhause. Mit einer langen Umarmung verabschiedete ich mich von Isabel und eilte heim. Schwungvoll riss ich die Haustür auf.

„Hallo Mom!", schrie ich durchs ganze Haus und schloss die Türe. Freudig lief ich den Flur entlang und guckte ins Wohnzimmer. Mom sass auf der Couch, hielt eine Tasse Tee in der Hand und zockte ein Game auf ihrem Handy. Sie lächelte mich an und begrüsste mich lieb.

Ich gleiche meiner Mom sehr und habe wie sie kastanienbraune lange Haare und tiefbraune schmale Augen. Für mein Alter bin ich nicht unbedingt gross. Das Einzige, was ich von Dad habe, sind die vollen Lippen und die Stupsnase … also ich glaube das zumindest. Ich habe ihn noch nie gesehen, leider … Ich will nicht über ihn reden und mag es ganz und gar nicht, wenn mich jemand auf Dad anspricht. Ich bin dann den Tränen immer sehr nahe.

Meinen Rucksack schleuderte ich auf den Boden und hüpfte auf die bequeme Ledercouch. Mom drückte mir schmunzelnd einen Kuss auf die Stirn.
„Na, wie war die Schule?"
Ihre Stimme war so sanft wie das Fell einer Katze. Egal, was war, sie schaffte es jedes Mal, mich zu beruhigen.
„Langweilig." Ich verschränkte meine Arme und lehnte mich zurück. Mom musterte mich und sagte nichts mehr. Naja, was sollte sie auch sagen. Die Schule empfand ich nicht wirklich als spannend. Noch nie hatte ich sagen können: Heute war's toll in der Schule! Wirklich noch NIE!!

Ich schnappte die Fernbedienung und wollte mir Teen Wolf reinziehen, als Mom mit ihrer täglichen nervigen Frage zuvorkam.

„Und? Heute einen Anfall gehabt, Cassie?"

Alsooo, ich erklär das mal: Ich bin kein normaler Mensch. Und nein! Ich bin kein Einhorn! Ich bin eine Todesfee, eine sogenannte Banshee. Klingt komisch, aber es ist wahr. Mom ist auch eine, aber nicht derart mächtig wie ich. Wenn jemand in meiner Gegend in sehr grosser Gefahr ist oder in wenigen Minuten gar stirbt, beginne ich äusserst laut zu kreischen. Wenn ich dermassen schreie, habe ich mich nicht mehr unter Kontrolle. Danach werde ich entweder ohnmächtig oder mir wird extrem schwindlig, ich verhalte mich wie eine Besoffene. Und jedes Mal nenne ich nach dem Schrei den Namen des Opfers. Mom hingegen spürt einfach, wenn jemand stirbt, aber sie kreischt nicht drauflos.

Wild schüttelte ich den Kopf.

„Nein, Mom, nein."

Sie nickte kurz und trank aus ihrer Tasse.

Meine Freundinnen wissen, dass ich eine Banshee bin. Anders ausgedrückt: Meine ganze Schule weiss es! Wenn ich kreische, hört es das ganze Schulhaus, und manchmal gehen sogar die Fenster kaputt.

Da konnte ich mein Geheimnis nicht einfach geheim halten.

Ich hatte schon oft einen Anfall in der Schule.

Es lief gerade die Titelmusik zu Teen Wolf, als mein Handy klingelte. Poppy rief mich an. Gott, hatte sie sich wieder einmal einen heissen Jungen geschnappt und wollte mir erzählen, wie gut er küsste? Inzwischen war das normal. Das bedeutete, Teen Wolf musste auf mich warten …
Ich eilte die Treppe hoch direkt in mein Zimmer.
„Poppy?"
„Heeeyyyyy Cassie!"
Immer wenn Poppy das „Heeeyyyyy" so lange aussprach, wollte sie irgendetwas von mir. Ein Lächeln huschte über mein Gesicht.
„Was willst du, Pop?"
Ich konnte ein Kichern auf der anderen Seite hören, Poppy zögerte. Auf meinem grossen Bett machte ich mich lang und breit. Meine vielen Kissen lagen hübsch verteilt um mich herum.
Ich habe eine Sucht, eine Kissensucht. Über fünfzehn Kissen liegen auf meinem Bett, und immer wieder kaufe ich mir neue.
„Heute Abend habe ich ein Date, wie jeden Freitag … eigentlich. Aber dieses Mal gehe ich mit einem richtig heissen Kerl aus. Dieses Date möchte ich wirklich nicht sausen lassen."
Playgirl!
Jeden Freitag hat Poppy irgendein Treffen, aber an die meisten Dates geht sie gar nicht, weil die Jungs entweder plötzlich uninteressant sind oder auf einmal schlecht aussehen. Typisch Pop!

„Ich hätte heute eigentlich in der Biggie at Angel Bar zu arbeiten und frage dich spontan, ob du für mich einspringen kannst, sodass ich zu meinem Date kann."

Ich verdrehte die Augen und drückte ein Kissen an meine Brust. Ich war bereits in einer anderen Bar angestellt. Doch ich hatte Ferien, also konnte ich für Poppy einspringen. Schliesslich verdiente man in der Biggie at Angel Bar mehr als in jener Bar, in der ich gelegentlich arbeitete.

„Sicher! Geh du zu deinem Eine-Nacht-Freund-Date, und ich spring für dich ein."

„Jaaa! Danke, du bist die Allerbeste. Hab dich lieb!" Und der Anruf war beendet. Es war nicht das erste Mal, dass ich für sie als Barkeeperin einsprang. Okay, Poppy und ich arbeiteten nur da, um ein bisschen Geld zu verdienen und später zusammen in die Ferien zu reisen. Ehrlich gesagt gefiel es mir, in einer Bar zu arbeiten, doch als festen Job konnte ich es mir schlicht nicht vorstellen. Mein Traumberuf sollte abwechslungsreich und unter Leuten sein. Ich wusste noch immer nicht, was ich werden wollte. War auch egal! Ich musste mich parat machen für die Bar!

Ich zog mir ein schwarzes Top passend zu den zerrissenen Jeans an und band eine Jeansjacke um meine Hüften. Meine Haare liess ich offen, ich schminkte mich dezent. Ich wollte ja nicht als Bitch dastehen, schliesslich arbeitete ich dort. Kurz schaute ich auf die Uhr … puuuh, ich hatte noch eine Stunde Zeit. Die Bar öffnete um sechs … Jaaa! Ich konnte noch chillen!

Seit einer Stunde stand ich nun an der Bar und war umgeben von vielen Jungs, die alle ein Getränk von mir verlangten. Naja, die meisten wollten auch meine Handynummer, doch ich lehnte bei jedem ab! Baaahh, als ob die Jungs von einer Barkeeperin, also von mir, erwarten würden, dass ich ihnen meine Handynummer rausgab. Ich stand nicht auf solche Jungs! Neneee!
Gerade als ich einem Jungen seinen Drink reichte, fingen plötzlich einige Mädchen an zu kreischen. Ich erschrak derart und hätte beinahe das Glas fallen lassen. Der Barkeeper neben mir starrte zum Eingang. Was zum Teufel war hier los? Die fünf Jungs auf den Barhockern hatten ihre Blicke ebenfalls zum Eingang gerichtet. Dort stand eine Horde Girls. Es war wahrscheinlich nur ein Promi, der rein wollte. Meine Güte, deswegen brauchte man doch nicht zu kreischen! Ich verdrehte auffällig die Augen und wandte mich den Jungs zu, die mit ihren Blicken noch immer am Girlshaufen hingen. Die Musik war derart laut, dass ich sie anschreien musste.
„Wollt ihr noch etwas?" Hastig drehten sie sich zu mir um, einer lächelte amüsiert.
„Ist schon gut, Süsse."
Als er mich „Süsse" nannte, verschwand mein Lächeln augenblicklich. Hallooo?! Niemand nannte mich so! Ich kannte ihn nicht einmal. Laut knurrte ich und drehte mich zur Kasse.

Dort verstaute ich das eingenommene Geld.

Ein anderer Junge fragte mich mit lauter Stimme: „Willst du nicht wissen, was dort hinten abgeht?!" Kalt schüttelte ich den Kopf. Tja, doch irgendwie wollte ich es schon wissen. Ich entfernte mich von der Kasse und schaute zum Eingang. Zwischen den vielen Mädchen hindurch konnte ich endlich sehen, was denn so interessant war. Oh shit! Mir wurde schrecklich heiss, und mir fehlte plötzlich die Stimme. Ein gut gebauter junger Mann von grosser und kräftiger Statur trat in die Bar. Wie umwerfend er aussah … nein, perfekt! Wunderschöne mittel-kurze dunkelbraune Haare, wild durcheinander, seine Haut prächtig gebräunt. Es passte einfach. Schande und diese auffällig schönen, ich nehme mal an dunklen Augen. Die hohen Wangen-knochen machten ihn sehr männlich und attraktiv. Ich schätzte ihn auf etwa neunzehn oder zwanzig.

Jetzt kapierte ich, warum die Mädchen so von ihm angetan waren. Er sah einfach zu makellos aus! Göttlich! Als ich begriff, wie viele Tussen und Zicken ihn umringten, wurde mir klar, dass er entweder ein Player oder ein Badboy sein musste. Kein Mädchen konnte solch einer Schönheit widerstehen … nicht einmal ich. Doch der Gedanke, dass dieser Junge ein Player sein könnte, versaute alles an ihm. Ich riss mich zusammen und wandte mich von ihm ab. Die Jungs, die mich dabei beobachteten, warteten, bis ich etwas sagte. Aber ich ignorierte ihre Blicke und nahm die nächsten Bestellungen auf. Ich mixte einen Drink mit Whisky und bekam von einem netten Jungen fünf australische Dollar mehr, was mir ein Lächeln ins Gesicht zauberte.

Die Musik wurde noch lauter, alle sangen mit. Sogar ich summte ein wenig, ich hatte mich auf meinen Job zu konzentrieren. Ruhig, aber zügig mischte ich die Drinks und nahm das Geld entgegen.

Es vergingen viele Minuten, als mich ein Ange- stellter an der Schulter berührte und mich so aus dem Rhythmus brachte. Grrr, das war fies! Sauer funkelte ich ihn an und gab einer jungen Frau ihren Drink.

„Was?!", fauchte ich laut. Der Barkeeper hielt eine Cola in der Hand. Hmmm, komisch. Warum eine Cola? Normalerweise trank kaum jemand in der Bar etwas ohne Alkohol. Verwundert musterte ich die Cola und fragte: „Wer hat eine Cola bestellt und warum bist du bei mir?!"

Ich kannte ihn nicht einmal gut, doch ich wusste, dass er gut mit Poppy befreundet war.

Er drückte mir die Cola in die Hand und klopfte mir auf die Schulter. Was zum … häää? Verwirrt guckte ich in seine bernsteinbraunen Augen. Er antwortete grinsend: „Er hat dir eine Cola bezahlt und mir gesagt, dass ich sie dir geben soll."

Wer?! Ich runzelte die Stirn und blickte mich verunsichert kurz um. Keiner starrte mich an – ausser dem Barkeeper. Unsicher kratzte ich mich am Hinterkopf und wollte wissen, von wem ich diese Cola bekam. Der Barkeeper drehte sich um und deutete auf jemanden hinter ihm. Neugierig sah ich über seine Schulter und erschrak. Dieser perfekt aussehende Typ sass auf einem Barhocker, ebenfalls mit einer Cola und prostete mir zu. Dabei grinste er frech. Wollte er mich gerade verarschen?! Dieser Gott bestellte für mich einfach so eine Cola … da hatte er die Falsche ausgewählt. Statt sein Grinsen zu erwidern, verengte ich die Augen zu Schlitzen und wandte meinen Blick zum Barkeeper.

„Sag ihm bitte Dankeschön von mir."

Der Barkeeper ging auf den jungen Mann zu. Ich wollte seine Reaktion nicht sehen, da er mich trotz seines guten Aussehens nicht interessierte.

Schnell nahm ich einen Schluck und ging auf eine Frau zu, die ein Getränk bestellen wollte.

„Eine Piña Colada, bitte."

Ich nickte und begann, ihren Cocktail zu mixen. Sie sah mir dabei zu, ihr Geld hielt sie bereits in den Händen. Als ich ihr den Drink fixfertig reichte, erschrak ich. Neben ihr sass dieser heisse Junge und schaute mich unaufhörlich an. Was hatte der für Störungen?! Seine Mädchen waren auf der Tanzfläche, doch … Schande! Er sah einfach zu gut aus!

## 2. Peinlicher Anfall

Ich wollte mir aber nicht anmerken lassen, dass ich ihn heiss fand, deshalb ignorierte ich ihn und mixte einem anderen Jungen einen Cocktail. Er gab aber nicht auf und wartete ab, bis ich mit dem Shaken fertig war.

„Naaa? Findest du es cool, dass ich dir eine Cola bezahlt habe?", fragte er. Mit leerem Blick starrte ich in seine grossen braungrünen Augen und zeigte keine Emotionen. Ich zuckte mit den Schultern und nahm dem anderen Jungen dankend das Geld aus der Hand. Bald verschwand er auf der Tanzfläche, doch der Göttliche sass noch immer vor mir. Langsam fragte ich mich schon, was er von mir wollte.

Er biss sich auf die vollen Lippen und lehnte sich ein wenig nach vorne.

„Weisst du, dass du toll aussiehst?", fragte er mich grinsend.

Darauf konnte ich nicht anders, als ein wenig zu lachen. Ich versuchte, ihn frech anzustarren und reinigte dabei verlegen ein Glas.

„Du bist nicht der Erste, der mir das sagt. Und danke für die Cola", meinte ich nüchtern und drehte ihm den Rücken zu. Ich konnte wahrnehmen, wie er leise fluchte. Mir wurde klar, dass er mich beeindrucken wollte, doch damit kam er nicht weit. Ausserdem gab es viele andere

Mädchen, die bestimmt gerne mit ihm flirten wollten. Ich hatte zu arbeiten. Zügig nahm ich nochmals einen Schluck von der Cola und stellte das geputzte Glas zu den anderen Gläsern. Der Junge starrte mich noch immer an. Alter, was hatte er für Probleme? Augenprobleme? Mein Blick wanderte zu einer Gruppe Mädchen, die den Typen pausenlos angafften und wild durcheinander quasselten. Tief atmete ich durch. „Auf dich wartet eine Horde Girls. Geh doch zu ihnen!" Der Junge drehte sich nicht einmal um. „Ich will nicht zu diesen Mädchen! Ein anderes Mädchen zieht mich wie ein Magnet an … du. Ich möchte mich gerne ein wenig mit dir unterhalten, denn deine Art gefällt mir."

Ich liess meine Hände sinken und kniff meine Augen drohend zusammen. Der Junge grinste dabei nur noch breiter und schlurfte aus seinem Glas. Das war ganz klar ein Player! Schliesslich arbeitete ich gerade.

Soeben wollte ich mich von ihm abwenden, als er mich am Handgelenk packte und forsch zurückzog. Dabei wäre ich beinahe hingefallen. Was für ein Arsch! Wütend funkelte ich ihn an und schlug ihm unsanft auf die Hand. Er liess nicht los! Du meine Güte, was wollte er nur von mir?! Er sah mich erwartungsvoll an. Doch bevor er etwas sagen konnte, befreite ich mich flink aus seinem Griff und entfernte mich von ihm. Ich wollte ihm nicht noch einmal begegnen. Er machte mir Angst.

## Gutaussehender Unbekannter

Shit, sah dieses Mädchen heiss aus! Noch nie zuvor hatte ich solch ein hübsches Mädchen gesehen. Schliesslich war ich schon mit sehr vielen Mädchen zusammen. Naja, zusammen war ein wenig übertrieben. Viele Girls wollten mich haben, doch ich nahm die Beziehungen nie gleich ernst. Ein Tag - aber sicher nicht mehr als zwei Tage - mit einem Girl reichte! Doch diese Barkeeperin liess mir keine Ruhe. Ihre Ausstrahlung und ihr Aussehen waren einzigartig und bezaubernd. Wunderschönes langes Haar, tiefbraune Augen, klein und ihre Figur einfach wooow! Ich durfte sie nicht aus den Augen lassen.
Hastig stand ich auf und folgte ihr. Dummerweise war sie um einiges schneller als ich, was mich ein wenig nervte, doch irgendwie gefiel mir das. Sie war anders als die anderen Mädchen. Endlich blieb sie stehen und nahm eine Bestellung von einem Mädchen entgegen. Verdammt, dieses Lächeln! Warum nur so hübsch? Kaum zu glauben, aber meine Beine fühlten sich bei diesem Lächeln plötzlich schwabbelig an. Dieses Gefühl hatte ich zuvor nie gehabt, noch gar nie! Ich kannte sie nicht einmal, aber sie machte mich richtig neugierig!

Plötzlich war sie wie vom Erdboden verschluckt. Wie ein Verrückter suchte ich sie an der Bar.

Eeendlich fand ich sie auf der gegenüberliegenden Seite. Mist! Wütend schlug ich mit der Faust auf den Tisch und liess mich auf den Barhocker fallen.

„Naa? Was ist los, Bro?", wollte ein Kumpel von mir wissen, der ebenfalls in dieser Bar arbeitete. Er mischte gerade einen Cocktail und beobachtete mich. Meinen Blick hatte ich aber noch immer auf dieses heisse Girl gerichtet.

„Wer ist sie?" Komisch, ich ging sehr oft in diese Bar und hatte sie noch nie zuvor gesehen.

Mein Kumpel drehte sich um und entgegnete: „Sie ersetzt Poppy."

„Und wie heisst sie?"

„Keine Ahnung, sie hat mir ihren Namen nicht gesagt."

Dabei grinste er und reichte dem Mann neben mir den Cocktail. Das Mädchen drehte sich in diesem Moment zur Kasse, ich konnte ihr wunderschönes Gesicht sehen.

„Warum willst du das wissen? Gefällt sie dir?" Er lehnte sich zu mir nach vorne, ich zuckte mit den Schultern.

„Sie sieht nicht schlecht aus", gab ich zu.

„Ja! Lustig, normalerweise rennen die Mädchen dir hinterher, und dieses Mal bist du hinter einer her." Dabei lachte mein Freund laut, was ich aber nicht witzig fand.

Auffällig verdrehte ich die Augen und strich mir durchs dunkelbraune Haar. Etwas störte mich jedoch an diesem Mädchen. Sie fand mich nicht interessant und fragte mich nicht nach meinem

Namen und meiner Nummer. Jedes Girl wollte mich, doch SIE anscheinend nicht! Dieses Mädchen ignorierte mich eiskalt, als wäre ich nichts Spezielles! Kopfschüttelnd musterte ich ihre schöne Figur.

„Wann hat sie Feierabend?", wollte ich wissen. Mein Kumpel dachte kurz nach und blickte auf seine Armbanduhr.

„In vier Stunden …"

„Kann sie früher gehen?"

„Ähm … eigentlich darf sie das nicht …"

„Komm schon! Dieses Mädchen ist schliesslich der Ersatz dieses blonden Playgirls! Ausserdem arbeitet sie sehr fleissig. Sie verdient es, früher zu gehen!" Ich wollte nicht noch vier Stunden warten, bis Miss Schönheit nach Hause gehen konnte. Ich wollte mich schnellstmöglich mit ihr unterhalten und sie auf die Tanzfläche führen.

Ungeduldig wartete ich auf seine Antwort, und schliesslich gab er nach. Ich lächelte breit und schaute ihm dabei zu, wie er auf das Mädchen zuging. Na endlich!

## Cassie

Ich säuberte gerade ein Glas, als ein Barkeeper auf mich zukam und seine Hand auf meine Schulter legte. Was sollte das? Ernsten Blickes guckte ich ihn an und stiess ihn ein wenig von mir weg. Wortlos schrubbte ich weiter und versuchte, seinen Blick nicht zu beachten.

„Mädchen, du hast Feierabend!"

Beinahe liess ich das Glas fallen lassen. War das gerade sein Ernst? Ich arbeitete gerade einmal seit bald drei Stunden und hätte eigentlich noch vier Stunden vor mir. Mit gigantischen Augen suchte ich seine Glotzer.

„Häää? Aber ich …"

„Du bist ‚nur' Poppys Aushilfe und sehr fleissig. Du verdienst den Feierabend."

Glücklich liess ich alles fallen. Das gefiel mir natürlich! Früher aus, mehr Schlaf! Bett, ich komme!

Ich bedankte mich bei ihm und wollte schnellstmöglich zum Ausgang. Geschickt schlängelte ich mich durch die teils besoffenen Menschen und versuchte, die Musik um mich herum zu verdrängen. Gott, war die laut! Ich rieb die Ohren und quetschte mich durch eine Gruppe Jungs. Meine Schritte wurden schneller. Auf dem Weg nahm ich mein Handy zur Hand und blickte auf die Zeit: 20:50. Bis ich zu Hause war, würde es schon halb zehn sein. Okay, ich hätte ein Taxi nehmen können, doch ich wollte lieber zu Fuss heim. Mein Handy verstaute ich in der Hosentasche und richtete meinen Blick zum Ausgang. Als ich nach dem Türgriff greifen wollte, wurde ich zurückgezogen. Hallo?! Wer war das?! Entsetzt drehte ich mich um und wollte demjenigen auf die Hand schlagen, doch mein Atem stockte. Es war dieser gutaussehende ‚Cola-Junge'. Er hielt mich am Handgelenk fest und liess mich nicht gehen. Seine Augen suchten meine. Ich kniff meine Glotzer zusammen und befahl bestimmt: „Lass mich los!" Statt auf mich zu hören, kam er immer näher auf mich zu und hielt mich an den Oberarmen fest. Ich mochte es nicht, dass er so nahe bei mir war. Wir waren gerade einmal eine Handbreite voneinander entfernt. Laut knurrte ich, und bevor ich noch deutlicher werden konnte, hauchte er mir ins Gesicht: „Warum interessierst du dich nicht für mich? Zieht meine Schönheit dich etwa nicht an?" Was für ein selbstverliebter Player! Als ob mich seine Schönheit anzog!

Ich bin nicht das Mädchen, das sich ins Aussehen eines Jungen verliebt. Ich mag Jungs, die einen tollen Charakter haben.

Sauer stiess ich ihn von mir weg und fauchte: „Weil du mich nicht interessierst, und ausserdem finde ich selbstverliebte Jungs sehr unsym- pathisch! Dein Aussehen beeindruckt mich nicht! Geh zu deinen Mädchen und lass mich in Ruhe! Ich bin nicht so, wie du es dir wünschst!"

Empört wandte ich mich von ihm ab, drehte ihm den Rücken zu und wollte schnellstens aus der Bar, als er mich erneut am Arm zurückzog. Gott, hatte der Nerven! Seufzend schloss ich kurz meine Augen. Waruuum?! Der Junge schaute mich breit grinsend an. Schande, dieses Lächeln sah so zuckersüss aus.

„Deine kalte und offene Art gefällt mir."

„Halt bitte deinen Mund!", brüllte ich zurück und fuchtelte mit den Händen. Dabei lachte er und schnappte sich meine Hände. Oh Gott, was passierte da gerade? Als seine Hände meine Haut berührten, lief mir ein kalter Schauer über den Rücken. Er zog mich auf die Tanzfläche und drängelte sich durch die tanzende Menschenmenge. Kaum zu glauben, dass er so vernünftig war und Cola trank.

In der Mitte blieb er stehen und sog mich mit seinem Blick regelrecht rein. Ich dagegen stand steif vor ihm und kam gerade nicht mit meinem Leben klar. Was hatte er mit mir vor? Um uns herum tanzten viele Jugendliche wild durcheinander. Ein paar hüpften auf und ab, die einen schwankten hin und her. Ich fühlte mich unwohl dabei … Lieber stand ich hinter der Bar und verteilte Drinks. Mein Blick wanderte zum DJ, der zum Beat mittanzte. Der unbekannte Schöne tanzte ausgelassen und bat mich, dasselbe zu tun. Ich weigerte mich, ich wollte hier raus. Und das sofort! Er griff nach meinen Hüften und zog mich an sich. Was zum …!? Was glaubte er eigentlich, wer er war?! Ein fremdes Mädchen einfach so anzufassen, ging nun ganz und gar nicht! Seine funkelnden Augen zogen mich aber derart in seinen Bann, dass ich mich wehrlos und wie gelähmt fühlte. Noch bevor ich etwas sagen konnte, legte er sanft seine Lippen auf meine. Mir wurde schrecklich heiss, meine Augen waren weit aufgerissen. Dieser Junge musste besoffen sein!

Er küsste gerade ein fremdes Mädchen … MICH!!
Noch mehr drückte er mich an sich. Seinem Kuss
versuchte ich auszuweichen, jedoch mit viel zu
wenig Widerstand, er fühlte sich zu gut an. Shit,
warum waren seine Lippen nur so schön und zart?
Für einen Moment liess ich alles locker, schloss
meine Augen und erwiderte knapp seinen Kuss,
bis mich ein komisches Gefühl beschlich.
Es fühlte sich so an, wie wenn jemand kurz vor
seinem Tod stand.
Ich runzelte die Stirn, langsam wurde mir schlecht.
Nicht wegen des Kusses (der war ja unglaublich),
sondern wegen meines merkwürdigen Körper-
gefühls. Der Junge versuchte, seine Zunge ins
Spiel zu bringen, das wünschte ich mir definitiv
nicht. Meine Hände lagen scheu auf seinen
Schultern, mein Blick auf seine vollen Lippen
gerichtet. Er schien baff und leicht ausser Atem zu
sein. Noch immer hielt er mich an den Hüften. Ich
schaute in sein neckisches und grinsendes
Gesicht.
„Willst du das nicht, Süsse?" Er versuchte, mich
erneut zu küssen.
„Neiiin! Ich … ich … fühle mich nicht … gut",
stotterte ich, bevor der Junge aufdringlich seine
Lippen erneut auf meine drückte. Verwirrt blinzelte
er mich an. Ich stiess ihn grob von mir weg und
landete unsanft auf dem Boden. Vor meinen
Augen tanzten schwarze Punkte. Die Musik um
mich herum wurde leiser. Oder bildete ich mir das
nur ein? Die durcheinander tanzenden Jugend-

lichen bewegten sich in Zeitlupe. Ich konnte spüren, wie jeden Moment mein Kiefer aufklappte und ein Bansheeschrei über meine Lippen kam. Der Junge bückte sich zu mir runter und fragte besorgt: „Hey, alles okay mi…"

„Halt die Ohren zu!", warnte ich ihn mit zittriger Stimme.

Er verzog die Augenbrauen und wollte wissen, warum. Doch es war zu spät. Ein unfassbar lauter Schrei entfuhr mir. Der Todesschrei war hundert Mal lauter als die Musik. So laut, dass sogar einige Fenster zersplitterten oder Risse bekamen. Alle um mich herum hielten sich die Ohren zu. Der attraktive Junge kniff die Augen zusammen und klatschte seine Hände auf die Ohren. Nach wenigen Sekunden verstummte ich, und vor mir drehte sich alles. Langsam versuchte ich aufzustehen und schwankte hin und her. Alles war still um mich.

„Luke Smith!"

„Wer?", fragte der Junge verwirrt.

Luke Smith. Ich spürte seinen Tod, da er in meiner Nähe war.

Da mein Gekreische mir beinahe die Stimme klaute, rannte ich wortlos aus der Bar und musste aufpassen, dass ich nicht nochmals hinfiel.

Ooohhh, war das peinlich!

# 3. Die beste Nachricht

Viel zu schnell wurde es Morgen. Ächzend wälzte ich mich im Bett. Oh Schreck, der Vorfall von vergangener Nacht kam mir immer wieder in den Sinn. Wie mich jeder angestarrt hatte! Als wäre ich ein Alien …

Okay, bin ich auch irgendwie.

Und dieser Junge … den wollte ich nie mehr sehen! Das war so peinlich! Ich hatte alles von letzter Nacht Mom erzählt, sie grinste nur. Grrr, ich fand das überhaupt nicht witzig.

Müde sprang ich aus dem Bett und zog mir meinen Kuschelmantel über. Zum Glück war es Samstag. Seufzend schlurfte ich die Treppe runter. Es duftete nach leckerem Frühstück, das auf mich wartete. Mama kochte immer sooo gut!

Ihr Essen ist einfach das Beste.

In der Küche erspähte ich feinste Omeletten auf meinem Teller. Mom sass am Tisch und trank Kaffee. Sie war gelangweilt mit der Zeitung beschäftigt.

„Guten Morgen, Mom", begrüsste ich sie freudig und umarmte sie von hinten. Lächelnd drückte sie mir einen Kuss auf die Hand. Leise kicherte ich und setzte mich neben sie hin. Die Omeletten durften nicht warten. Wie köstlich sie einmal mehr schmeckten.

Lange schwiegen wir, bis Mom ihre Zeitung sinken liess und mich anguckte. Ihr Blick verunsicherte mich. Mit vollem Mund musterte ich ihre braunen Augen. Hatte ich einen Pickel auf der Nase oder einen auffälligen Frauenschnauz? Wenn ja, dann musste ich sofort zur Kosmetikerin!

„Alles okay, Mom?", fragte ich zögernd.

„Jaja", antwortete sie kurz und knapp. Unsicher trank ich einen Schluck aus meiner Tasse und genoss die kalte Milch im Mund. Mein Lächeln verschwand blitzartig.

„Cassie, wir treffen heute jemand sehr Wichtiges", meinte Mom ernst.

Zuerst war ich verwirrt und dachte unbewusst an Dad. Er war bei meiner Geburt abgehauen und hatte sich seither nie mehr blicken lassen. Ich fragte mich, wer er wohl war und warum er aus unserem Leben verschwand. Ich hätte mich gefreut, ihn kennenzulernen, aber gleichzeitig machte er mich auch wütend. In diesen siebzehn Jahren liess er sich nie blicken. So ein Arsch! Zum Glück verdiente Mom als Richterin genug.

Neugierig schaute ich sie an. „Wen? Dad?"

Mom lächelte leicht enttäuscht und schüttelte den Kopf. „Wäre zu schön gewesen, aber nein."

Meine Neugier verschwand augenblicklich, schnell ass ich weiter. Es war nicht Dad, also interessierte es mich nicht weiter!

Mom seufzte laut und kraulte meinen Rücken.

„Ach Schätzchen, wir werden aber jemand anders treffen, und ich weiss, dass du dich freuen wirst."

„Und wen?"

„Cassie, du weisst, dass du nicht in Sicherheit bist mit deiner aussergewöhnlichen Kraft. Viele sind hinter dir her und wollen wissen, wie sie an deine Kraft kommen."

„Du aber auch", unterbrach ich sie mit einem düsteren Blick.

„Cassie, du bist aber viel mehr in Gefahr als ich. Dein Todesschrei ist sehr, sehr, sehr viel wert."

„Wie viel denn wirklich?"

„Das weiss derjenige, den wir besuchen werden."

„Und wer um Himmels willen ist das?"

Mom grinste und packte mich schroff an den Schultern, sodass mir die Gabel aus der Hand fiel. Ich musterte Mom baff. Was war mit ihr denn los? Hatte irgendein Vieh sie ins Hinterteil gestochen?

„Cassie, du kriegst einen Bodyguard, der für immer auf dich schauen wird!"

Moment mal … Wie bitte?! Einen Bodyguard?! Ach du heilige Scheisse!

Für einige Sekunden war ich schockiert, bis ich realisierte, dass jemand mich beschützen und sein Leben für mich riskieren würde. Ich konnte es nicht fassen und klatschte vor Freude wie verrückt in die Hände.

„Oh mein Gott, das ist die beste Nachricht!", kreischte ich und fiel Mom um den Hals. Dabei lachten wir beide laut. Ich zappelte mit den Füssen. „Mach's nicht so spannend … Wer ist nun mein Bodyguard? Wie sieht er aus? Wie alt ist er und …? Erzähl schon!"

Grinsend strich mir Mom durchs Haar und reichte mir einen bereits geöffneten Umschlag. „Dieser Brief ist etwa vor zwanzig Minuten angekommen. Komischerweise wurde er nicht vom Postboten überbracht, sondern von einem sehr starken und attraktiven Mann." Mom lächelte ein wenig verträumt, was mich noch neugieriger machte. Schnell nahm ich die Nachricht entgegen.

**Liebe Kayla Clark**

**Wir wollen Ihnen mitteilen, dass Ihre Tochter Cassandra ab heute von einem der besten Bodyguards in unserer Organisation beschützt wird. Der Bodyguard hat sich heute Morgen an der Besprechung freiwillig gemeldet und freut sich, Ihre Tochter kennenzulernen.**

**Er heisst Ray Wyler und möchte Cassandra heute treffen. Ich werde an der Besprechung auch dabei sein, so wie Sie. Daher bitten wir Sie beide, heute Nachmittag um drei Uhr ins A.B. Hauptquartier zu kommen.**

**Wir freuen uns auf Sie!**

**Gruss Michael Johns**

Vor Freude kreischte ich erneut. Ich hatte schon immer von einem Bodyguard beschützt werden wollen, nur schon wegen meiner einzigartigen

Kraft. Seit Jahren wusste ich, dass viele böse Menschen mich wegen meiner speziellen Gabe ausnutzen wollten. Daher passten Mom und meine Freunde immer gut auf mich auf. Da Mom älter wurde und ihr fordernder Job viel Zeit in Anspruch nahm, kriegte ich nicht immer sofort ihre Aufmerksamkeit. Meine Freunde behandelten mich ansonsten wie ein normales Mädchen, was ich auch nicht anders wollte. Deshalb brauchte ich jemanden, der für immer an meiner Seite stand und auf mich aufpasste.

Am Nachmittag kamen Isabel und Poppy zu mir nach Hause. Ich erzählte ihnen von meinem neuen Beschützer. Zu dritt sassen wir auf meinem Bett, ich las ihnen den Brief vor. Pop lackierte sich dabei die Nägel rosarot, Isabel flocht aus ihren Haaren einen Zopf. Beide hörten mir neugierig zu.
„Das ist toll, Cassie!", schrie Poppy.
Isabel stimmte ihr zu und musterte den Brief.
„Wäre cool, wenn dieser Ray ein heisser Typ und in unserem Alter wäre. Dann hätten wir jemanden zum Flirten."
Dabei kicherten wir alle drei. Poppy wälzte sich auf meinem Bett und betrachtete ihre schönen langen Nägel. „Hmmm, irgendwie kommt mir dieser Name bekannt vor", murmelte sie.
Ich schlug ihr auf die Schulter. „Du hattest schon so viele Jungs, Pop! Bestimmt hast du mal mit diesem Ray geflirtet!", meinte ich lachend, sie gluckste dabei. Isabel schüttelte nur den Kopf und grinste breit. Ich fragte mich, wie dieser Ray Wyler

wohl aussah. War er in meinem Alter oder älter? Hatte er einen guten Charakter? Schliesslich musste ich für immer mit ihm zusammen sein. Also besser gesagt, ER musste, bis an sein oder mein Lebensende!

Isabel wollte eben auch noch ihren Senf dazugeben, als Mom die Türe öffnete und mich anlächelte.

„Cassie, wir müssen gehen. Sonst sind wir zu spät."

Wir drei blickten uns gegenseitig an und fingen an zu kreischen. Gott, ich war sooo aufgeregt! Laut klatschte ich in die Hände und sprang von meinem Bett. Die anderen zwei folgten mir, und wir rannten wie eine Horde Nashörner die Treppe runter. Wir waren derart laut! Mom schrie sogar, dass wir leiser sein sollten, doch keine von uns hörte auf sie. Ich entschied mich für die Jeansjacke und schlüpfte in meine neuen Adidas-Schuhe. Poppy und Isabel umarmten mich. „Viel Glück, Cassie!"

„Danke! Ich werde euch alles erzählen. Sonst sehen wir uns morgen oder am Montag."

Isabel und Poppy verliessen danach das Haus. Mom und ich eilten zum Auto und düsten los. Ich konnte es kaum erwarten, meinen Bodyguard kennenzulernen. Okay, ich wusste zwar, dass ich selber auf mich schauen konnte, doch einen eigenen Bodyguard an meiner Seite zu haben, war schon eine Ehre. Mom merkte, dass ich mich riesig freute und drückte mir einen Kuss auf die Wange, als die Ampel auf Rot schaltete. Sie parkierte vor einem modernen Hochhaus. Ich zählte etwa zwanzig Stockwerke und beobachtete, wie ein paar Männer auf den Balkonen rauchten. Tolle Vorbilder (Sarkasmus lässt grüssen)! Wir stiegen aus und bestaunten die vielen Autos um uns herum. Meine Güte! Wie viele Angestellte gab es bei der A.B. Organisation? Waren wir eigentlich am richtigen Ort? Oder hatte sich Mom verfahren, was sehr oft passierte.

PS: A.B. bedeutet Australian Bodyguards.

Dicht stand ich neben Mom. Wir gingen Richtung Glaseingang. Darüber stand auf einem grossen Schild: **A.B. Hauptquartier**. Ja, wir waren am richtigen Ort! Bravo Mom!
Mom stiess die Glastür auf, wir traten in einen grossen Raum. Sofas, Tische, Türen, Automaten und viele Menschen tummelten sich um uns. Die Wand war weiss und der Boden aus weissem Stein, was einfach wunderschön aussah. Es war sehr sauber, fast zu sauber. Es schien, als wären wir in einem Warteraum. Mir gefiel es hier. Mom machte ebenfalls einen zufriedenen Eindruck. Das beruhigte mich noch mehr.
Langsam gingen wir auf die Rezeption zu. Eine hübsche junge Frau mit langen braunen Haaren und eleganter weisser Bluse begrüsste uns freundlich. „Guten Tag. Wie darf ich Ihnen behilflich sein?"
„Hallo! Meine Tochter und ich treffen uns mit Ray Wyler. Würden Sie uns bitte bei ihm anmelden?"

Sie machte den Eindruck, als würde sie Ray sehr gut kennen. „Mr. Wyler erwartet Sie bereits. Ich werde Sie zu ihm bringen."

Wir bedankten uns, die Frau ging mit uns zum Lift. Von innen war er riesig und modern. Für einen Moment waren Mom und ich sprachlos, da er von aussen nicht derart gross schien. Die junge Frau hingegen lächelte bloss. Ich musterte ihre langen Beine, ihr schwarzer enger Rock stand ihr besonders gut. Gott, war ich nervös! Ich freute mich so sehr! Mein Lächeln wurde breiter. Als ich meinen Blick wieder zur Frau richtete, beobachtete ich, wie sie ein paar Blusenknöpfe öffnete und ihr Ausschnitt sichtbar wurde. Was zum Geier tat sie gerade?! Mein Schmunzeln verschwand augenblicklich, mit gigantischen Augen musste ich die Frau angegafft haben. Hallo?! Was sollte das?! Mom hatte es nicht bemerkt, was auch gut so war. Denn Mom hätte sie bestimmt darauf angesprochen, und ich hätte mich geschämt.

Ich bin eben eine Fremdschämerin.

Im zehnten Stock stoppte der Lift. Wir traten in einen langen Flur. Alle Türen auf beiden Seiten waren angeschrieben. Wahrscheinlich hatte jeder Bodyguard sein eigenes Büro … irgendwie cool. Mein Blick war auf die vielen Türen gerichtet, so merkte ich gar nicht, dass die Frau plötzlich stehen blieb. Unsanft prallte ich gegen sie und wäre beinahe hingefallen. Zum Glück konnte ich mich noch an der Wand festhalten. Ich rieb mir die Stirn und entschuldigte mich bei ihr. Die Frau funkelte mich dennoch kurz böse an. Sie zupfte an ihrer Bluse, trug noch mehr roten Lippenstift auf ihre vollen Lippen auf und klopfte an die Tür. In dicker Blockschrift stand darauf: **RAY WYLER.**

Der Gedanke, dass hinter dieser Tür mein Bodyguard sass, machte mich noch kribbeliger. Sofort verschwanden meine Schmerzen an der Stirn, ich richtete mich kerzengerade auf. Hinter der Türe hörte man ein lautes „Herein!". Ohne zu zögern, trat die junge Frau ein. Mom und ich folgten ihr.

Vor uns lag ein grosses ordentliches Zimmer, der Boden aus hellem Eichenholz, neben mir eine lange schwarze Couch. Direkt nebenan ein hohes Gestell mit Akten, Ordnern und Büchern. Mein Blick wanderte zum grossen Tisch mit gigantischem Computer, darauf ein Stapel Blätter und Akten. Die umwerfende Aussicht auf Adelaide machte mich sprachlos. Mein Mund stand vor Staunen weit offen.

„Guten Tag, Miss Catrall", begrüsste uns eine ältere Stimme. Ungeduldig blickte ich über die Schulter der Frau und erblickte einen etwa vierzigjährigen grossen Mann, seine Haare kurz und dunkelbraun, passend zu seinen stechend blauen Augen, seine Haut schön gebräunt, das Kinn markant. Der Dreitagebart machte ihn noch attraktiver. Er trug ein schwarzes Hemd und schwarze Jeans. Der Mann war mir auf Anhieb sympathisch. Mom stand wie eingefroren neben mir. Wenn das Ray Wyler war, dann hatte Mom jemanden zum Flirten. Und nicht ich …

Die Rezeptionistin und der Mann reichten sich vertraut die Hände. Auch uns begrüsste er freundlich.

„Guten Morgen, Kayla und Cassandra Clark. Schön, dass Sie gekommen sind."

Seine Stimme klang tief, sie passte zu ihm. Lächelnd reichte er zuerst Mom die Hand. Kaum schaute er mich an, fragte ich leicht ungeduldig: „Sind Sie Ray Wyler?" Wir schüttelten uns kurz die Hände. Der Mann zog ein wenig schockiert die Augenbrauen hoch, Mom boxte mir in die Schulter. Ich wusste, dass das unfreundlich war, doch ich hatte mit einem jüngeren Mann gerechnet.

„Nein, ich bin Ray Wyler", erwiderte eine mir bekannte Stimme. Hastig trat der ältere Mann zur Seite. Mir wurde kalt. Nein … das durfte nicht wahr sein! Bitte, bitte, bitteee nicht! Vor mir stand der heisse Junge von vergangener Nacht, der mich in der Bar küsste … Ray … mein künftiger Bodyguard!

# 4. Schleimer als Bodyguard

Rays Augen weiteten sich, als er mich erblickte. Er musterte mich von Kopf bis Fuss. Ein freches Grinsen erschien in seinem Gesicht. Schande, er erkannte mich wieder. Leise schnaubte ich: „Shit!" Alle guckten Ray an, Mom kniff mir in den Oberarm. Schmunzelnd bückte sie sich zu mir runter. „Der ist aber attraktiv. Freu dich, Cassie!" Ich schüttelte wie verrückt den Kopf. „Mom, das ist dieser Junge von letzter Nacht", flüsterte ich aufgewühlt. Mom sagte zuerst nichts, dann plötzlich prustete sie los. Was war daran witzig? Ich schämte mich zu Tode! Ray tuschelte mit dem Mann und schien sich zu freuen … Doch warum? Lag das an mir oder an der heissen Schnecke neben mir? Schnecke, die zwischen uns stand, beäugte Ray grinsend. Verdammt, warum sah er in seinem weissen Hemd derart gut aus? Seine Bizepse waren stark betont, seine dunkelbraunen Haare wild durcheinander. Oh, das war ein Sohn eines Schönheitsgottes! Ich blickte in seine braungrünen weit aufgerissenen Augen. In dem Moment schaute er zu mir. Wie ein Eisklotz stand ich neben Mom.
Der andere Mann wandte sich lächelnd zu Mom und mir. „Wie Sie also festgestellt haben, ist das Ray Wyler."
Ich nickte wirr, Ray grinste mich amüsiert an.

Ja, er freute sich, mich zu sehen! Ich nicht …

„Schon lange nicht mehr gesehen", meinte er und zwinkerte mir zu. Mir wurde beinahe schlecht. So ein Schleimer! Ich verdrehte nur die Augen und verschränkte empört die Arme vor der Brust.

„Mister Wyler, wenn Sie noch etwas brauchen, können Sie mich jederzeit rufen", mischte sich Schnecke ein.

Er fixierte ihr perfekt geschminktes Gesicht und zeigte sein blitzblankes Zahnpastalächeln. Uuuuh, war das schön! Ich spürte Schweissperlen auf der Stirn und biss mir verlegen auf die Lippen.

Schnecke strich ihre Finger über seine starken Oberarme und schmunzelte immer breiter.

„Player", rutschte es mir raus. Dabei bekam ich von allen die ganze Aufmerksamkeit und von Schnecke einen wütenden Blick. Ich versuchte, sie alle zu ignorieren und nicht hinzuschauen. „Alles ist gut, Miss Catrall. Bitte gehen Sie!", forderte Ray Schnecke auf.

Grimmig wickelte sie sich eine Haarsträhne um den Finger und verliess gemächlich den Raum.

Ray musterte mich kritisch. War ich so spannend? Wohl kaum! Sein Grinsen wurde dreckig, und ich hätte wetten können, wenn wir alleine gewesen wären, hätte er mich auf den Kuss angesprochen. Ich schaute ihn weiterhin eiskalt an, bis mich oder besser gesagt uns der Mann aus den Gedanken riss. „Ray, verhalte dich bitte anständig!"

Ray fuhr neben ihm zusammen und hob ahnungslos seine Schultern.

„Was habe ich gerade getan, Michael?"

Aha! Das war Michael Johns, derjenige, der Mom und mir den Brief geschrieben hatte.

Michael packte Ray ziemlich heftig am Hemd und zog ihn an sich. Er flüsterte ihm irgendwas Drohendes zu, was Ray zum Seufzen brachte.

Ray ging auf Mom zu und gab ihr freundlich die Hand. „Hallo Mrs. Clark. Nett, Sie kennenzulernen. Mein Name ist Ray, und ich werde von nun an der Bodyguard Ihrer Tochter sein."

Mom erwiderte sein Lächeln und stellte sich auch kurz vor. Ich hingegen beguckte meine Nägel und fragte mich, ob ich sie lackieren sollte. Pink? Nein, zu kitschig. Blau? Nööö, hatte ich schon letzte Woche. Hellgrau? Naja …

„Hallo Cassandra." Ich erschrak und war wie gefesselt von diesen wunderschönen braungrünen Augen. Sein Lächeln war entzückend.

Drohend verengte ich die Augen zu Schlitzen und schmunzelte schwach. „Hey Ray."

Er reichte mir seine Hand. Ich erinnerte mich, wie seine Hände meine Taille berührt hatten. Ja, es fühlte sich richtig gut an …

„Wie lange wollt ihr euch noch die Hände schütteln?", wollte Michael grinsend wissen.

Wild bewegte ich meinen Kopf hin und her und riss meine Hand aus Rays. Ray verstaute seine Hände in den Hosentaschen und ging rückwärts. Dabei hatte er seinen Blick noch immer auf mich gerichtet. Endlich blieb er stehen. „Nehmt bitte Platz, wir müssen einige Sachen miteinander besprechen."

Mom und ich gingen nickend auf Rays Bürotisch zu. Wir setzten uns auf die beiden Drehstühle, besser gesagt ich liess mich auf einen plumpsen und liess die beiden Männer nicht aus dem Blickfeld. Ray setzte sich auf den Chefsessel, Michael nahm neben ihm Platz. Natürlich sass ich gegenüber Ray, der mich unaufhörlich anstierte.

Es war still, bis Michael endlich das Wort ergriff: „Also, zuerst möchte ich mich vorstellen. Ich bin Michael Johns, der Chef der A.B. und somit auch Rays Boss."

Ray verdrehte die Augen und lehnte sich mit einem schwachen Grinsen im Stuhl zurück. Es schien so, als mochte er Michael nicht besonders. „Kommen wir endlich zur Sache, Michael?", wollte Ray halblaut wissen und bekam von Michael einen drohenden Blick. Es kam mir so vor, als würden sie Blickduelle ausfechten. Ich hätte am liebsten Popcorn in meinen Mund gestopft und neugierig zugeschaut. Gott, war das spannend. Heiss und Alt lieferten sich ein Blickduell. Wie cool!

Letzten Endes gab Michael auf. Stolz legte Ray die Hände hinter den Kopf und grinste mich an. Sofort verschwand mein Lächeln. Angeber!

Michael starrte mich an. „Wie wir gehört haben, bist du eine Todesfee, Cassandra ..."

„Nennen Sie mich bitte Cassie. Ich mag meinen vollen Namen nicht und ja, das bin ich, aber ich höre Banshee lieber. Das klingt besser."

„Cassandra finde ich aber einen heissen Namen", mischte sich Ray ein und zwinkerte mir zu. Laut knurrte ich und hätte ihm am liebsten eine Feine verpasst. „Ich finde es cool, dass du eine Banshee bist, Cassie. Ich habe gestern sogar deinen Todes-schrei gehört. Glaub mir, ich dachte zuerst, dass du wegen meinem heissen Kuss vor Freude losgekreischt hast", prahlte er weiter. Er lachte so bekloppt, dass er sogar Mom zum Lachen brachte. Ich lief rot an und kniff mir selber in die Seite, ich sollte mich zusammenreissen. So ein selbstver-liebter Junge!

„Nein, ich habe geschrien, weil ich gespürt habe, dass jemand in meiner Nähe stirbt."

„Und kaum zu glauben! Kurz nachdem du die Bar verlassen hast, ist ein vierzigjähriger Mann an einem Herzinfarkt vor der Bar gestorben. Er hiess Luke Smith."

Ich schämte mich ein wenig und versuchte, meinen roten Kopf hinter den Haaren zu ver-stecken. Ray merkte dies und fand das noch lustig. Michael schlug ihm gehörig in die Schulter und warf ihm böse Blicke zu. Sofort verstummte Ray, rieb sich die Schulter und konnte es nicht lassen, mich noch immer frech anzulächeln. Gott, konnte er nicht woanders hinschauen? Ich mochte es nicht, dass er mich so anguckte und hätte ihm am liebsten ins Schienbein gekickt! Unter dem Tisch selbstverständlich, so, dass es niemand bemerkt hätte.

„Wissen deine Freunde, dass du eine Banshee bist? Und was passiert, wenn du einen Anfall kriegst?", fragte mich Ray fordernd.

Neugierig betrachteten mich die beiden Männer.

„Ganz genau gesagt, weiss es meine ganze Schule, aber alle behandeln mich wie ein normales Mädchen", erklärte ich ruhig.

Ray nahm nickend ein Aktenheft zur Hand. Zu gerne hätte ich ihn gefragt, was da über mich stand. Er hob sein Kinn und bat mich weiterzureden. Hallo?! Er war nicht mein Chef! Leicht angepisst, verschränkte ich die Arme und schwatzte weiter: „Wenn ich einen Anfall bekomme, wird mir zuerst schlecht, und ich fühle mich benebelt. Schwarze Punkte tanzen vor meinen Augen, alles um mich herum wird leiser und bewegt sich in Zeitlupe. Nach wenigen Sekunden klappt mein Kiefer auf, und ich schreie los. Nach dem Schrei nenne ich den Namen des Opfers und werde ohnmächtig, oder mir wird derart schwindlig, sodass ich kaum auf meinen Füssen stehen kann."

Ray und Michael interessierten sich sehr für mich, Ray gaffte mich mit geöffnetem Mund an. Fing er nun auch noch an zu schreien? Ich hoffte nicht! Mom fügte nebenbei an, ebenfalls eine Banshee zu sein, allerdings nicht derart mächtig und wertvoll wie ich.

„Wurdest du denn schon von irgendjemandem attackiert oder gar entführt?", wollte Michael von mir wissen.

„Und spürst du, wenn du in Gefahr bist?", fragte Ray und durchbohrte mit seinem Blick beinahe meine tiefbraunen Augen.

Ich dachte kurz nach. „In ein Fahrzeug gezerrt und attackiert haben mich schon viele. Mich sucht die Polizei oft, eigentlich ständig. Zum Glück findet sie mich immer sofort. Aber geschrien habe ich noch nie, wenn ich meinte, in Gefahr zu sein. Ich spüre meine eigene Gefahr nie und schreie nur dann, wenn jemand anders in sehr grosser Gefahr ist oder gar kurz vor dem Tod steht."

Ray nickte baff und wandte sich seinem Chef zu. Michael zögerte für einen Moment und blickte Mom an. „Okay, das sind für mich genügend Informationen. Doch eine Bitte habe ich an euch beide. Ich habe das Gefühl, dass Cassie zu Hause nicht mehr sicher ist. Ausserdem muss Ray immer in deiner Nähe sein, Cassie, und er kann nicht die ganze Zeit bei dir daheim sein, da er hier und bei ihm zu Hause zu arbeiten hat. Deshalb schlage ich vor, dass du bei Ray einziehst, und zwar für immer."

Moment … Was hatte er gerade gesagt? Ich musste mich bei diesem Player einquartieren? Das konnte er mir nicht antun! Ich wollte nicht bei jemandem sein, der täglich eine Neue nach Hause schleppt und mit ihr rumknutscht. Um Himmels willen, NEIIN! Ray hingegen schien sich derart zu freuen, dass seine Lippen bis zu den Ohren gingen.

„M…muss ich?", wollte ich stotternd wissen.

Rays Lächeln verschwand abrupt, er sah mich ungläubig an. Anscheinend konnte er nicht fassen, dass ich nicht beim „Göttlichen" einziehen wollte. Michael kratzte sich murmelnd am Kinn. „Es wäre einfach besser für dich. Du wärst auch nicht alleine mit Ray. Rays bester Freund wohnt mit ihm unter einem Dach. Er ist ebenfalls Bodyguard. Du würdest in einem grossen Haus leben mit zwei starken Bodyguards, aber nur einer von beiden ist für dich verantwortlich. Ray. Cassie, es wäre zu deinem eigenen Schutz."

Schande, er hatte recht! Ich wäre in Sicherheit, mit zwei Bodyguards in einem Haus zu leben. Doch leider ohne Mom ... Wie auch immer! Ich wollte sowieso mit achtzehn ausziehen und ein eigenes Leben führen. Mom wäre vermutlich erleichtert, keinen nervigen Teenager mehr in ihrem Haus zu haben. Laut atmete ich durch. „Okay, ich bin einverstanden."

Ray fuhr zusammen, als ich mich sozusagen für „ihn" entschied. Prompt bildete sich ein wunderschönes Lächeln in seinem Gesicht. Seine Freude war ihm richtig anzumerken. Ich hingegen war nicht unbedingt begeistert. Michael rieb sich glücklich die Hände und schlug vor: „Gut, dann werden Mrs. Clark und ich euch beide mal alleine lassen. Ray kann dir noch weitere Informationen geben, Cassan..."

„Cassie!", wehrte ich mich laut und war ein bisschen genervt, dass er mich beinahe Cassandra nannte. Ray verkniff sich ein Lachen und zupfte unschuldig an seinem Hemd.

Mom und Michael erhoben sich und verliessen tuschelnd Rays Büro. Wie ein Stalker beobachtete Ray Mom und Michael, bis Michael die Türe hinter sich schloss. Dann drehte er sich grinsend zu mir um. Auffällig verdrehte ich die Augen. „Hättest nicht damit gerechnet, dass ausgerechnet dein Schwarm dein Bodyguard wird, hab ich recht, Cassie?" Er zog dabei amüsiert die Augenbrauen hoch.

Ich schnaubte: „Erstens, du bist nicht mein Schwarm. Zweitens, stimmt, mit dir hätte ich wirklich nicht gerechnet!"

Ray faltete die Hände vor seinem Bauch zusammen und betrachtete mich neugierig.

Jetzt mal im Ernst: Bin ich denn so einzigartig? Und das nur, weil ich eine Banshee bin? Nein, ich bin eigentlich ein ganz normales Mädchen! Ray hingegen muss mich sehr interessant finden.

„Wann ziehe ich bei dir ein?", fragte ich direkt. Dabei durchbohrten seine wunderschönen Augen meine Glotzer. Gott, waren seine Augen himmlisch. Sie glänzten im Sonnenlicht wunderschön und passten einfach zu seinem makellosen Gesicht. Wäre er kein dummer Arsch, ich hätte ihn vergöttert!

„Gleich morgen. Ich helfe dir beim Umziehen …"

„Morgen?! Ich … aber …"

„Keine Sorge, du brauchst nur deine Kleider und dein Make-up Zeugs einzupacken."

Nur?! Ich wollte aber noch einiges mehr mitnehmen! Meine Bücher und meine vielen Kissen! Und was war mit meinem nicht zu übertreffenden Bett?! Ohne mein Bett ging ich nirgends hin!

„Nimm einfach das mit, was du willst!", seufzte Ray laut. Dabei starrte er an die Decke, ich jubelte kurz. Langsam freute ich mich …

Ray gab ich meine Adresse und Handynummer. Ich wollte endlich nach Hause. Schliesslich musste ich packen und mich vorbereiten. Ich stand auf, Ray schaute mich dabei komisch an. „Wo gehst du hin, Cassie?"

„Nach Hause. Ich muss packen …"

„Halblang, Kleine. Ich komme mit. Schliesslich beschütze ich dich."

Neiiin! Nicht sein Ernst, oder? Ray war gerade mal eine oder zwei Stunden mein Bodyguard und tat so, als wäre er das schon lange. Ich stiess ein lautes Seufzen aus. „Ich dachte, du beginnst erst morgen mit deiner Arbeit."

Lachend schüttelte er den Kopf und verschränkte die Arme. „Träum weiter. Ich bin dein Bodyguard und übernachte heute auch bei dir. Überall, wo du bist, bin ich auch."

„Auch in der Schule?"

„Manchmal. Ich hab zwischendurch im A.B. Hauptquartier zu arbeiten. Ansonsten werde ich aber in der Schule bei dir sein."

„Und wenn ich mal muss …?"

Ray grinste frech und kam auf mich zu. Seine

Schritte waren langsam, aber richtig heiss. Gott, ich durfte nicht ausflippen. Ich schluckte leer.

Als Ray eine Handbreite vor mir stand, strich er mir eine Haarsträhne hinters Ohr. „Das würde mir nichts ausmachen."

Dabei kicherte er, was extrem schön klang. Seine Augen fesselten meine, sodass ich nicht mehr wegschauen konnte.

Plötzlich ging die Tür auf. Mom stand unter dem Türrahmen und sah mich lächelnd an. Michael war fort. Sofort trat ich von Ray weg. Was war denn das gerade gewesen? Warum hatte ich mich nicht gegen ihn gewehrt?

*Wahrscheinlich weil sein Aussehen einfach umwerfend ist?!*

Darf ich vorstellen, das ist meine Hinterkopf-stimme. Eigentlich ist sie sehr witzig, hat sozusagen ständig recht und gibt mir oft Tipps. Leider erscheint sie nicht immer, vor allem dann nicht, wenn ich sie brauchen kann. Zwischendurch nervt sie mich, weil sie eben „ständig" recht hat. Daher streite ich innerlich mit ihr, was nicht immer so lustig ist.

Ich verdrehte die Augen, als meine Hinterkopf-stimme zu mir sprach. Naja, sie hatte recht. Ray war das Topmodel schlechthin und mit Abstand der heisseste Junge, der mir je über den Weg lief. Doch sein Charakter war dreckig!

„So, Cassie, gehen wir nach Hause? Du musst packen", schmunzelte sie mich an.

„Ich werde mitkommen", mischte sich Ray ein, was Mom freute.

„Toll, dann kommt!"

Ray schnappte sich seinen Schlüssel und liess mir gentlemanlike den Vortritt. Unsicher ging ich aus seinem Büro und stellte mich neben Mom hin. Ray schloss die Bürotüre ab.

Im Auto telefonierte er mit seinem besten Freund und erklärte ihm, dass ich ab morgen bei ihnen wohnen würde. Leider bekam ich nicht alles mit. Ray flüsterte oft. Doch ich glaubte, dass sich sein Freund auf mich freute.

„Okay, dann bis morgen, Tom."

Der Anruf war beendet. Ray verstaute sein Handy in der Hosentasche. Er sass direkt hinter mir. Ich konnte seinen warmen Atem in meinem Nacken spüren. Meine Nackenhaare stellten sich auf.

Endlich parkte Mom vor unserem Daheim. Sofort sprang ich in die Freiheit. Ray folgte mir und schaute unser einfaches Haus an. „Sieht hübsch aus", meinte er halblaut, was Mom gefiel.

Ich wollte schnellstmöglich in mein Zimmer. Kaum hatte ich mich auf meinem Bett lang und breit gemacht und erst mal tief durchgeatmet, erschien ein Schatten vor mir. Vor Schreck schrie ich auf und schmiss ein Kissen gegen ihn. Es war Ray, der mir gefolgt war.

„Alter! Ich bin's!", brüllte er und fing mein Kissen auf.

Mein Kopf verfärbte sich rot. „Kannst du nicht anklopfen?!", schnaubte ich.

„Bodyguards müssen nicht anklopfen", erwiderte er und beguckte das Kissen in seinen Händen. Es war ein grosses weisses mit dem Aufdruck **I'm a Kitty**. Wütend erhob ich mich und riss es ihm aus der Hand. Es gehörte zu meinen Lieblings-kissen!

Ich liebe Katzen und möchte später unbedingt auch eine haben.

Ray strich sich durchs Haar. „Na, du magst Katzen, Kitty?"

Moment … Wie hatte er mich soeben genannt? Fassungslos drehte ich mich zu ihm um. Er deutete auf das Kissen und danach auf ein anderes, auf dem zwei süsse Katzen abgebildet waren. Stolz nickte ich und drückte das Kissen fest an mich. „Jap. Ich liebe Katzen über alles. Aber bitte nenn mich nicht Kitty."

„Okay, Kitty." Sauer boxte ich ihm in die Schulter, was Ray zum Lachen brachte. „Ab sofort nenne ich dich Kitty, Kitty."

„Aber …"

„Kein Aber. Komm, wir packen deinen Koffer, Kitty."

Er fasste mich am Oberarm und zog mich durchs Zimmer. Gott, er ging mir jetzt schon auf den Sack!

# 5. Ich lebe in einem Penthouse

Ein Vogelzwitschern holte mich aus dem Tief-
schlaf, gleichzeitig wurde ich wachgerüttelt. Meine
Augen drückte ich fest zusammen, ein lautes
Ächzen entwich mir. Ich wollte noch nicht auf-
stehen. In diesem bequemen Bett zu liegen, war
gerade zu schön. Fluchend zog ich die Decke über
meinen Kopf und hörte ein tiefes Lachen. Wer zum
Teufel war in meinem Zimmer? Wütend strampelte
ich mit den Füssen auf der Matratze rum und
verhielt mich wie ein Kleinkind, das keinen Lolli
bekam.

„Aufstehen, Kitty, es ist zehn Uhr", ertönte eine
männliche Stimme, die nur Ray gehören konnte.
Oh ooohhh, ich hatte ihn völlig vergessen. Mit
geschlossenen Augen nahm ich die Decke von mir
weg und seufzte laut. Ich wollte noch nicht
aufstehen! Ich war zu müde! Schliesslich schaffte
ich es doch, meine Glotzer zu öffnen und traute
meinen Augen nicht … Da stand er vor mir in
einem weissen Tanktop und schwarzen Boxer-
shorts. Zu gut sah er aus.

War mir schon die ganze Zeit so heiss oder schien
die Sonne derart stark? Ich rieb mir knurrend die
Augen und fauchte: „Lass mich in Ruhe! Ich will
pennen!"

„Sorry, Kitty, aber dein Tag startet jetzt. Thomas
hat Frühstück gemacht und will dich kennenlernen.

Er hat nicht den ganzen Tag Zeit!"

Auf einmal klang Ray sehr ernst und aufdringlich. Doch das war momentan nicht mein grösstes Problem. Sondern: Thomas!

Gemächlich setzte ich mich auf und fuhr mit meinen Fingern durch meine verwuschelten Haare. Laut gähnte ich und schmatzte ein paar Mal. Oh mein Gott, wo war ich?! Alles kam mir so fremd vor. Verwirrt blickte ich mich um. Ich hockte auf einem modernen, teuren Designer-Himmelbett, umgeben von meinen vielen Kissen. Es hatte sogar noch ein paar mehr, was mir ein Lächeln ins Gesicht zauberte.

Dieses Zimmer war riesig, die Decke in einem schönen dunkelblau und passend zum dunkel-grauen Holzboden. Ein gigantischer Schrank mit einem grossen Spiegel nebenan fiel sofort auf. Eine Glastür trennte meinen eigenen Balkon, der nicht einmal so klein war. Im Zimmer befand sich ausserdem eine schwarze Couch mit einem Glastisch davor. Natürlich hatte ich auch ein Pult, und dieses war um einiges grösser als das bei Mom daheim.

Ich bekam meinen Mund vor lauter Staunen gar nicht mehr zu. Ray zog die Augenbrauen hoch und schloss mit seiner Hand meinen Mund. „Wird's heute noch? Wie ich dir bereits gesagt habe. Thomas hat nicht den ganzen Tag Zeit …"

„Wo bin ich und wer genau ist Thomas?", fragte ich Ray verdutzt.

Er seufzte laut und nahm die Hand von meinem

Gesicht weg. Man merkte, dass er unter Zeitdruck stand und leicht genervt war. „Wie du bereits weisst … Thomas ist mein bester Freund. Mit ihm lebe ich zusammen und du ab sofort auch."

„Und wo bin ich?!", fragte ich lauter.

Ray liess seine Schultern seufzend hängen und zischte: „Boah, Cassie! Du bist bei Thomas und mir zu Hause, also in deinem neuen Daheim."

Über meinem Kopf bildete sich ein grosses Fragezeichen. Wie war ich hier gelandet? Träumte ich gerade oder war das wirklich wahr?

Ray spürte meine vielen Fragen und kannte bereits die Antwort. „Gestern, als wir fertig gepackt hatten, hast du dein Pyjama angezogen und bist auf dem Sofa eingepennt. Ich habe deine Mom gefragt, ob du bei mir daheim übernachten darfst, da ich deinen Koffer und deine vielen Kissen nach Hause bringen wollte. Deine Mom war einverstanden. Ich durfte dich und dein Zeugs mit ihrem Auto zu mir nach Hause fahren, habe dich in dein neues Zimmer getragen, deinen Schrank eingeräumt und das Auto deiner Mom wieder zurückgebracht. Zu Fuss lief ich dann nach Hause und habe mich schlafen gelegt."

„Warum hast du nicht bei Mom übernachtet? Das wäre doch viel einfacher und nicht so kompliziert gewesen."

„Ich hatte mich entschieden, zu Hause zu schlafen. Und ich dachte mir, ich nehme dich gleich mit."

Er schenkte mir ein künstliches Lächeln und verschwand schweigend aus meinem Zimmer.

War das gerade sein Ernst? Er hatte meinen Schrank eingeräumt und mich ins Zimmer getragen? Warum fand ich das so süss? Das passte doch gar nicht zu einem Player!

Zum Glück hatte ich mich noch von Mom verabschiedet, bevor ich eingeschlafen war. Ansonsten wäre ich zurückgegangen, hätte sie in die Arme genommen und mich für alles bedankt. Mom war in all diesen Jahren immer für mich da gewesen. Kaum zu glauben, dass ich nicht mehr bei ihr wohnte.

Verdammt, ich musste mich zusammenreissen. Ich durfte nicht vor Jungs weinen! Vor allem nicht vor Ray …

Schnell fand ich aus meinen verwirrten Gedanken, hüpfte aus dem Bett und öffnete gleich den Kleiderschrank. Wer hätte das gedacht? Ray hatte meine Klamotten hübsch geordnet in den Schrank gelegt. Es blieb noch viel Platz für neue Kleider. Yessss! Der Gedanke, noch mehr Kleider einkaufen zu können, bereitete mir Freude. Aufgeregt rieb ich mir die Hände und schnappte mir ein luftiges weisses T-Shirt, dazu zerrissene schwarze Hotpants. Es war Hochsommer, da konnte ich so etwas gut anziehen. Meine Haare band ich zu einem hohen Pferdeschwanz und verliess das Zimmer. Erst einmal musste ich mich orientieren, riesig war es hier, alles sehr modern und neu. Wohnte er in einem Penthouse oder in einer Villa?

Vor mir lag ein schmaler Gang. Wenige Meter neben meinem Zimmer führte eine schöne neue Treppe in den ersten Stock, gleich gegenüber befand sich ein grosses Badezimmer. Daneben war Rays Zimmer. Woher ich das wusste? An der Tür stand: **R. Wyler**. Das konnte also nur Rays Zimmer sein!

Was mich umwarf, war die Wand um mich herum. Sie bestand grösstenteils aus Glas, und man hatte die beste Aussicht auf Adelaide. Der Boden war auch aus dem dunkelgrauen Holz, was echt wunderschön aussah.

Unsicher lief ich die moderne Treppe runter und richtete meinen Blick auf das gigantische Wohnzimmer vor mir. Das sehr, seeehr grosse Sofa war auf einen grossen Fernseher gerichtet, der mir wie eine Leinwand vorkam. Neben dem Fernseher reihten sich Medaillen und Pokale in einer Glasvitrine aneinander. Gehörten diese Auszeichnungen Ray oder seinem besten Freund? Mann, ich wollte auch eine Auszeichnung haben!

Mein Blick wanderte zu einer offenen grossen Glastür. Um sie herum war alles aus Glas, man sah den strahlend blauen Himmel. Ich sichtete den riesengrossen Garten mit der hübschen Terrasse und dem grossen Pool. Ein schöner Holzzaun zierte den Garten und grenzte diesen von den Nachbarn ab. Ich wandte mich zu einer Tür, die sich direkt hinter der Treppe befand. Darauf stand: **T. Stone**. Das war also Thomas' Zimmer. Ich drehte mich um und guckte zur traumhaften

Küche. Meine Güte, sah die toll aus! Modern, sauber und so gross. Der Traum jeder Frau! In dieser Küche hätte ich sogar gerne gekocht, obwohl ich Kochen eigentlich gar nicht mochte.

„Du bist Cassie, hab ich recht?" Die Stimme gehörte nicht Ray. Ich fuhr zusammen und drehte mich um 180 Grad. Hinter mir stand ein grosser Junge, ich schätzte ihn auf das gleiche Alter wie Ray, also neunzehn. Seine mittellangen leicht gelockten dunkelblonden Haare waren wirr durcheinander, seine grossen blauen Augen glänzten neugierig und seine honigbraune Haut passte sehr gut zu ihm – wie auch seine schmalen Lippen. Auch er sah attraktiv und stark aus, doch Ray war vom Aussehen her nicht zu toppen.

Der Junge reichte mir grinsend die Hand. „Mein Name ist Thomas. Ich bin Rays bester Freund." Ich erwiderte sein sympathisches Lachen und streckte ihm meine Hand entgegen. „Cassie, freut mich."

„Heilige Maria, du siehst aber toll aus. Kaum zu glauben, dass du besser aussiehst als ich, das geht eigentlich gar nicht." Thomas fing an zu lachen, ich nicht. Was war daran so witzig? Wie konnte er sein Aussehen mit demjenigen eines Mädchens vergleichen? Passt nicht, oder? Ebenfalls ein selbstverliebter Junge!

Als er fertig gegrunzt hatte, deutete er auf den Garten. „Kannst rausgehen. Wir essen draussen. Ray ist schon dort, ich komme auch gleich nach." Ich freute mich auf frische Luft.

Der feine Duft von Speck, Omeletten, Nutella und Spiegeleiern kam mir entgegen. War ich im Himmel? Also, wenn das Thomas gebrutzelt hatte, dann mochte ich ihn sehr!

Schmatzend latschte ich den leckeren Düften entgegen und ging in Richtung Garten. Dort sah ich zuerst eine grosse dunkelgraue Couch mit einem Glastisch davor. Etwa in der Gartenmitte stand ein schöner Holztisch mit modernen schwarzen Stühlen rundherum. Viel Essen war aufgetischt, es sah einfach himmlisch aus. Ray sass bereits am Tisch und war in sein Handy vertieft. Ich nahm ihm gegenüber Platz und konnte hören, wie er leise etwas vor sich hinnuschelte. Sein Gesichtsausdruck sagte mir, dass er unzufrieden war.

„Ist was?", wollte ich wissen.

Leicht gereizt hob Ray sein Kinn und fauchte: „Warum stellst du schon so viele Fragen? Merkst du nicht, dass es mich nervt?!"

Hallo? Warum war er so angepisst? Hatte ich etwas getan? Wohl kaum. Gekränkt verschränkte ich die Arme und pustete mir ein paar Haarsträhnen aus dem Gesicht. „Ich bin gerade frisch bei euch eingezogen, und du bist nicht einmal 24 Stunden mein Bodyguard. Logisch habe ich da Fragen, weil ich neugierig bin und auf dem neusten Stand sein möchte. Und übrigens, es war gerade mal eine Frage und keine mehr. Ausserdem mag ich es nicht, dass du mich so anzickst!"

„Ich zicke dich an? Hör dir einmal zu, Kitty! Du klingst nicht gerade viel besser!"

Ich war fassungslos. Was war plötzlich mit ihm los? Ich mochte diese kalte Art ganz und gar nicht!

Endlich gesellte sich Thomas zu uns und nahm neben Ray Platz. Er lächelte und bat mich, doch mit dem Essen anzufangen. Das liess ich mir nicht zweimal sagen, schnappte mir drei Omeletten und schmierte sie mit Nutella voll. Ray beobachtete mich finster aus dem Seitenwinkel. „Iss nicht so viel, Kitty. Sonst wirst du fett."

Ääähmmm?! Das hatte er aber nicht wirklich gesagt, oder?! Hatte Ray einen Knall?! Vor Schock liess ich meine Gabel fallen und starrte ihn mit offenem Mund an. Auch Thomas schien ziemlich baff zu sein und boxte Ray mit dem Ellbogen in den Bauch. Beinahe hätte Ray sein Handy fallen lassen. Er warf Thomas drohende Blicke zu. Thomas erwiderte sie und entgegnete wütend: „Du bist manchmal so ein A..., weisst du das?!"

„Sagt gerade der Richtige. Du bist derjenige, der Mädchen ausnutzt und vor drei Tagen mit zwei Mädchen rumgemacht hat. Es ist ja bei dir schon normal, dass beinahe jeden Tag eine Neue an deinen Lippen hängt! Morgen kommen sicher die nächsten zwei Girls, und du sabberst sie wieder voll."

Was war denn das für ein tolles Morgengespräch? Waren das wirklich beste Freunde? Für einen Moment sahen sie sich sehr wütend an.

„Willkommen auf der Erde, Jungs! Ich bin

zufälligerweise auch noch da, und ihr lebt seit heute nicht mehr zu zweit. Eure Privatgespräche könnt ihr gerne im Wohnzimmer weiterführen, aber bitte ohne mich! Ich möchte das leckere Essen geniessen und normale Gespräche mit euch führen."

Kaum hatte ich den Satz zu Ende gesprochen, stopfte ich meinen Mund mit Omeletten voll und versuchte, die beiden Streithähne anzugrinsen. Stattdessen sah man nur das Nutella an meinen Zähnen. Ja, ich hatte nicht immer Anstand!

Ray verzog sein Gesicht und vertiefte sich wortlos wieder in sein Handy. Thomas beobachtete ihn dabei. Was war nur mit Ray los? Einen Tag zuvor war er aufgestellt, motiviert und lachte viel. Doch momentan war er einfach zum Kotzen! Trotz seiner Schönheit!

Thomas schüttelte nur den Kopf, langte nach einer Brotscheibe und fragte mich mit einem schwachen Schmunzeln: „Cassie, in welche Klasse gehst du?"

„In die elfte und muss zum Glück nur noch die zwölfte überstehen."

Thomas lachte und biss in das Stück Brot. Ray hingegen stierte noch immer in sein Handy. Schrieb er gerade mit einem heissen Girl? Thomas nervte sich immer mehr und riss Ray das Handy aus der Hand. Ray schrie laut auf und schlug Thomas kräftig auf den Hinterkopf. Was hatte er nur für Störungen? Thomas zeigte keine Reaktion. „Thomas! Du gibst mir auf der Stelle mein Handy!" Es gelang ihm, es zurückzuerobern.

Irgendwie fand ich es amüsant, den beiden zuzuschauen. Lächelnd lehnte ich mich zurück und genoss die Omelette zwischen meinen Zähnen. Ooooh, war die lecker!

„Warum hat Michael dir geschrieben, dass ich heute arbeiten muss? Es ist Sonntag, verdammt! Ich habe frei!", jammerte Thomas.

Ray kniff arrogant die Augen zusammen und schwang seine Arme in die Luft. „Sorry, Bro! Ich hab keinen Bock dazu! Heute bist du das Opfer!"

„Ich werde nicht gehen!"

„Warum nicht?"

„Weil ich dachte, dass wir zusammen etwas mit Cassie unternehmen und …"

„Arbeit geht vor! Cassie ist mein Auftrag, also muss ich sozusagen auch arbeiten! Ich hätte Besseres zu tun!"

Mit dem letzten Satz verpasste er mir einen Schlag ins Gesicht. Er hätte Besseres zu tun, als mich zu beschützen … Ich hatte zufälligerweise Ohren! Empört verengte ich meine Augen zu Schlitzen und schnaubte laut. „Tsss! Ich habe auch Besseres zu tun, als mich die ganze Zeit von dir beschützen zu lassen!"

Thomas verkniff sich ein Lachen, Ray hingegen warf mir böse Blicke zu. „Halt dich da raus, Kitty!"

Ich nahm den letzten Schluck aus dem Glas und stand auf. Beide blickten mich fragend an.

„Wenn du Besseres zu tun hast und ich auch, dann werde ich mich mit meinen besten Freundinnen treffen. Das macht mir um einiges mehr Spass, Ray. Du glotzt sowieso die ganze Zeit unmotiviert in dein Handy".

Ich latschte davon und liess die beiden Streithähne alleine. Meine Fresse, konnte der stur sein.

Stinkig stampfte ich die Treppe hoch direkt ins Badezimmer. Ich schminkte mich und zog mir ein frisches Oberteil an. Da es draussen wirklich heiss war, entschied ich mich meines schlanken Bauches wegen für ein bauchfreies schwarzes Top. Ich hatte den Ansatz eines Sixpacks und war stolz darauf, denn ich trieb auch sehr viel Sport. Im Gruppenchat schrieb ich Isabel und Poppy, dass wir uns auf dem Pausenplatz vor unserer Schule treffen könnten. Sie waren einverstanden. Noch immer auf mein Handy konzentriert, eilte ich runter in Richtung Eingangstür. Kaum hatte ich sie erreicht, prallte ich gegen etwas Hartes. Verwirrt stolperte ich und rieb mir die Stirn.

„Was soll das, Ray?", fauchte ich und blickte zornig in seine braungrünen Augen.

Er verschränkte die Arme und musterte mich von Kopf bis Fuss. „Ich lass dich nicht alleine nach draussen."

„Ich bin auch nicht alleine. Meine Freundinnen sind ..."

„Ich will dir damit sagen, dass ich mitkomme. Egal, was du sagst, ich werde immer in deiner Nähe sein."

Ohhh, bitte nicht! Ich war kein kleines Kind mehr! Bald war ich achtzehn und somit erwachsen. Ray konnte doch nicht ständig bei mir sein, ich hatte schliesslich auch ein Privatleben.

„Du brauchst mich wirklich nicht 24 Stunden am Tag im Visier zu haben. Ich kann zwischendurch auch selbst auf mich aufpassen", seufzte ich.

„Es ist meine Aufgabe, dich rund um die Uhr zu beschützen, du bist in grosser Gefahr. Ich lasse dich nicht alleine raus. Ich komme mit."

„Aber ... "

„Cassie, hast du das verstanden?"

Schliesslich gab ich nach, denn er hatte ja recht. Er war mein Bodyguard, und es war seine Aufgabe. Ray schien zufrieden. Für einen Moment dachte ich, dass er lächelte und sich doch freute, etwas mit mir zu unternehmen. Aber ich täuschte mich, sein Gesichtsausdruck schien leer. Warum war er derart komisch?

# 6. Meine Freundinnen, mein Bodyguard und mein Schwarm

Mit Ray an meiner Seite lief ich in Richtung Schule. Ray watschelte wie ein Hund hinter mir her und beobachtete die mich angaffenden Menschen. Wahrscheinlich stierten sie mich an, weil ich hübsch war … Haha, nein, Spass! Oder doch …?

Plötzlich packte er mich am Handgelenk und hielt mich an. Ächzend drehte ich mich zu ihm um und merkte, dass er sehr aufgebracht war.
Stimmungsschwankungen?
„Warum musstest du dir so was anziehen, Kitty? Jeder Junge starrt dich an."
Ich riss mein Handgelenk aus seinem Griff.
Wütend stiess ich ihn nach hinten und fuchtelte mit den Händen in der Luft.
„Ray, du hast mir nichts zu sagen! Bitte lass mich in Ruhe!"
„Ich beschütze dich auch vor denjenigen, die dich wegen deiner Schönheit ausnutzen wollen."
Aha, er fand mich also wirklich schön. Bei diesem Satz grinste ich breit und schüttelte meine Haare hinter die Schulter.
„Danke für dein Kompliment, dass ich schön bin", entgegnete ich schmunzelnd.
Laut knurrte Ray und eilte neben mir her.
Schnaufend starrte er zu mir runter.

Warum war er nur so gross und ich so klein? Okay, er war zwei Jahre älter als ich. Ray war riesig. Naja, das war ein wenig übertrieben. Er war mehr als einen Kopf grösser als ich. Fertig, Punkt, Schluss.

„Ist das das Einzige, was du in meinem Satz gehört hast? Dass du hübsch bist?! Schwerhörig?! Ich habe dir gesagt, dass dich Jungs anmachen könnten, weil du nicht gerade das Normalste anhast."

„Hast du Probleme mit meinem Aussehen? Dann rede mit meiner Hand!" Dabei streckte ich sie vor sein Gesicht und lief ein wenig schneller.

Ray blinzelte verwirrt. „Cassie, das ist echt nicht witzig. Ich beschütze dich, ist dir das nicht klar?!"

„Halblang, Wyler! Du beschützt mich vor Playern, obwohl du selber einer bist. Dann müsstest du mich vor dir selber beschützen. Das nenne ich einmal intelligent."

*Gute Aussage, Kitty!*
Oh, hallo Hinterkopfstimme. Schon lange nicht mehr gehört und danke für dieses Kompliment.
*Hast du mich vermisst, Kitty?*
Hör auf, mich so zu nennen!
*Ich weiss ganz genau, dass du diesen Spitznamen magst. Ich bin deine Hinterkopfstimme, ich kenne die Wahrheit, schon vergessen, Dummkopf?*
Dumme Hinterkopfstimme …
*Ich höre dich.*
Schnauze!

„Hey, alles okay, Kitty?", fragte mich Ray. Ich erschrak, denn ich war zu sehr mit meiner Hinterkopfstimme beschäftigt, dass ich Ray völlig vergessen hatte. Mein Gesicht verfärbte sich rot, Ray studierte mich kritisch.

„Jaja, mir geht's sehr gut. Tut mir leid, war gerade in meine Gedanken vertieft", meinte ich und kratzte mich verlegen am Hinterkopf. Unsicher nickte er und blickte wieder nach vorne. Irgendwie fühlte er sich leicht verletzt. Etwa wegen meiner Aussage von vorhin? Mochte er es nicht, wenn man ihn Player nannte? Es war doch nur die Wahrheit.

*Das weisst du gar nicht, Cassie … ouh sorry, ich meine Kitty. Du musst Ray besser kennenlernen.* Warum ist die Hinterkopfstimme so oft in Momenten bei mir, wenn ich sie nicht brauchen kann? Manchmal tut sie mir schon gut, doch nun geht sie mir ziemlich auf die Nerven!
*Danke! Das hat mich gerade sehr aufgemuntert.*
*Nee, im Gegenteil, behandle mich bitte anständig, okay?*
*Grrr …*

Ich wollte von ihm wissen, ob er angepisst war, weil ich ihn Player genannt hatte. Arrogant hob er sein Kinn und antwortete: „Das geht dich nichts an!"
„Aha, du darfst also ein Privatleben führen und ich nicht?!", konterte ich.
„Das ist was anderes, Kitty!"

Da ich nicht länger mit ihm streiten wollte, schwieg ich.

Endlich erreichten wir das Schulhaus, Isabel und Poppy waren bereits da. Ich freute mich sehr und rannte auf die beiden zu. Sie sprangen mir entgegen, kichernd umarmten wir uns. Beinahe wären wir zu Boden gefallen, dabei mussten wir noch mehr lachen. Man konnte uns mit Tausenden gackernden Hühnern vergleichen.

Als wir einigermassen verstummten, fragte Poppy wie aus der Pistole geschossen: „Und? Und? Wie ist er, dein Bodyguard? Ist er heiss? Cool? Wo ist er? Treffen wir ihn einmal?"

Ich war überfordert von diesen vielen Fragen, ich musste sie zuerst mal verdauen. Isabel fand Poppys Fragerei lustig und amüsierte sich über meinen Was-sollen-all-die-Fragen Gesichtsausdruck. Ich seufzte laut und liess meine Schultern hängen. Die beiden blickten mich komisch an.

„Er steht hinter mir …", nuschelte ich vor mich hin. Gespannt gafften Poppy und Isabel über meine Schulter und erblickten Ray. Gemütlich kam er auf uns zu. Gott, der liess sich aber Zeit! Am liebsten hätte ich geschrien, dass er seinen Arsch zu mir bewegen solle, aber ich blieb ruhig.

Isabel rüttelte wild an meinem Oberarm. „Meine Fresse, was ist das?", fragte sie ausser sich.

Ich fing an zu lachen. „Du meinst wohl, WER ist das? Das ist ein Mensch namens Ray Wyler."

Isabel brachte ihren Mund nicht mehr zu, Poppy

schlug mir sanft an die Schulter. „Ich kenne ihn. Er ist oft in der Biggie at Angel Bar und ist der Mädchenschwarm schlechthin! Man sagt, er sei der heisseste Junge auf der Welt. Er schlägt sogar Dylan O'Brien und Francisco Lachowski."

„Das geht gar nicht", murmelte ich. Doch als ich Ray genauer anschaute, wurde mir klar, dass das schon möglich war.

„Du hast ihn bestimmt schon geküsst", bohrte Isabel nach und zwinkerte Poppy zu.

Sie schüttelte enttäuscht den Kopf. „Leider nicht. Er hat immer Augen für andere Mädchen. Aber ich hätte nichts dagegen, wenn er seine Lippen einmal gegen meine drückt."

Sie klang so lustig und löste zwischen uns Freundinnen ein richtiges Gekicher aus. Der Gedanke, dass Ray mich geküsst hatte und Poppy nicht, überraschte mich schon sehr. Poppy war DAS Mädchen der Jungs. Keiner konnte ihr widerstehen.

Als er endlich neben mir stand und meine besten Freundinnen musterte, sagte er einfach mal nichts. Schweigend blickte er mich an. Ich lächelte, packte Poppy an der Hand und zog sie zu mir. „Kennst du sie?", wollte ich von Ray wissen. Pop grinste ihn frech an, was normalerweise jeden Jungen umhaute, da ihr Lächeln bezaubernd war.

Ray guckte sie eiskalt an. „Nein."

Poppys Lächeln verschwand augenblicklich, sie sah Ray fassungslos an. Gerade hatte er ihr einen Korb verpasst. Schande, das war gar nicht gut!

Normalerweise verteilte Pop den Jungs die Körbe. Bevor sie irgendwie reagieren konnte, kam Ray ihr dazwischen: „Du bist nicht mein Typ. Tut mir leid für dich, aber ich stehe auf Brünetten."

Und schon der nächste Korb!

Poppy lief rot an, Isabel musste sie von Ray wegziehen. „Entspann dich, Pop!"

Das beruhigte sie kein bisschen, was Ray zum Lachen brachte. Was hatte er plötzlich? Warum grinste er? Genervt trat ich ihm auf den Fuss und wollte wissen, was daran so witzig war.

„Sie heisst Pop! Wie Popcorn!"

Das hatte er nicht ernsthaft gesagt! Er lachte meine beste Freundin wegen ihres Namens aus. Er kriegte sich kaum mehr ein. Sein Gelächter war schon fast abartig. Poppy verschränkte einge-schnappt die Arme. Ich konnte nicht anders und boxte Ray in den Bauch. Er sackte zu Boden und stöhnte laut vor sich hin.

Das passiert, wenn man meine Freundin beleidigt! Wütend funkelte ich ihn an und hätte ihm am liebsten noch einen weiteren feinen Tritt verpasst. Ich hielt mich zurück.

„Was soll dieser Scheiss?!", schrie er ausser sich und blickte mich entsetzt an. Sein Kopf glühte tomatenrot. Stinksauer zeigte er mir seine weissen perfekten Zähne. Er hatte früher bestimmt eine Spange getragen!

„Du hast soeben Poppy gekränkt", erwiderte ich kalt.

Schwitzend stand er neben mir und starrte mich

kopfschüttelnd an. Was dachte der schnaubende Stier gerade über mich?

**Ray**

Warum überraschte mich Cassie immer wieder aufs Neue? Und warum gefiel mir ihre kalte und direkte Art? Sie war so anders, nicht so wie diese Pop, die mich soeben hatte anmachen wollen. Logisch kannte ich Poppy. Sie war Barkeeperin in der Biggie at Angel und eines dieser Mädchen, die ich noch nicht an meinen Lippen hatte. Ich wollte sie auch nicht! Ich stand auf Brünetten, und damit meinte ich Kitty. Mir gefiel ihr Charakter, ihre entzückende und aussergewöhnliche, selbstbewusste und zielsichere Art. Genau so ein Mädchen brauchte ich … Doch leider stand ich für sie als Player da. Sie hatte ja schon ein wenig recht. Aber das war nun ein für alle Mal Geschichte. Ich hatte mit Thomas abgemacht, dass ich kein Mädchen mehr abschleppte. Und wenn, wollte ich fair sein und keines mehr nach eins, zwei Tagen in die Wüste schicken. Ich fragte mich, ob Kitty schon einen Freund hatte oder in irgendjemanden verliebt war. Sie verdiente wirklich einen guten Freund!

*Frag sie doch!*
Nein! Ich getraue mich nicht.

*Du bist so ein Feigling, Bro!*
Halt die Klappe, Hinterkopfstimme!
*Ich gebe dir nur einen Ratschlag. Mach mich nicht*
*runter, ich meine es nur gut mit dir!*

Schande, meine Stimme hatte recht. Ich war ein
Feigling. Normalerweise war ich nicht feige, aber
vor Cassies Freundinnen hatte ich nicht den Mut,
sie zu fragen.

„Ray wohnt in einem Penthouse mit seinem besten
Freund Thomas, und ich wohne ab sofort auch bei
ihnen. Cool, oder?" Cassie lächelte dabei und
schaute ihre Freundinnen glücklich an. Sie fand
allerdings nur mein Penthouse beeindruckend.
Dass sie mit mir unter einem Dach lebte, gefiel ihr
ganz und gar nicht.
Ich war so in meine Gedanken versunken, dass ich
das Gespräch zwischen den Mädchen nicht
mitbekommen hatte. Wooow! War ich ein toller
Zuhörer (Sarkasmus am Start)! Leicht verwirrt
schüttelte ich den Kopf und bückte mich ein wenig,
sodass ich das Gespräch mitverfolgen konnte.
Isabel wollte wissen, ob sie und diese Pop mal bei
Cassie, also bei mir, übernachten durften.
Erwartungsvoll blickte sie mich an. Mannomann,
Cassie wohnte gerade einmal seit einem Tag bei
mir, und schon planten sie eine Übernachtungs-
party. Ich war sooo am Arsch! Auch Cassie
beguckte mich mit riesigen Augen und ihrem
flehenden Hundeblick, ich konnte nicht anders und
bejahte. Alle drei kreischten und hüpften vor

Freude auf und ab.

Mädchen können so kindisch sein!

Dieses Schulhaus gefiel mir irgendwie. Schade, dass ich kein normales High School-Leben führen durfte. Daran waren einzig und allein meine Eltern schuld … allen voran mein Vater! Vor Wut ballte ich meine Hände zu Fäusten und hätte beinahe losgeschrien, aber Cassies komisches Gekreische hielt mich davon ab. Sofort drehte ich mich zu ihr um und fragte mich, was sie auf einmal hatte. Isabel und Poppy standen dicht neben ihr, sie alle blickten in dieselbe Richtung. Da ich zum Glück sehr gross war, konnte ich locker über Cassies Kopf schauen. Die drei Girls beobachteten eine Clique Jungs auf der anderen Seite des Schulplatzes. Es waren sechs Kerle, und alle rauchten. Wow! Das nannte ich mal Vorbilder. Okay, ich war nicht gerade besser. Ja, ich hatte ein Tattoo. Doch es gab auch einen Grund, warum ich dieses Tattoo an der linken Bauchseite hatte …

„Wer sind die?" Mir gefielen diese Typen ganz und gar nicht. Cassie und ihre Freundinnen hingegen waren hin und weg.

Cassie packte mich am Unterarm und rüttelte wild daran. „Das ist Kyles Clique! Oh mein Gott! Kyle ist hier!"

Wer war Kyle und warum gefiel mir dieser Kerl nicht, auch wenn ich ihn nur von Weitem sah? Ich wusste nicht einmal, welcher der sechs Jungs dieser Kyle war, hatte jedoch eine Vermutung.

Kyle war bestimmt dieser Player, der sich lässig an die Wand anlehnte, sich durchs ungepflegte mittellange schwarze Haar strich und an seiner alten Lederjacke herumzupfte. Ich nahm an, dass seine helle Haut noch nie die warme Sonne erblickt hatte. Ich schätzte ihn etwa auf achtzehn. Er gefiel mir überhaupt nicht - alles andere als sympathisch und mit seinen schmalen Augen absolut nichts Besonderes. Boah! Er hatte einen schwachen Dreitagebart und sogar einen Ansatz von einem Schnauz. Rasier dich bitte mal! Was war an diesem Penner so speziell? Ich war doch um einiges gepflegter als er! Warum war Cassie derart angetan von ihm und mich hasste sie? Warum?!

„Darf ich bitte wissen, was an diesem Kyle so toll ist?" Ich versuchte, meine Stimme zu beherrschen. Die drei Girls gafften mich mit aufgerissenen Augen an. In einem Comic hätten die sechs Augen die Form von Herzen gehabt.

„Kyle ist der heisseste und beliebteste Junge der ganzen Schule. Er geht in unsere Parallelklasse, er ist einfach unglaublich!", platzte es aus Cassies Mund.

Kaum zu glauben, dass Cassie das vor meiner Nase sagte. Am liebsten hätte ich ihr gesagt, dass ich hier der Interessante war und nicht er! Ich mochte es nicht, dass Cassie derart auf Kyle abfuhr. Sie stand offensichtlich auf ihn. Dieses Mal konnte ich nicht anders und fragte: „Bist du etwa in Kyle verliebt?"

Sofort wurde sie rot und schüttelte wild den Kopf. Isabel und Poppy kicherten neben ihr. „Ky...Kyle hat eine Freundin", stotterte Cassie. „Sie ist die Cheerleader-Anführerin. Ich glaube nicht, dass Kyle sich für mich interessiert. Schliesslich stehe ich nicht auf ihn, und er ... ist nicht mein Typ." Beim letzten Teil verschluckte sie sich und wurde noch roter.

Sie log! Leicht genervt blickte ich auf und nahm Kyle nochmals unter die Lupe. Was hatte dieser Raucher, was ich nicht hatte? Ich war perfekt! Jedes Mädchen wollte mich für sich haben, aber warum fand Cassie genau an ihm Gefallen? Er rauchte und war ein Cliquengänger. Na und? Ich besass ein Penthouse, war Bodyguard, hatte Muckis und bestimmt mehr Stutz als er. Okay, ich kannte ihn nicht, doch einiges störte mich an ihm ...

# 7. Tränen der Vergangenheit

**Cassie**

„Darf ich biitteee ein Eis, Ray?" Zusammen sassen wir auf der Couch im Garten und genossen die warme, langsam untergehende Sonne.

Den ganzen Tag verbrachte ich mit Poppy und Isabel. Wir hatten Kyle gestalkt. Gott, er war sooo cool! Ich stand ja eigentlich wirklich nicht auf Badboys und Player, doch Kyle war da eine Ausnahme. Ein einzigartiger Junge mit einem guten Charakter. Isabel und Poppy vergötterten ihn ebenfalls, doch ich war am meisten von ihm angetan! Ein bisschen stand ich auf ihn, doch nur zu 1 % … Okay, wahrscheinlich 10 % …

*Zu 99,9999999999… % stehst du auf diesen Raucher, Kitty! Erzähl keinen Scheiss!*

Ray war ununterbrochen bei uns gewesen und hatte weder mich noch Kyle aus den Augen gelassen. Es war offensichtlich, dass ihm Kyle nicht passte.

Eiskalt schüttelte Ray neben mir den Kopf, legte sich auf die Couch, um die warmen Sonnen-strahlen zu geniessen. Ich hingegen murrte laut. Mann, ich wollte unbedingt ein Eis. Also schlich ich ins Penthouse. In der Küche suchte ich im

Gefrierfach nach einem, fand aber keines, dafür ein leckeres Kuchenstück. Mir lief das Wasser im Mund zusammen.

„Kitty, ich habe gesagt, dass du keines bekommst und auch keinen Kuchen!"

Langsam wurde der Kühlschrank vor meiner Nase geschlossen, beinahe hätte ich geschrien. Neiiin! Ich wusste genau, dass dieses köstliche Kuchenstück mich wollte! Angepisst drehte ich mich zu Ray um. Er stand direkt hinter mir und gaffte mich von oben herab an.

„Du bist gemein", murmelte ich und funkelte ihn böse an. Er schmunzelte, da ich sehr kindisch tat. Ich wollte mich aus dem Staub machen und schnellstmöglich an die frische Luft, als Ray nach meinem Handgelenk schnappte und mich zurückzog. Ray stand vor mir und hielt ein Vanillecornet in der anderen Hand. Meine Augen weiteten sich. Er streckte es mir zu und grinste frech. Sofort wollte ich es ihm entreissen, doch er schwang es hoch über seinen Kopf. Da ich um einiges kleiner war als er, schaffte ich es nicht, es für mich zu erobern.

„Raaay!", kreischte ich und hüpfte auf und ab. Es war hoffnungslos. Ich war einfach zu klein. Ray lachte laut und liess nicht locker.

„Bitte, Ray! Ich flehe dich an! Ich möchte es sooo gerne haben!" Ich ging vor ihm sogar auf die Knie. Er bückte sich zu mir runter und kam sehr nahe auf mich zu. Mir wurde schrecklich heiss. Was passierte da gerade …? Ein fieses Spielchen von

Ray. Er war so nahe, dass unsere Nasenspitzen sich beinahe berührten. Sein Blick wanderte zu meinen Lippen.

„Wenn du es haben willst, dann will ich auch etwas von dir. Ich möchte nochmals diesen umwerfenden Kuss, nur dieses Mal länger."

Er klang erwartungsvoll und ernst. Kaum zu glauben, dass er mich nochmals küssen wollte. Aber ich wollte nicht! Bevor ich ihm etwas entgegnete, riss ich ihm das Cornet aus der Hand und haute ab. Lachend sprang ich aus dem Haus und schleckte genüsslich mein Eis.

*Gut gemacht, Kitty!*
Ich weiss, das war genial!

Lächelnd klopfte ich mir selber auf die Schulter und latschte um den Pool. Meine Schritte wurden langsamer, dieses Cornet war so was von lecker. Ich genoss diesen Moment sehr, bis mich plötzlich jemand um den Bauch fasste. Beinahe wäre ich gestolpert.

„Mein Eis!", schrie ich panisch und hielt es beschützend an mich. Hinter mir fing Ray an zu lachen. Dieser Arsch!

Sein Lachen war so witzig und ansteckend, dass wir beide das Gleichgewicht verloren und hinfielen. Kichernd landete ich wie ein Käfer auf dem Rücken und streckte mein Eis rettend in die Luft. Auf mir landete Ray, und der war nicht gerade der Leichteste. Er stoppte mir beinahe den Atem. Laut

prustete ich los und hielt die Luft an. Schande …
Schande … Schande … warum passierten immer
mir solche Sachen? Meine Augen durchbohrten
Rays Glotzer, und mir fiel auf, dass ihm diese
Position gefiel. Der Göttliche lag auf mir … ach du
meine Güte! Mir wurde schrecklich heiss, und ich
fragte mich, ob die Sonne noch am Himmel stand.
Doch sie war längst hinter dem Horizont ver-
schwunden. Dann beeinflusste die Sonne also
nicht meine Körpertemperatur …

„Geh bitte sofort von mir runter", bat ich ihn
kleinlaut.

„Kitty, du schuldest mir einen Kuss, du weisst
schon", hauchte er. Sein Atem streifte meinen
Hals, was mich in Gänsehaut versetzte. Ich
schluckte leer und versuchte, seine vollen Lippen
auszublenden, die immer näher auf mich zu-
kamen.

„Was ist, wenn ich dich nicht küssen will?",
protestierte ich unbeeindruckt, was Ray ziemlich
verwirrte.

„Jedes normale Mädchen will mich küssen, das
würde mich doch sehr verwundern."

„Du weisst, ich bin nicht normal. Ich bin eine
Banshee, schon vergessen? Meine Lippen wollen
deine nicht. Sie stehen nicht auf sie!" Ich schaffte
es, Ray von mir runter zu schubsen. Verblüfft
landete er neben mir.

Hastig stand ich auf. Jap, ich hatte ihm gerade
einen Korb verpasst und war stolz darauf!
Grinsend leckte ich an meinem bereits tropfenden

Cornet und wollte eben ins Haus zurück, als ich einen fluchenden Thomas hörte. Ray, für einen Moment in seinen Gedanken versunken, stand inzwischen auf den Füssen und direkt hinter mir, was mir überhaupt nicht passte. Ich wollte ihn auffordern, mindestens einen Schritt zurück zu machen, als Thomas in den Garten stampfte. Er trug ein wunderschönes blaues Hemd und moderne schwarze Jeans. Seine dunkelblonden Haare waren wirr durcheinander, er wirkte gestresst. Mir wurde klar, dass er gerade von der Arbeit heim kam.

„Ray! Schau dir das an!", schrie Thomas ausser sich. Er hielt in der rechten Hand eine Mappe. Ray ging mit gerunzelter Stirn auf Thomas zu. Thomas und Ray redeten leise miteinander, Ray studierte dabei die Unterlagen in der Mappe. Die beiden schienen gar nicht glücklich zu sein. Was hatten sie nur? Solange es mich nicht betraf, ging es mich auch nichts an! Also konnte ich mich in mein Zimmer verziehen.

Kaum hatte ich das wunderschöne Wohnzimmer betreten, schrie Ray: „Cassie! Komm mal her!"
Shit, es ging um mich! Ich zuckte zusammen und fluchte leise. Ich merkte an seiner Stimme, dass etwas nicht stimmte. Langsam drehte ich mich um, die zwei Jungs standen bereits direkt vor mir. Beide starrten mich unruhig an, Ray hielt die Mappe fest in seinen Händen.

„Was?", zischte ich aufgeregt.

„Wie heisst du mit Nachnamen?", wollte Thomas wissen und studierte mich kritisch.

Er sollte meinen Nachnamen kennen! Fassungslos beschäftigte ich mich noch immer mit meinem tropfenden Eis. „Clark. Mein Name ist Cassie Clark. Wie sollte ich sonst heissen …?"

„Und wie heisst deine Mutter?", fragte Ray.

„Hört bitte auf, mir solche dummen Fragen zu stellen. Ihr wisst ganz genau, wie mei…"

„Cassie! Ich meine es ernst. Wie heisst deine Mutter?"

„Kayla Clark."

„Und dein Dad?"

Als Ray meinen Vater erwähnte, stiegen Wut und Trauer in mir auf. Ich versuchte, die Tränen zurückzuhalten. Es funktionierte nicht. Eine Träne kugelte bereits über meine Wange. „Ich weiss es nicht. Ich habe ihn nie kennengelernt, er verschwand vor meiner Geburt. Mom vermutet, dass er sich umgebracht hat, weil er keine Tochter wollte", schluchzte ich.

Thomas wollte mich in eine Umarmung ziehen, aber ich stiess ihn gleich von mir weg.

„Lass das! Ich … ich … ich will nicht über ihn reden! Sprecht mich nie mehr auf ihn an! Das ist eine grosse Bitte!"

Ich drehte mich um und liess die zwei alleine. Ich weinte und hatte meine Tränen nicht mehr unter Kontrolle. Die Lust aufs Cornet war mir vergangen, der munzig kleine Rest landete im Mülleimer. Schluchzend rannte ich die Treppe hoch und schloss mich im Zimmer ein.

Dad hatte meine Kindheit versaut. Wegen ihm weinte ich oft. Meistens dann, wenn ich Kinder mit ihren Papas spielen sah.

Ich hoffe so sehr, dass meine Kinder einmal einen Vater haben, der auf sie aufpasst und Spass mit ihnen hat.

Nur, weil er Vater wurde und sich keine Tochter wünschte, verliess Dad Mom und mich, und dies für immer. Das konnte er echt nicht machen! Ich brauchte ihn doch!

Das Klopfen an der Tür riss mich aus meinen Gedanken. Ray und Thomas riefen nach mir. Sie entschuldigten sich, weil sie mich traurig gemacht hatten. Sie wünschten sich, mit mir den Abend zu verbringen. Doch ich hatte keine Lust. Das Einzige, was ich mir in diesem einen Moment wünschte, war Dad.

Ich wollte nur noch schlafen und stellte den Wecker auf sieben Uhr morgens. Irgendwie freute ich mich auf die Schule, da ich dann hoffentlich Ray los war …

Ich hatte genug und tief geschlafen, was mir und meiner Laune extrem gut tat. Aus dem Schrank zupfte ich schwarze zerrissene Hotpants und ein weisses bauchfreies Top. Die Sonne schien bereits stark, weshalb ich meine Haare zu einem Dutt band. Leise schlich ich aus dem Zimmer und verschwand im Badezimmer. Ich schminkte mich dezent und checkte mein Outfit. Ich wusste, dass Ray damit nicht zufrieden war, doch Hauptsache, mir gefiel es. Selbstbewusst eilte ich die Treppe runter. Es war still, und weit und breit waren kein Ray und Thomas zu sehen. Schliefen sie etwa noch? Fragend blickte ich zu Thomas' Zimmertür, sie war zu. Er pennte bestimmt noch, aber wo war Ray? Ich suchte sogar den Garten nach ihm ab. Doch da war er auch nicht.

In der Küche wollte ich mir eben einen Apfel holen, als ein halbnackter Ray plötzlich vor mir stand und genüsslich in eine Birne biss. Mir verschlug es den Atem. Ray war von oben bis unten nass, hatte nur ein Badetuch um seine Hüften gebunden. Er kam also gerade vom Duschen. Sein perfektes Sixpack hatte ich nicht übersehen. Mein Blick wanderte zu Rays trainierter Brust und zu seinen starken Oberarmen. Ach du heilige Maria, warum war er nur so gut gebaut? Mein Mund stand weit offen, meine Augen kugelrund.

„Na, Kitty? Wie gefalle ich dir?" Dabei zwinkerte er mir selbstsicher zu. Sofort suchte ich nach seinen Augen, da ich seinen heissen Body schon genug lange angestarrt hatte.

*Bleib stark, Cassie! Ein perfekter Körper darf dich nicht schwach machen! Zeig deine kalte Seite!*

Wie auf Knopfdruck durchstachen meine gefährlichen Augen seine. Ich schlurfte an ihm vorbei und griff nach dem Apfel. „Hab schon Besseres gesehen", konterte ich eiskalt und biss kräftig hinein. Ich hatte mich für die Schule parat zu machen.

Ray folgte mir und wirkte ab meiner Reaktion ziemlich überrascht. „Ich fahre dich zur Schule", meinte er und schmunzelte dabei frech.

Ohhh, bitte nicht! Ich brauchte wirklich keinen Chauffeur!

Ich habe zufälligerweise Füsse, die mich überall hinbringen!

Ray war mein Bodyguard, und das reichte mir.

„Ich gehe zu Fuss!"

„Neee, ich fahre dich!"

„Aber ich will zu Fuss hin."

„Und ich will dich fahren! Ich mach mich jetzt fertig, und du wartest bitte im Auto auf mich."

Er packte den auf der Kommode liegenden Autoschlüssel und warf ihn mir zu. Es war ein Schlüssel für einen Lamborghini Gallardo. Ich fragte mich schon, woher Ray all dieses Geld hatte. Er war doch ein stinknormaler Bodyguard und kein reicher Geschäftsmann. Waren seine Eltern derart reich? Oder vielleicht verdienen Bodyguards richtig viel. Da ich mich nicht getraute zu fragen, hielt ich meinen Mund und liess es bleiben. Ich tat, was er von mir verlangte.

Da standen sie … zwei wunderschöne, teure Autos: ein BMW i8 in Mattschwarz und gleich daneben ein weisser Lamborghini Gallardo. Dieser gefiel mir ein wenig besser als der BMW. Gehörte der BMW Thomas? Oder besass Ray gar beide Autos? Denn das Penthouse gehörte Ray, soviel ich verstanden hatte.

Ich setzte mich hinein und klemmte meine Tasche zwischen die Füsse. Der Lamborghini war sehr sauber, Ray pflegte ihn wirklich vorzüglich.

Seufzend lehnte ich mich zurück.

Es dauerte nicht lange, bis Ray neben mir einstieg. Er trug eine schwarz-weisse Collegejacke, ein weisses Shirt und hellblaue Jeans und sah echt gut aus. Seine Gesichtszüge waren einfach makellos wie seine Haare und sein starker Körper. Langsam begriff ich, dass er all die vielen Mädchen wie ein Magnet anzog.

„Sag mal, Ray, gehört der BMW Thomas?"

Wie einen Tag zuvor wirkte er plötzlich unmotiviert. Och, nicht schon wieder diese Stimmungs-schwankungen! Sie ergaben für mich einfach keinen Sinn!

„Nein, der gehört mir", nuschelte er, startete den Motor und lenkte den Schlitten langsam aus dem Privatparkplatz.

Baff gaffte ich Ray an. „Nur dir?"

„Thomas darf sie beide fahren, aber gehören tun sie mir."

„So wie das Haus?"

Ray nickte.

Ray fuhr schnell, aber sicher. Ich mochte schnelle Autos und beobachtete die Menschen. Ich sah sie alle verschwommen, da Ray derart rasant an ihnen vorbeiflitzte. Die Stille zwischen uns machte mich irgendwie unruhig.

Ich wollte kein Gespräch anfangen, da er sich auf die Strasse zu konzentrieren hatte. Ein bisschen schämte ich mich für diese Stille, mein gerötetes Gesicht drehte ich zum Fenster.

„Welches Fach hast du zuerst?", unterbrach Ray die unangenehme Ruhe.

„Mathe." Ich atmete tief durch und fühlte mich um einiges erleichtert.

Erst jetzt realisierte ich, dass wir bereits an der Schule angekommen waren. Ray öffnete mir mit wütendem Blick die Tür. „Beweg deinen fetten Hintern aus meinem Auto, Kitty!"

Hallo?! Geht's noch?! Mein Arsch ist alles anders als fett!

Verärgert stieg ich aus und verpasste Ray einen Klaps auf den Hinterkopf, was ihn noch wütender machte. Laut knallte er die Autotür zu und musterte mein Outfit. Ich merkte sofort, dass er damit nicht zufrieden war, da man beinahe meinen halbnackten Körper sah. Aber das ging ihn nun wirklich nichts an.

Bevor er irgendein Wort sagen konnte, richteten sich alle Augen auf uns. Besser gesagt: Die Girls starrten Ray an und die Jungs mich. Irgendwie auch logisch. Mit einem frechen Grinsen schaute ich zurück. Ich mochte diese Blicke. So wusste ich, dass ich gut aussah.

*Du selbstverliebte Kuh!*
Das bist du ja auch …
*Tsss! Halt deinen Mund!*

Ich peilte meinen Blick zu Isabel und Poppy, die vor dem Eingang standen und mich beobachteten. Sie winkten mir zu und ich zurück.

„Cassie", hauchte Ray in mein Ohr. Schnaubend drehte ich mich um und merkte, dass er dicht hinter mir stand. Er suchte nach meinen Augen und sah unglücklich aus. Was hatte er denn jetzt? Er nervte mich, ich empfand ihn als sehr anstrengend.

„Was?", zischte ich zurück. Ray hielt mich am Handgelenk fest. Für einen Moment fühlte ich mich, als wäre ich seine kleine Tochter. Dieser Vollpfosten war mein neunzehnjähriger Bodyguard und ich ein siebzehnjähriges Mädchen, das sich nach Freiheit sehnte!

„Du bleibst in meiner Nähe, verstanden?", flüsterte er und hielt mich noch fester.

# 8. Attacke der Raucher

Zuerst kapierte ich nicht, was er mir damit sagen wollte. Doch bald checkte ich, dass er mich sogar in der Schule beschützte! Ich konnte nicht anders und seufzte laut los. „Ray, bitte, bitte, biiitte unterlass das!! Es gibt hier niemanden, der mir gefährlich wird, mich ausnutzen oder entführen will."

„Das weisst du nicht. Vielleicht ist einer deiner männlichen Fans ein Stalker. Den müsste ich genauer unter die Lupe nehmen."

„Übertreib!"

Schnell befreite ich mich aus seinem Griff und wollte zu meinen Freundinnen, doch Ray hielt mich zurück. „Ich meine das im Ernst, Cassie!"

„Ja, Mann! Verfolg mich doch! Aber misch dich nicht in die Gespräche ein! Vor allem dann nicht, wenn ich mich mit einem Jungen unterhalte."

Ray schluckte leer und antwortete darauf … nichts. Ich merkte, dass er sich nicht sicher war, ob er das einhalten konnte. Schliesslich nickte er.

Isabel und Pop liefen auf mich zu und begrüssten mich mit einer langen Umarmung. Ray stand ächzend hinter uns und lehnte sich an seinen Lamborghini. Dabei liess er mich nicht aus den Augen. Das nannte ich denn einen Stalker! Ich vermutete sogar, dass er meinen Arsch im Visier hatte.

Kichernd lösten wir uns aus der Umarmung.

„Hey Ray!", begrüssten Pop und Isabel ihn gleichzeitig. Knurrend hob er sein Kinn und grüsste die beiden halblaut zurück. Er stierte mich noch immer an.

Isabel schlug ihm rüpelhaft auf die Schulter und fragte lachend: „Begleitest du Cassie zur Schule? Wooow, das nenne ich mal einen Bodyguard!"

Da ich wusste, dass Isabel heftig schlagen konnte, konnte ich die Schmerzen in Rays Schulter förmlich spüren. Er rieb sie sich und gaffte Isabel baff an. Ich musste dabei leise lachen.

„Ja, logisch! Kitty darf nichts passieren, sonst ist es meine Schuld, und ich verliere meinen Job. Ich will nicht noch einm…", fauchte er. Mitten im Satz hielt er den Atem an und senkte seinen Kopf.

Was wollte er nicht noch einmal? Was verheimlichte mir Ray? Unsere Neugier stieg.

„Was, Ray?", bohrte ich nach.

Er schaute mich weder an, noch hob er seinen Kopf, sondern blieb stumm. Am liebsten hätte ich ihn gepackt, wild durchgeschüttelt und laut gefragt, was er mir verheimlichte.


Die Schulglocke klingelte. Ray schien erleichtert. Er packte mich sanft an den Schultern und schob mich zum Eingang. „Los, Kitty! Der Unterricht beginnt!"

Unüberhörbar fluchte ich und schlug auf seine Hände. Er zeigte keinerlei Reaktion. Poppy und Isabel lachten hinter uns.

Im Schulhaus holte ich meine Mathebücher aus dem Spind, gefolgt von Ray. Ständig stand er hinter mir und liess mich nicht aus den Augen. Manchmal warf er den Jungs, die mich anglotzten, böse Blicke zu. Und wer's glaubte, sie bekamen Angst vor Ray und eilten davon. Die Mädchen, die Ray vergötterten, ignorierte der Player. Das überraschte mich sehr.

Viele Mädchen hörte ich sagen: „Dieser Junge hat mich schon einmal geküsst, und dieser Kuss war mit Abstand der beste, den ich je hatte." „Schande, ist dieser Junge heiss. Den habe ich mal in einer Bar mit einem Mädchen rumknutschen sehen." „Er ist der heisseste Junge alive." Ein paar Girls fragten sich sogar, warum Ray mit mir unterwegs war. Zu gerne hätte ich laut rausgeprustet, dass er mein persönlicher Bodyguard war. Doch ich hielt schmunzelnd meinen Mund.

Ich trat ins Klassenzimmer und begrüsste Mrs. Martish freundlich. Als sie Ray hinter mir erblickte, schenkte Ray ihr ein geschauspielertes Lächeln, was echt heiss aussah.

„Guten Tag, Mrs. Martish. Ich bin Ray Wyler. Personal Bodyguard der A.B. Cassandras persönlicher Bodyguard. Ich werde sie zwischendurch zur Schule begleiten und sie beschützen."

Als er meinen vollen Namen aussprach, warf ich ihm meinen Killerblick zu, doch er grinste mich nur frech an. Dieser Pisser! Er wandte sich zu Mrs. Martish, die hin und weg von Rays Aussehen schien. Sie erwiderte Rays Händedruck und brachte nur ein Stottern über die Lippen.

Zwar hatte Mom Mrs. Martish auf Ray aufmerksam gemacht. Sie musste ja wissen, dass ich von einem Bodyguard begleitet wurde. Allerdings sagte Mom ihr nicht, dass er das Aussehen eines Gottes hatte.

Grummelnd setzte ich mich an meinen Platz. Das war so peinlich. Ich schämte mich so sehr und wäre am liebsten unsichtbar gewesen. Mrs. Martish unterhielt sich freundlich mit Ray. Warum konnte er nur derart gut schauspielern? Ein wahres Talent!

Ich spürte ein grobes Zupfen an meinen Schultern, es tat mir sogar ein wenig weh. Unmotiviert drehte ich mich um und spähte in Haydens blaue Glotzer.

Hayden Logram ist unsere Schulbitch und Cheerleader-Anführerin. Sie hat lange hellblonde Haare und grosse strahlende eisblaue Augen. Sie schminkt sich übertrieben, was sie nicht hübscher macht, und sie trägt ständig Markenklamotten. Doch eins muss ich sagen, sie hat eine sehr schöne Figur, aber ich hasse dieses Biest. Sie ist arrogant, unfair, egoistisch und selbstverliebt!

Ihre vollen Lippen malte sie dieses Mal kirschrot an. Ihr graues Top war bis zum Bauch geschnitten und hatte einen tiefen Ausschnitt. Ihre Hotpants

waren so knapp, dass der halbe Arsch heraus-
schaute.

„Was willst du von mir, Hayden?", wollte ich
knurrend wissen, da sie mich sonst nie beachtete.
Sie spielte mit einer Haarsträhne und fixierte Ray.
„Wer ist er?", fragte sie mit gerunzelter Stirn. Ich
verengte meine Augen zu Schlitzen und merkte,
dass mir jedes Mädchen zuhörte. Hayden gaffte
mich giftig an und wartete auf meine Antwort.
„Ray, er ist mein Bodyguard", murmelte ich.
Kaum hatte ich mich umgedreht, fing Hayden an
zu lachen, ihre Freundinnen ebenfalls. Ein grosses
Fragezeichen erschien über meinem Kopf. Hayden
hatte sich nicht mehr unter Kontrolle, und ihr sonst
so blasser Kopf hatte die Farbe einer Paprika.
Jeder nahm das Gekicher der Mädchen wahr,
auch Ray.
„Was? Du und ein Bodyguard?! Tsss, wer will dir
schon was antun? Du bist ja nichts Spezielles!"
„Zufälligerweise bin ich sportlicher und ausser-
gewöhnlicher als du, Haydibaby! Nur, weil du
einen Spagat kannst und mit deinen Pompons die
Schulrugby-Gruppe anfeuerst, heisst das noch
lange nicht, dass du weiss Gott was bist! Ich spiele
Fussball, Unihockey, Rugby und war sogar einmal
bei den Cheerleadern, bevor du Anführerin warst.
Also halt deinen Mund!"

Jeder beobachtete uns zwei Streithähne, doch das
war mir egal. Hayden regte mich auf! Diese
dumme Kuh konnte mich mal!

Sauer schlug sie ihre Hände auf den Tisch und beleidigte mich aufs Übelste.

Ich war mit meinen Nerven am Ende. Diese Tussi brachte mich noch zum Ausrasten. Gottlob merkte dies Ray und stellte sich, seine Hände in den Hosentaschen, genervt neben mein Pult.

„Du solltest besser deinen Mund halten, kleine Nixe. Soll ich einmal ehrlich sein?" Ich nickte, obwohl Ray zu Hayden sprach. „Du bist die Nachmacherin von Barbie. Geh zu Ken, er wartet sehnsüchtig auf dich."

Dann packte er sich einen Stuhl und stellte ihn neben mich hin. Kaum zu glauben, was er da gerade mit Hayden abzog. Ich war so baff, dass ich nicht einmal jubeln und Hayden auslachen konnte. Isabel und Poppy kicherten, und die Jungs lachten sich halb kaputt. Hayden schien derart schockiert und fühlte sich nicht in der Lage, Ray zu kontern, denn der Unterricht begann in dem Moment.

Leider hatten wir Mathe, nicht unbedingt mein Lieblingsfach. Dummerweise war ich auch nicht gut darin, weshalb ich am Unterricht nicht teilnahm. Ich spielte mit meinem Stift und tat so, als wäre er ein Flugzeug. Naja, sehr kindisch, ich weiss. Lächelnd betrachtete ich den Stift, der soeben nach Indien flog.

„Was soll diese Scheisse?", hauchte Ray, der mich kritisch beobachtete.

Ohne ihm zu antworten, spielte ich weiter und nahm sogar einen zweiten Stift dazu. Innerlich machte ich Flugzeuggeräusche nach und formte mit meinem Mund entsprechende Kreisbewegungen. Ray guckte mich leicht irritiert an und riss mir die Stifte aus der Hand. Beinahe hätte ich losgeschrien. Ooooch, warum liess er mich einfach nicht spielen? Es war gerade sooo interessant!

*Übertreib!*
Schnauze!

Ich warf ihm böse Blicke zu, als Mrs. Martish meinen Namen aufrief. „Cassie, kannst du uns bitte die Lösung sagen?"
Hastig drehte ich meinen Kopf zur Wandtafel und war gleich überfordert von dieser langen Formel mit Buchstaben und Zahlen. War das eine Rechnung oder waren es gar mehrere Aufgaben? Ich schluckte leer und stotterte laut. Alle sahen mich an, was mich noch nervöser machte. Hinter mir fingen Hayden und die anderen Cheerleader an zu lachen. Das Gekicher machte mich noch wahnsinnig. Ich spürte Schweissperlen auf meiner Stirn, meine Hände waren innert Kürze klitschnass. Ich wusste, dass Mrs. Martish so lange nachbohren würde, bis ich das Ergebnis sagte. Ich hasste das so sehr! Mrs. Martish wusste ganz genau, wie schlecht ich in Mathe war.
Plötzlich spürte ich eine warme Hand auf meinem Knie. Mein Gesicht verfärbte sich rot, als ich merkte, dass es Rays Hand war. Warum tat er das? Er brachte mich noch mehr ins Schwitzen.

„13b$^2$", flüsterte er mit tiefer, rauer Stimme mir ins Ohr.

Ich drehte meinen Kopf zu Ray. Er schmunzelte mich an und nickte. Hatte er etwa recht oder wollte er mich nur blamieren? Langsam blickte ich zu Mrs. Martish und antwortete unsicher: „13b$^2$??"

Es war mucksmäuschenstill im Klassenzimmer. Diese wenigen Sekunden Ruhe kamen mir wie eine Ewigkeit vor. Stimmte die Lösung etwa nicht …?

Endlich! Mrs. Martish lächelte mich stolz an. „Richtig, Cassie!"

Vor Erleichterung und Freude klappte mein Kiefer auf. Normalerweise wusste ich nie auf Anhieb die richtige Lösung! Okay, es war Rays Lösung, aber trotzdem! Verblüfft drehte ich mich zu Ray um, der mich selbstbewusst angrinste. Unsicher kratzte ich mich am Nacken und bedankte mich leise bei ihm. Er zuckte nur mit den Schultern und nahm seine Hand von meinem Oberschenkel. Schade. Seine warme Hand auf meiner Haut hatte sich gerade zu schön angefühlt. Am liebsten hätte ich sie gepackt und sie zurück auf meinen Oberschenkel gelegt. Kaum zu glauben, dass ich das sagte, aber ich wollte seine Hand wieder haben!

Endlich war Pause! Zwei Lektionen Sport standen danach auf dem Stundenplan. Zum Glück! Immerhin ein Fach, in dem ich gut war! Isabel, Poppy und ich sassen auf einer Bank und teilten uns einen gesunden Powersnack … eine Tafel

Schokolade … Hinter uns lehnte sich Ray an einen Baum und knabberte ebenfalls an einer Schokoladenreihe. Dabei liess er mich nicht aus den Augen. Ray nahm seinen Auftrag richtig ernst. Das beeindruckte mich. Ich fand es irgendwie witzig, dass er jedes Mädchen abblockte, das versuchte, mit ihm zu flirten. Sein Blick war ständig auf mich gerichtet.

Poppy, Isabel und ich beobachteten Kyle, wie er mit seiner Freundin flirtete. Wie konnte er nur mit Hayden zusammen sein?! Es brach mir das Herz! Traurig schluckte ich die zerkaute Schokolade runter und zischte: „Ich will diejenige sein, die von Kyle verwöhnt wird."

Isabel meinte lachend, dass ich weiterträumen solle. Laut seufzte ich. Ich wollte Kyles Freundin sein. Er war so cool und heiss! Niemand konnte ihm widerstehen! Verträumt lächelte ich ihn an und leckte meine Schokoladenlippen ab.

Ich liebe Schokolade. Okay, wer keine Schokolade mag, der ist irgendwie anders.
*Du bist anders, schon vergessen, Grillenhirn?*
Du meinst, wir sind anders! Auch du bist eine Banshee!
*Grrr, sei still!*

Mit einem Mal deutete Hayden auf mich und schmollte auffällig. Oh nein, was hatte sie dieses Mal den Jungs erzählt? Poppy und Isabel bemerkten dies ebenfalls.

„Wir hauen besser ab", meinte Pop.

Genau in dem Moment liefen Kyle und seine Jungsclique mürrisch auf mich zu.

„Hey Todesfee!", pöbelte Kyle mich an. Wer's glaubt ... Aber seine heisse Stimme bereitete mir Gänsehaut. Schande, warum mochte ich ihn nur so sehr? Statt eingeschüchtert zu sein, lächelte ich verliebt und konnte nicht anders, als ihm zuzuwinken. Er umfasste grob mein Handgelenk und riss mich von der Bank. Schnell erwachte ich aus meinem Traum und kreischte los. Wütend schubste Kyle mich auf einen anderen Jungen und prompt landete ich auf dem harten Asphalt. Ich prallte heftig mit der Schulter auf und schlug mir gleichzeitig den Kopf an. Die Schmerzen breiteten sich im ganzen Körper aus. Ich biss mir fest auf die Unterlippe und versuchte kraftlos aufzustehen, ohne Erfolg. Sofort wurde ich wieder zu Boden gedrückt und bekam einen Tritt in den Bauch. Das Gefühl, mich jeden Moment übergeben zu müssen, wanderte meinen Hals hinauf. Warum taten sie mir dies an? Half mir denn niemand? Poppy und Isabel wollten eingreifen und mir helfen, aber drei Jungs hielten sie davon ab.

Dann kam Ray ...

# 9. Ein Herzensbrecher kann ein Herz nicht heilen

Ein Junge, der mir mitten ins Gesicht kickte und das gleich nochmals tun wollte, wurde von Ray grob am Kragen gepackt. Mit voller Wucht stiess er den Jungen nach hinten, sodass er auf einen anderen fiel. Beide landeten fluchend auf dem Boden. Ächzend drehte ich mich auf den Rücken und sah, wie Ray nach Kyles Jacke griff. Ray war fast ein ganzer Kopf grösser als Kyle. Naja, er war auch zwei Jahre älter als Kyle.

Die Jungs, welche Pop und Isabel abhielten, mir zu helfen, stürmten auf Ray zu und wollten ihn von Kyle reissen, doch sie hatten keine Chance. Ray liess Kyle für eine kurze Zeit los und verdrehte dem Jungen, der ihn am Handgelenk hielt, die Hand und verpasste ihm eine schallende Ohrfeige. Die anderen zwei wurden von Ray nach hinten gestossen. Kyle versuchte, Ray eine zu knallen. Doch Ray schnappte sich Kyles Hand vor seinem Gesicht. Kyle schluckte leer.

„Wenn ich du wäre, würde ich besser Abstand von mir halten und Cassie in Ruhe lassen. Ich glaube nicht, dass du willst, dass ich dir alle Zähne aus dem Mund schlage. Oder willst du das?!"

Ray zeigte Kyle drohend seine strahlend weissen Zähne und versetzte ihm einen harten Tritt in seine unbequemste Stelle. Kyle sackte zu Boden.

Stöhnend lag er da wie der Rest seiner Clique ... und ich. Mein Kiefer fühlte sich gebrochen an, und ich war mir nicht sicher, ob ich irgendwo blutete. Ray wartete, bis Kyle wieder auf den Beinen stand. „Halt dich verdammt noch mal fern von ihr, verstanden?!", schrie Ray und ballte seine Hände zu Fäusten.

„Alter, du bist voll aggressiv!", brüllte Kyle zurück, was Ray am Arsch vorbeiging. Er kniete sich zu mir runter, hielt mich an den Schultern und fragte mich bestimmt zehn Mal, wie es mir gehe.

„Kitty, du blutest. Komm, ich verarzte dich", sagte Ray fürsorglich.

Ich blutete! Schande, wo?! Am liebsten hätte ich geschrien und die blutende Stelle gesucht. Doch mein lautes Husten unterbrach meine momentanen Sorgen. Ray hielt mich noch immer fest und liess mich nicht aus den Augen. Aus dem Mund spuckte ich Blut, meine Nervosität wurde grösser. Fehlte mir etwa ein Zahn? Mehrere Zähne? Mein Gesicht pochte. Poppy und Isabel sorgten sich ebenfalls sehr um mich.

„Ray, bring mich bitte zur Toilette", flüsterte ich stockend.

Ray zögerte keine Sekunde und half mir auf die Füsse. Fest hielt er mich um die Schultern und zog mich an sich, damit ich nicht zusammenbrach. Ray bat Pop und Isabel, während der Pause auf dem Pausenplatz zu bleiben. Er würde sich um mich kümmern.

„Wer will denn DIE schon?! Sie kann nichts anderes als schreien! Sie gehört zu den Toten! Schliesslich ist sie eine Todesfee!", schrie Kyle aus dem Nichts.

Wie gerne hätte ich zurückgeschrien, da diese Beleidigung mich mitten im Herz traf. Nur wegen Hayden hatte er mich verprügelt. Irgendetwas musste sie ihm gesagt haben, was ihn rasend machte … und mich auch!

„SCHNAUZE!! MERKST DU NICHT, DASS SIE SCHON GENUG LEIDET?!! ALTER, DU NERVST!! DAS NÄCHSTE MAL VERPRÜGLE ICH DICH WIRKLICH, UND DANN BIN ICH NICHT MEHR SO NETT!!", unterbrach Ray Kyles Gebrüll und zeigte ihm den Mittelfinger. Dann half er mir ins Schulhaus und schloss die Türe hinter sich.

Stöhnend trat ich ins Mädchenklo, begleitet von Ray. Kaum zu glauben, dass er mitkam. Umgekehrt hätte ich mich nicht getraut, doch Ray war das anscheinend egal. Ich bekam wieder diesen mühsamen Hustenanfall. Blut tropfte ins Lavabo. Ich hatte das Gefühl, jeden Moment kotzen zu müssen. Ray stand neben mir und strich mir tröstend über den Rücken, was gut tat. Kaum hatte ich mich endlich beruhigt, sackte ich zu Boden, Tränen flossen über meine Wangen. Mir wurde bewusst, dass mich die Jungs noch mehr verprügelt hätten, hätte Ray mir nicht geholfen. Wahrscheinlich hätten sie all meine Rippen gebrochen.

Die Schmerzen im Gesicht und Bauch wurden beinahe unerträglich und mein Schluchzen lauter. Ray schnappte sich ein paar Tücher und strich mir das Blut um die Lippen vorsichtig weg. Eine Hand legte er auf meine Wange und wischte mir die Tränen aus dem Gesicht. „Passiert das öfters?" Meine Augen kniff ich fest zusammen. Ich wollte nicht vor Ray weinen, nicht noch einmal. Leicht schüttelte ich den Kopf. Warum wurde ausgerechnet ich zusammengeschlagen? Lag es daran, dass Hayden eifersüchtig auf Ray war? Nur weil ich meinen eigenen Bodyguard hatte? Was hatte Hayden Kyle gesagt, dass er derart austickte? Ich hatte ihn zuvor noch nie so aggressiv erlebt.

Ray tupfte sanft das Blut an meiner aufgeschürften Stirn ab. Wie gerne hätte ich geflucht, riss mich aber zusammen. Ray wartete einen Moment, bis die Schmerzen erträglicher wurden. Ich war so froh, dass er hier war und sich um mich kümmerte. Ganz ehrlich, ich hatte das von ihm so nicht erwartet. Anscheinend gab es hinter seinem kalten Herzen eine warme und schöne Seite, die er leider viel zu wenig zeigte.

„Warum hat Kyle mir das angetan?", fragte ich stockend. Ray zuckte mit den Schultern und sorgte sich wortlos um meine Schürfung an der Stirn. Ich biss mir auf die Lippen, bis ich Blut schmeckte. Ray tupfte vorsichtig weiter.

Alle gebrauchten Tücher warf er nebenan in den Abfalleimer. Ich sass schluchzend auf dem Boden und konnte nicht glauben, dass Kyle mir das wirklich antat. Ray setzte sich neben mich hin und zog die Knie an seinen Körper. Unsere Hüften berührten sich knapp. Ich schluchzte, Tränen kugelten schon wieder über meine Wangen. Die Schmerzen in Gesicht und Bauch wurden erträglicher, doch der Gedanke, dass derjenige, den ich so sehr mochte, mich verprügelte, brach mir das Herz.

Es tat furchtbar im Herzen weh und es gibt bis heute keine Medizin dagegen.

„Cassie, bitte weine nicht", hauchte Ray und wischte mir erneut die Tränen aus dem Gesicht. „Ich mag es nicht, wenn du weinst. Bitte lächle für mich. Ich will dein wunderschönes Lächeln sehen, Cassie."

Moment … Hatte er gerade gesagt, dass er mein Lächeln schön fand? Für einen Augenblick war mein Schluchzen wie weggeblasen. Zum allerersten Mal spürte ich, dass er nicht versuchte, mich anzumachen, und es ernst meinte.

Doch zum Lächeln war mir dennoch nicht zumute. Ray merkte dies und legte seine Hände auf meine Wangen und drückte sie sachte zusammen. Dabei bekam ich ein zerquetschtes Gesicht. Er wollte eben etwas sagen, lachte dann aber, da mein Gesicht so komisch aussah. Es war eher ein Quietschen statt ein Lachen, womit er mich mit seinem Gekicher ansteckte. Kaum ertönte mein Lachen, bekam Ray gigantische Augen und strahlte mich an. Grinsend drückte ich meine rechte Wange gegen seine linke Hand. Langsam

schloss ich meine Augen und atmete tief durch.
„Kennst du das Gefühl, wenn dir jemand das Herz bricht?", fragte ich kleinlaut. Schnell öffnete ich meine Glotzer, um Rays Reaktion zu sehen. Er senkte seinen Kopf. Was wollte er mir damit sagen? Hatte er noch nie etwas für ein Mädchen empfunden? Er wurde doch so sehr von den Girls verehrt, da musste er wenigstens einmal für ein Mädchen Gefühle gehabt haben.
Jeder hat doch mindestens einmal im Leben Gefühle für jemanden.
Ich hob mein Kinn und versuchte, unter seinem gesenkten Kopf in seine wunderschönen Augen zu blicken.
„Nein. Ich habe noch nie solche Gefühle gehabt. Das Einzige, was ich bisher konnte, war Mädchenherzen zu brechen. Mir selber wurde das Herz noch nie gebrochen, da ich mich noch nie verliebt habe."
Seine braungrünen Augen durchbohrten meine. War das gerade sein Ernst? Er hatte noch nie Herzschmerzen gehabt? Das kaufte ich ihm nicht ab. Ungläubig schüttelte ich den Kopf und nahm seine Hände aus meinem Gesicht.

*Was ist denn das für ein Biest? Herzen anderer brechen – und das sogar mehrmals! Dummer Junge! Hast du schon einmal etwas von Gefühlen gehört? Ich glaube nicht! Besorg dir ein richtiges Herz und reiss dir das alte aus der Brust!*

Meine Hinterkopfstimme hatte recht. Dieser Player konnte nur Herzen anderer brechen. Logisch war er so kalt und düster. Er hatte kein Herz und keine Ahnung von wahrer Liebe.

Ich schnappte nach Luft, stand langsam auf und pustete mir die verschwitzten Haarsträhnen aus dem Gesicht. „Dann kannst du mir auch nicht die Schmerzen nehmen. Du brichst mir nur noch mehr das Herz, wenn das das Einzige ist, was du kannst. Liebe scheint für dich ein Fremdwort zu sein, Ray."

„Cassie, ich habe das nicht so gemeint …"

„Ich weiss ganz genau, was du damit meinst, Herzensbrecher! Weisst du, wie schmerzhaft dieses Gefühl ist, wenn dir jemand, der dir so sehr wichtig ist, aus dem Weg geht?! Oh sorry, das weisst du ja nicht, weil du anderen die Herzen brichst."

Ich eilte aus der Toilette zu meinem Spind. Ray wollte mich aufhalten, doch ich war dieses Mal zu schnell weg. Ich wusste, dass Ray mir folgen und nicht aus dem Weg gehen würde. Das Einzige, was ich nun wollte, war mit Isabel und Poppy darüber zu reden.

Wir hatten Turnen, und der Unterricht begann leider bereits in wenigen Minuten. Das bedeutete, ich hatte mit meiner Parallelklasse in der Turnhalle zu sein. Somit auch mit Kyle und seiner Jungs-clique.

# 10. Haydens dumme Aussage

In der Umkleidekabine erzählte ich alles meinen zwei besten Freundinnen, während ich mein schwarzes T-Shirt und die grauen Sporthosen anzog. Ich war ausser mir. Wütend schlüpfte ich in meine Turnschuhe und schaute mich kurz im Spiegel an. Meine Stirn war zum Glück nicht derart stark aufgeschürft. Und ich musste mir auf die Zunge gebissen haben. Ansonsten war ich ziemlich okay.

Poppy und Isabel standen direkt hinter mir und hatten Erbarmen mit mir.

Ich richtete meinen Dutt. Isabel beobachtete mich dabei und fragte: „Bist du wütend auf Kyle oder auf Ray?"

„Auf beide!" Ich drehte mich zu den beiden um und fragte sie laut: „Warum hat mich Kyle geschlagen?! Wieso?!"

„Weil ich ihm erzählt habe, dass du mich Bitch genannt hast und mich beleidigt hast." Neben uns erschien Hayden mit ihrer Girlsgang. Wie ich dieses Mädchen hasste! Sie erzählte Sachen, die so nicht stimmten! Haydibaby nannte ich sie und nicht Bitch, obwohl das genauso gut auf sie zugetroffen hätte. Sie hatte mich aufs Übelste beleidigt und nicht ich sie! Ich war das Opfer! Am liebsten hätte ich ihr die Augen aus dem Gesicht gekratzt und sie weit weggeworfen.

Poppy, Isabel und ich murrten laut. Hayden musterte kichernd mein Gesicht. „Du siehst so schlimm aus, Cassandra."

„Nenn mich nicht so, dumme Kuh!", brüllte ich. Meine Wut war riesig! Wahrscheinlich konnte man das Feuer hinter meinen Augen brennen sehen. Isabel hielt mich am Handgelenk fest, damit ich Hayden nicht attackierte. Lachend lief Hayden mit ihrer Gruppe aus der Kabine.

„Ich bring sie um!", zischte ich zwischen meinen zusammengebissenen Zähnen.

Isabel klopfte mir auf die Schulter. „Ich glaube, das wird Ray für dich erledigen."

Poppy und Isabel lachten und steckten damit auch mich an.

Wir betraten die grosse Turnhalle. Jeder einzelne Blick war auf uns drei gerichtet, da wir die Letzten waren. Naja, schliesslich nichts Neues. Alle sassen auf dem Kreis in der Hallenmitte. Auch Kyle. Hayden sass glücklich zwischen seinen Beinen. Zu gerne hätte ich ihr eine geklebt. Leise fluchte ich und versuchte, sie nicht zu beachten.

Wir setzten uns ebenfalls auf den Kreis. Mrs. Martish stand in der Kreismitte und zählte, ob wir vollzählig waren. Kyle warf mir drohende, Angst einjagende Blicke zu. Schande, ich musste ihm sagen, dass Hayden ihn angelogen hatte. Doch wie nur?! Ich hatte zu grossen Respekt, dass er mich wieder anpöbelte oder mir nicht glaubte. Ich versuchte, nicht rot zu werden. Shiiit! Warum sah er nur so gut aus? Wie unfair! Ich mochte seinen

schwachen Dreitagebart. Der machte ihn so
männlich.

Abrupt wurde ich aus den Gedanken gerissen …
Ray betrat die Turnhalle! Ich verdrehte nicht die
Augen, sondern mir klappte der Kiefer runter. Er
trug ein schwarzes Tanktop. Seine durchtrainierten
Oberarme sahen bestimmt alle, einschliesslich
Mrs. Martish … Dazu trug er kurze schwarze
Sporthosen. Wie heiss er aussah! Die Wut, die ich
davor verspürte, verschwand null Komma plötzlich.
Ein paar Jungs blickten Ray leicht genervt oder
besser gesagt neidisch an und flüsterten sich zu,
dass er ein Schleimer sei. Ganz ehrlich, sein
Aussehen hauten auch sie weg. Gott hatte sich bei
Ray sehr viel Mühe gegeben! Fast zu viel!
„Woher hat Ray diese Sportklamotten?", fragte
mich Pop leise. Ja, das fragte ich mich auch.
Wahrscheinlich lehnte ihm ein Sportlehrer die
Sachen aus.
Rays Blick war natürlich auf mich gerichtet. Als er
merkte, dass ich ihn mit gigantischen Augen
anstarrte, lächelte er dreckig. Er blieb hinter mir
stehen, steckte seine Hände in die Hosentaschen
und schaute in die Runde. Sein Blick blieb bei Kyle
und Hayden hängen. Wie auf Knopfdruck funkelte
er die zwei gefährlich an. Kyle erwiderte seinen
Blick. Und Hayden zwinkerte ihm zu und schmun-
zelte amüsiert. Am liebsten hätte ich sie an den
Haaren gepackt. Diese blöde Kuh! Wieso flirtete
sie mit meinem Bodyguard, obwohl ihr Freund

direkt hinter ihr sass? Wo war bitteschön ihr Gehirn?

*Sie besitzt keines, Kitty.*

Ich musste mir ein Lachen verkneifen.
Wie ich doch meine Hinterkopfstimme mag.

„Cassie, was ist denn mit dir passiert?", fragte Mrs. Martish mit geschockter Miene.
Sofort verschwand mein leises Gelächter. Leicht verwirrt, blinzelte ich Mrs. Martish an. Was meinte sie damit? Unsicher kratzte ich mich am Hinter-kopf.
Ray spürte meine Unsicherheit und antwortete zum Glück für mich. „Hayden hat Kyle erzählt, dass Kitty – ähm, ich meine Cassie – ihr gesagt hat, dass sie eine Bitch ist. Was aber nicht stimmt und sie ihr nicht gesagt hat! Okay, aber ein bisschen recht hätte Cassie schon. Hayden ist einfach eine blöde Kuh, aber auch egal. Cassie hat Hayden weder runtergemacht noch irgendetwas Unschönes hinter ihrem Rücken gesagt. Kyle wurde wütend, weil Cassie Hayden angeblich beleidigt hat, was aber auch nicht stimmt. Mit seiner Clique ist er drum auf Cassie losgegangen. Sie haben Cassie regelrecht verprügelt. Das war kein schöner Anblick, und das hätten sie nie und nimmer tun dürfen. Die Schuld ist vor allem bei Hayden zu suchen."
Fassungslos sah ich zu Ray hoch. Er sagte tatsächlich die Wahrheit, und gleichzeitig nahm er

auch Kyle in Schutz. Doch woher wusste er das alles? Hatte er Hayden gehört, als sie das zu mir gesagt hatte? Hatte er uns etwa gestalkt?! Ausser der Neugier war ich einfach baff, auch darüber, dass solche Worte über Rays Lippen kamen.

Diese Art an ihm gefiel mir, sehr sogar!

Kyle schien genauso überrascht zu sein. Er formte erleichtert mit seinen Lippen ein „Danke, Bro".

Ray grinste leicht und richtete seinen Blick auf Hayden, die rot anlief. Sie war so schockiert, dass sie nichts sagen konnte, so wie Mrs. Martish. Ich vermutete aber, dass Mrs. Martish von Rays Schönheit geblendet war. Ja, auch Rays Charakter war zwischendurch perfekt, wie in diesem Moment. Meine Wut auf ihn war wie weggeblasen. Besser gesagt, ich war auf niemanden mehr wütend. Alles, was er gesagt hatte, stimmte! Kyles unmögliche Freundin war so gesehen die Schuldige. Aber es war alles andere als in Ordnung von Kyle, dass er und seine Kumpels derart hart auf mich los gingen. Frech blickte ich zu Hayden, Kyle stiess sie gerade von seinem Schoss runter. Dabei quietschte sie laut auf und fragte Kyle wütend, was das solle. Er schenkte ihr seinen Killerblick und flüsterte ihr etwas zu, das anscheinend nicht gerade nett war, denn ihr schossen augenblicklich Tränen in die Augen.

„Hayden, ich würde gerne nach der Sportstunde mit dir reden und zwar unter vier Augen", forderte Mrs. Martish sie auf.

„Aber Sie …!"

„Nein, da gibt es kein Aber! Nach dem Turnen in meinem Zimmer, verstanden?"

Hayden verschränkte eingeschnappt die Arme vor der Brust und nickte leicht. Dann wandte sich Mrs. Martish lächelnd Ray zu. Er erwiderte ihr Schmunzeln, legte die Hände hinter den Rücken und wartete, bis die junge Lehrerin etwas sagte. Doch sie sahen sich nur schweigend an. Warum hatte ich auf einmal den Drang, Ray an mich zu ziehen und vor allen zu sagen, dass er meins war? War ich etwa eifersüchtig?

*Alles okay mit dir, Kitty? Dein oder unser Bauchgefühl sagt mir, dass du Ray magst.*

Was? Ich?! Ganz bestimmt nicht! Niemals! Dieser Player kann mich mal!

*Das sagst du jetzt. Mal schauen, was deine Meinung in ein, zwei Wochen ist. Keine Angst, ich werde schon nicht vergessen nachzufragen, Zuckerschnute.*

Wenn meine Hinterkopfstimme ein realer Mensch wäre, hätte ich ihr den Kopf umgedreht!

„Wir spielen Völkerball!" Mrs. Martish klatschte dabei in die Hände. Alle erhoben sich, nur ich mich nicht. Was hatte ich verpasst? Verwirrt sah ich mich um. Gerne hätte ich mich mit meiner Hinterkopfstimme gestritten, weil sie mich aus der Realität geholt hatte. In welcher Gruppe war ich und spielten wir das normale Völkerballspiel?

„Hey Cassie, du bist in meiner Gruppe."

Ich fuhr zusammen, als Kyle vor mir stand. Er lächelte mich zuckersüss an und streckte mir die Hand entgegen.

Ach du heilige Maria, Kyle reichte mir die Hand! War ich in einem Märchen? Beinahe hätte ich gejauchzt. Ich schnappte nach ihr, und er half mir auf die Füsse. Wir waren knapp eine Handbreite voneinander entfernt. Ich stand auf den Zehenspitzen und blickte in seine dunkelbraunen fast schwarzen Augen. Er grinste frech, was mich erröten liess. Wir waren uns noch nie so nahe gewesen …

Kyle musterte meine aufgeschürfte Stirn und senkte seinen Kopf. „Tut mir leid, dass ich dich verletzt habe. Ich bereue es zutiefst, dass wir dir wehgetan haben."

Er war so süss, wenn er sich schuldig fühlte. Zum allerersten Mal unterhielt sich Kyle mit mir. Ich fühlte mich in dem Moment glücklich, und das dank Ray.

Ray lehnte sich lässig an die Wand und lächelte mich an. Zugegeben: Er schaute wirklich, dass ich glücklich war und es mir gut ging. Das Gefühl, dass er mir helfen und mich fröhlich machen wollte, verzauberte mich.

Der nächste Tag erwachte, und ich wurde von einer lauten Stimme geweckt.

„Kitty, aufstehen!", schrie Ray, der wie ein Verrückter gegen meine Türe hämmerte. Murrend warf ich meine Decke auf den Boden. Mann, war es schon Morgen? Ich wollte nicht in die Schule! Meine Motivation war am Ende. Statt Ray zu gehorchen, drehte ich mich auf den Bauch und legte viele Kissen über meinen Kopf. Der Gedanke, dass es erst Dienstag war, frustrierte mich. Ich wollte Wochenende! Okay, ich hatte heute um drei aus, aber trotzdem! Die Schule wartete auf mich, und das kackte mich an!

„Kittyyy!", brüllte Ray noch lauter und öffnete die Tür.

Ich schimpfte und hämmerte auf mein Bett.

„Neeeiiin! Mein Bett braucht mich noch!"

Ray seufzte laut. Der alte, nervige, kalte Ray war zurück! Ich freute mich sooo sehr … (Sarkasmus lässt grüssen)

Ohne ein Wort zu sagen, packte mich Ray um den Bauch und zog mich aus dem Bett. Ich kreischte, was Ray noch zorniger machte. „Halt deine Schnauze, kleines Biest!", schrie er mich an und warf mich über seine Schulter. Wild fuchtelte ich mit Armen und Beinen und schlug Ray auf den Oberarm. Da seine Oberarme derart gut durchtrainiert waren, spürte er meine Schläge kaum. Mit verzogenem Gesicht schleppte er mich aus dem Zimmer. Mehrmals rieb ich mir meine leicht geröteten Hände. Dumme Muskeln!

Im Wohnzimmer liess er mich endlich runter. Angepisst streichelte ich meine roten Knöchel und brummte vor mich hin. Ray sah mich kalt an und drückte einen Apfel gegen meinen Oberkörper.

„Iss, zieh dich an und stress dich dann in mein Auto!"

Sauer funkelte ich ihn an und boxte ihm in die Schulter. Was dachte er überhaupt über mich?! Ich war nicht seine Gesellin! Drohend deutete ich auf seine Brust und zischte: „Du hast mir gar nichts zu sagen! Ich mach das, was ich will, und lass mir so viel Zeit, wie ich brauche!"

„Willst du etwa zu spät in die Schule kommen?!"

„Die Schule kann mich heute mal! Bald schliesse ich sie ab, und in zwei Wochen bin ich erwachsen!"

„Ist dir etwa noch immer nicht klar, dass du mich dein ganzes Leben an deiner Seite hast? Ununterbrochen!" Ray war sehr genervt. Ich war angepisst und drehte ihm den Rücken zu.

„Damit das jetzt schon klar ist, wenn ich das Kind meines Traummannes zur Welt bringe, dann will ich bestimmt nicht meinen Bodyguard an meiner Seite haben! Und bei der Geburt meines zweiten und dritten Kindes ebenfalls nicht!"

Stinkig stapfte ich die Treppe hoch und sperrte mich im Badezimmer ein. Keine Ahnung, was Ray in diesem Moment dachte, doch er regte mich mit seinen ewigen Stimmungsschwankungen derart auf! Okay, es war nicht mein Problem, aber ich würde es keinesfalls mein ganzes Leben mit diesem merkwürdigen Typen aushalten! Er würde mich waaahnsinnig machen!

Mit engen schwarzen Jeans und dem passenden luftigen dunkelgrauen Top dazu sprang ich wieder die Treppe runter und biss in den Apfel. Vor dem

Eingang wartete bereits Ray auf mich. Ohne ihm einen Blick zu würdigen, schnappte ich meine Jeansjacke, zwängte mich in meine Schuhe und rannte zu seinem ‚Schlitten'. Gefolgt von Ray.

Im Auto war es so still wie einen Tag zuvor. Diese Ruhe zwischen uns beruhigte mich immerhin ein wenig. Doch ich weigerte mich, mit ihm ein Gespräch anzufangen. Schliesslich war ich noch immer angepisst … Ausserdem wusste ich sowieso nicht, über was mich mit ihm zu unterhalten.

„Ich muss heute arbeiten. Deshalb kommst du nach der Schule direkt ins A.B. Hauptquartier", forderte Ray mich auf.

„Holst du mich nicht ab?"

„Hast du mir nicht richtig zugehört, Clark?! Ich arbeite! Ich kann dich nicht abholen!"

Seine gereizte Stimme machte mich aggro. Ich krallte mich am Sitz seines Lamborghinis fest und fauchte: „Nenn mich nicht Clark! Und kannst du nicht in einer normalen Stimmlage mit mir reden?!"

„Du redest nicht besser!", entgegnete er laut, was mich noch rasender machte. Am liebsten wäre ich aus seinem Auto gesprungen und in die Schule gerannt. Ich war so schlecht gelaunt, und das nur wegen ihm!

„Hast du etwa deine Tage, dass du so zickig drauf bist?"

Mein Gesicht färbte sich zu einer Tomate. Das war nicht sein Ernst! Er dachte wirklich, dass ich meine Tage hatte, und er fragte sogar danach! Hallooo?!

Wünschte er sich tatsächlich mit meiner Hand zu reden?!

*Oder mit deiner angepissten Hinterkopfstimme?! Sag mal, geht's noch? Solch eine bekloppte Frage stellt man keinem Mädchen! Los, Kitty, zeig ihm, wer hier der Trottel ist. Sonst erledige ich das für dich! Meine Hand ist bereit!*

Als ob meine Hinterkopfstimme Ray eine verpassen könnte. Jedes Mal, wenn sie zornig war, dann war sie gleichzeitig sehr witzig.

*Du weisst nicht, zu was ich alles fähig bin, Süsse.*

# 11. Ich kann ihm nicht böse sein

Auffällig verdrehte ich die Augen und antwortete meiner Hinterkopfstimme nicht mehr.

„Nein! Ich habe nicht meine Tage! Hast du etwa Probleme mit meiner Art?!"

Ray verengte die Augen zu Schlitzen, vor einer roten Ampel blieben wir stehen. Wenn Blicke töten könnten, dann wären wir beide tot!

Ray blieb an meinen Augen hängen. Seine braun-grünen Augen durchbohrten meine, was mir ein unangenehmes Gefühl bereitete. „Ich will nicht wissen, wie du an deinen Tagen drauf bist. Du nervst mich schon jetzt gewaltig!"

Ich war sprachlos, baff, platt. Seine Worte verletzten mich! Ach ja, stimmt! Er hatte kein Herz! Leise fluchte ich und sah entsetzt aus dem Fenster.

Für den Rest der Fahrt waren wir beide still.

„Raus!", befahl er und deutete auf die Frontscheibe, als er auf dem Schulpausenhof parkierte. Schweigend blickte ich ihn an, weil ich nicht fassen konnte, dass er so mit mir redete. Wenn er gewusst hätte, wie sehr er mich mit seinen Worten verletzte, hätte er alles zurückgenommen … also ich hoffte es einmal. Schliesslich WOLLTE Ray mein Bodyguard sein!! ER hatte sich freiwillig gemeldet, also war ER schuld, dass ER mich die ganze Zeit bei sich hatte.

Und an der Bar … ER bezahlte mir eine Cola, ER wollte mit mir abhängen, ER wollte mit mir tanzen und ER hatte mich geküsst! Ich wollte das alles nicht!

Hastig griff ich nach meiner Tasche und warf Ray einen letzten Blick zu. Er knurrte mich nur an.

„Ich verstehe nicht, warum du mich so anschreist. Ich habe dir nichts getan! Ausserdem hast du dich freiwillig gemeldet. Ich wollte dich gar nicht! Und dieser Kuss in der Bar war alles andere als gut!", entgegnete ich halblaut und stieg aus.

Rays Augen wurden riesig.

„DU KANNST MICH MAL, RAY!!", schrie ich ihn an und knallte mit voller Wucht die Türe zu. Mit grossen Schritten rannte ich davon und versuchte, alle auf mich gerichteten Blicke zu ignorieren. Boaah, war ich ein Alien oder was?!

Die Tasche warf ich über meine Schulter und schaute kurz zurück. Rays Auto stand noch immer am gleichen Ort. Durch die Frontscheibe konnte ich sehen, dass er mir nachguckte. Jedoch erkannte ich nicht seinen Gesichtsausdruck. Aber das war auch gut so! Denn ich wollte ihn nicht noch einmal vor meinen Augen haben. Er nervte mich derart, dass ich ihn am liebsten von einer Klippe geschubst hätte. Aber nein! Weit und breit war keine einzige Klippe …

*Komm, Kitty! Bauen wir zusammen eine Klippe – oder nein! Wir bauen eine Schlucht!*

Zum Glück hatte meine Hinterkopfstimme die coolste Fantasie aller Zeiten! Nicht vorzustellen, wenn ich meine Hinterkopfstimme nicht mehr hätte. Immerhin fühle ich mich durch sie ein klein wenig verstanden.

Abrupt wurde ich aus meinen Gedanken gerissen. Ich fuhr zusammen und stolperte leicht. Verwirrt schaute ich in die Augen von … Kyle! Mir verschlug es die Sprache, als ich realisierte, dass ich gegen seinen Körper geknallt war … gegen Kyles heissen Körper. Innerlich schrie ich vor Freude. Ich schnappte nach Luft und stand wie eingefroren vor ihm und seiner Clique.

Er hielt eine Zigarette zwischen den Fingern und musterte mich grinsend. „Hey Kleine, wie geht's deiner Stirn?" Dabei strömte mir ein unangenehmer Rauchgeruch entgegen. Immer wenn ich diesen Zigarettenrauch roch, bekam ich Kopfweh. Doch bei Kyle riss ich mich natürlich zusammen. Ich lächelte künstlich und nickte ein paar Mal. „Danke, sie tut nicht mehr weh."

Er warf seine Zigarette auf den Boden, zerdrückte sie und hielt mich um die Schultern. Meine Nackenhaare stellten sich auf, ein leiser Schrei musste ich unterdrücken. Zum Glück kein Bansheeschrei!

„Können wir kurz hinter dem Schulhaus miteinander reden? Ich will dir etwas sagen", hauchte er mir ins Ohr. Ich nickte noch stärker als zuvor. Er hielt mich am Unterarm fest und zog mich hinter das Schulhaus. Auf diesen Moment hatte ich sooo lange gewartet! Alleine mit Kyle zu sein! Jetzt fehlte nur noch der langersehnte Kuss und dass wir zusammenkamen. Zu perfekt wäre mein Leben! Meine Augen funkelten aufgeregt, und ich konnte es kaum erwarten. Was wollte er mir sagen? Etwas Schönes? Cooles? Romantisches? Von Weitem konnte ich sehen, wie Poppy und Isabel mir aufgeregt zuwinkten. Ich zappelte wie verrückt. Hoffentlich sah Kyle nicht, wie ich mit meinen Beinen wackelte.

„Alles okay, Cassie?" Er hatte es bemerkt ...

Ich erstarrte, wurde rot und lächelte breit. „Sorry, ich bin ein wenig nervös. Wir haben nachher einen grossen Test, und ich habe sehr viel gelernt ... und naja ..."

Gott! Ich war so schlecht im Lügen. Ausserdem mochte ich es nicht, jemanden anzulügen. Aber das war eine totale Notlüge! Und zum Glück glaubte mir Kyle. Hallo? Als ob ich aufgeregt wäre wegen einer Prüfung!

*Oh jaaa! Du lernst nie für eine Prüfung, Kitty. Schäm dich! Schäm dich!*

Ich musste mir ein Lachen verkneifen.

Endlich blieb Kyle stehen und sah sich um. Wie ich diesen Augenblick herbeisehnte. Als Kyles Blick meinen traf, wurde mein Lächeln noch stärker. Ich platzte beinahe vor Freude und musste den Schrei in meinem Hals unterdrücken.

„Okay, also, Cassie, ich vertrau dir jetzt etwas an, aber versprich mir, dass du es niemandem sagst.

Bitte!"

Ich versprach ihm, sein Geheimnis für mich zu behalten. Als ob ich das Geheimnis meines Schwarmes herumerzählt hätte! Das Dümmste, was ich hätte tun können!

Laut atmete Kyle durch und blickte mir tief in die Augen, was mir ein komisches Bauchgefühl gab. „Ich werde mit Hayden Schluss machen."

Uuups … Damit hatte ich echt nicht gerechnet. Ich verschluckte mich und bekam einen Hustenanfall. Kyle klopfte mir auf den Rücken, was ein wenig half. „Da…s ist nicht dei…n Er…nst … oder …?! Scheiss Hu…sten!"

Ich rieb mir den Hals und hustete ein paar Mal in meine Hände.

Kyle senkte nickend seinen Kopf. „Sie interessiert sich gar nicht für mich, und ausserdem schwärmt sie nur noch von diesem Ray und seinem umwerfenden Aussehen!"

Sofort fühlte ich mich schuldig, als er Ray erwähnte. Wegen ihm machte Kyle mit seiner Freundin Schluss … Ach du heilige Mama …

*Warum freust du dich nicht, Süsse? Hallo?! Dank deinem Bodyguard ist der heisse Kyle bald single, und du kannst ihn dir schnappen! Zeig ihm die heisse Cassie und wickle ihn um den Finger! Jetzt gehört er uns, Kitty!*

Sei still!

*Das ist der Moment, auf den wir beide gewartet haben, Kleine! Kyle ist SOLOOO!!*

Ich lächelte ein wenig, da meine Hinterkopfstimme
wie eine Betrunkene klang!

*Geht's noch?! Du hast mir gerade die Freude
geklaut, dumme Kuh …!*
Sei jetzt ruhig!
*Sorry my friend!*

Immerhin hatte ich mich vom dämlichen Husten-
anfall erholt und konnte endlich wieder normal
reden! „Und warum sagst du mir das?"
„Weil ich mir sicher bin, dass du es niemandem
sagst und auch den Grund für dich behältst. Keine
Ahnung, wieso ausgerechnet du, aber ich habe
das Gefühl, dass ich dir vertrauen kann."
Mein Lächeln war so riesig, dass man jeden ein-
zelnen Zahn strahlen sehen konnte. Er vertraute
mir! Das war der schönste Satz und der war
einfach nur WOOOW!!
„Und ich will dich fragen, ob du mit Isabel, Pop und
halt Ray am Samstag an den Strand kommst. Ich
möchte dort mit meinen Jungs ein wenig Spass
haben. Vielleicht hast du auch Lust dazu."
Ununterbrochen nickte ich, bis Kyle mich frech
anschmunzelte. „Und zieh dir einen heissen Bikini
an!"
Mit diesem Satz verschwand er hinter der Schul-
hauswand und liess mich mit dem breitesten
Lächeln stehen.
Und ob ich mein bestes Bikinistück anziehe!

Die Schule verging sehr schnell. Den ganzen Tag war ich gut gelaunt, weil Kyle meinen Tag erhellt hatte. Da ich wusste, dass ich jeden Moment beim unmotivierten Ray lande, verschwand meine Freude schlagartig. Es kackte mich richtig an, ins A.B. Hauptquartier zu gehen. Was durfte ich in dieser Zeit machen? Genau! Mich langweilen! Wahrscheinlich musste ich sogar für den blöden Mathetest lernen, den wir in zwei Tagen hatten. Dummerweise verstand ich nur Bahnhof von diesem Thema, das ich später bestimmt nie mehr brauchen würde. Darum hoffte ich sehr, dass ich Ray bei der Arbeit helfen konnte, sodass ich nichts für die Schule tun musste.

Im A.B. Hauptquartier begrüsste mich Schnecke, die ich schon vor drei Tagen dort sah und mich in Rays Büro brachte. Doch dieses Mal mochte ich nicht mit ihr quatschen! Sie wollte sowieso nur zu Ray, um mit ihm zu flirten. Playgirl! Schnurstracks ging ich zum Lift und fuhr ins zehnte Stockwerk. Kaum hatte sich die Türe vor mir geöffnet, starrten mich viele junge Männer an. Sie hielten Akten und Blätter in den Händen. Jeder trug ein schickes Hemd, sie sahen verdammt gut aus.

*Alleine unter heissen Bodyguards! Wäre doch eine coole Serie. Na, was sagst du, Kitty? Drehen wir mit diesen attraktiven Männern eine Serie? Wäre doch was! Vor allem mit diesen Jungs! Schande, hast du all diese starken Arme gesehen? Ich glaube, ich stehe im Feuer, mir ist so heiss!*

Ich versuchte, meine Hinterkopfstimme auszublenden, lief an den schönen Bodyguards vorbei und musste mir ein Lachen verkneifen, da ihre Gesichtsausdrücke einfach zu cool waren. Bei Rays Büro klopfte ich kurz an und trat ein. Ich erblickte Ray auf seinem Chefsessel, er hielt einen Ordner in den Händen. Sein Blick war sofort auf mich gerichtet. Von Kopf bis Fuss beäugte er mich und blieb dann an meinen Augen hängen. Och herrje, warum sah er so gut aus?! Das Leben konnte manchmal so ungerecht sein.

Wortlos schloss ich die Türe hinter mir und setzte mich aufs Sofa. Ray beobachtete mich noch immer. „Hey Cassie, wie war's in der Schule?" Aha! Auf einmal interessierte er sich für mein Leben! Vollpfosten. Brummelnd holte ich mein Handy aus meiner Tasche und steckte mir die Kopfhörer in die Ohren. Ray lief auf mich zu und kniete sich vor mir auf den Boden. Leicht angepisst guckte er mir ins Gesicht und legte seine Hand auf meinen Oberschenkel. Schnell reagierte ich und schlug drauf. Das hatte er verdient! Ray zog sie zurück, zeigte jedoch ansonsten keine Reaktion. Stattdessen zog er mir die Kopfhörer aus den Ohren.

„Gib sie mir zurück!", befahl ich mit ernster Miene. Ray weigerte sich, entriss mir auch das Handy und fiel mir um den Hals. Ich war dermassen überrascht, dass ich ihn weder von mir wegstossen noch seine Umarmung erwidern konnte. Es hätte kein Blatt zwischen uns gepasst. Dann presste er mich gegen das Sofa und vergrub sein Gesicht in meinem Nacken. Was war mit ihm los?

„Was soll diese Scheisse? Lass mich sofort los!"

„Es tut mir leid", hauchte er in mein Ohr. Meine Wut stieg, und dieses Mal schaffte ich es, mich aus Rays Griff zu befreien. Gerne hätte ich ihm eine verpasst.

*Mach es doch!*
Nein, ich kann das nicht! Schliesslich ist er mein Bodyguard …
*Ach, komm schon! Ich will Spass haben! Verpass dem Pisser eine oder tritt ihm in die Eier!*
Nein!
*Boah, du bist so eine Spielverderberin!*

„Cassie, bitte verzeih mir", flehte er und nahm meine Hände in seine.

„Lass mich in Ruhe! Du solltest besser arbeiten!" Niedergeschlagen stand Ray auf. Mein Handy und meine Kopfhörer verstaute er in seiner Hosen-tasche. Ich wusste, dass ich sie nicht mehr so schnell zurückbekommen würde, war entspre-chend eingeschnappt und blickte ins Leere.

„Ich habe momentan nicht viel zu tun. Wir können ein wenig reden oder ich helfe dir beim Lernen", versuchte er seine Situation zu retten und setzte sich neben mich aufs Sofa. Er bückte sich nach vorne, um meine Reaktion zu sehen. Doch das Einzige, was ich tat, war schmollen. Ha, als ob er mir helfen wollte! Er tat mir nur weh! Ray versuchte zu lächeln, doch das schaffte er nicht, weil mein

Blick ihn zum Nachdenken brachte.

Nach langem Schweigen stand er auf. „Cassie, ich will mich nicht mit dir streiten! Bitte verzeih mir wegen heute Morgen! Ich wollte dich nicht anschreien. Glaub mir … Ich … ich … ich habe nicht gut geschlafen, und in letzter Zeit denke ich oft über ein Thema nach. Es beschäftigt mich. Oh Gott, es ist so schwer für mich, damit klarzukommen. Ausserdem hatte ich Stress, weil ich zu spät dran war und beinahe ein Meeting verpasst habe … Meine Güte, ich weiss nicht, was mit mir los ist!"

Unruhig lief er auf und ab und riss an seinen Haaren. Was für ein Thema machte Rays Leben derart schwer? Zu gerne hätte ich nachgefragt, entschied mich aber, mit dieser Frage zuzuwarten. In dem Moment drehte sich Ray zu mir um. Seine Gesichtsfarbe glich einer Tomate. Mit sehr grossen Schritten kam er auf mich zu. Ohhhh, war der schnell! Baff blickte ich ihn an, als er wenige Zentimeter vor mir stehen blieb und seine Hände auf meine Schultern legte. Er rüttelte kurz an meinen Schultern und sah mich verzweifelt an. „Bitte, Kitty! Ich weiss nicht, wie ich das wieder gut machen kann! Es tut mir sooo leid!" Ray schaute mich mit Kulleraugen und Schmollmund an.

Bei diesem Gesichtsausdruck konnte ich nicht anders und lachte los. Dieser Blick passte so was nicht zu Rays Charakter! Trotzdem war er zum Anbeissen süss. Zu gerne hätte ich ihm in die Wange gekniffen. Rays Augen wurden noch riesiger.

Denn er liebt es, wenn ich herzhaft lache.

Ich grinste ihn an und boxte ihm in die Schulter.

„Dieser Hundeblick ist zu knuffig, da kann ich dir einfach nicht mehr böse sein."

Ray sprang auf und schrie erlöst: „JAAA!!"

Dabei musste ich noch mehr lachen. Er hüpfte neben mich aufs Sofa.

Meine Wut auf Ray war tatsächlich weg, und ich konnte nicht aufhören zu lachen, da er einfach zu umwerfend war, wenn er sich so sehr freute. Wahrscheinlich hätte er sich am liebsten an mich gekuschelt und mich nicht mehr losgelassen. Stattdessen sass er dicht neben mir und lächelte mich ununterbrochen an. Ich erwiderte sein Grinsen und nahm meinen Rucksack auf den Schoss. Ray beobachtete mich unaufhörlich.

Ich griff nach meinem Mathebuch und stiess den Rucksack auf den Boden. Leicht verlegen sah ich in seine wunderschönen braungrünen Augen.

„Ich habe in zwei Tagen einen grossen Mathetest und verstehe nichts, gar nichts."

„Ja, ich weiss. Ich musste dir gestern ja die Lösung zuflüstern."

Ray brach in Gelächter aus, ich ebenfalls. Zaghaft fragte ich, ob er mir vielleicht doch bitte helfen könne. Er nahm mir schweigend das Buch aus der Hand. Ich rutschte ein wenig näher zu ihm hin. Unsere Hüften berührten sich. Ich blieb cool. Aus dem Seitenwinkel konnte ich Ray frech grinsen sehen. Er klappte das Buch auf und suchte das

Thema, das getestet wurde. „Brüche, Faktorisieren, Kürzen und Algebra. Wie ich diese Themen liebe."

Ich war fassungslos. „Was?! Mathe ist zum Kotzen! Wie kannst du das nur mögen?"

„Ich bin eben sehr gut in Mathe. Deswegen."

Er grinste mich verführerisch an, ich lächelte jedoch nicht zurück, sondern tippte aufs Buch.

„Wenn du sooo gut in Mathe bist, dann kannst du mir ja alles erklären, Mr. Einstein!"

„Da sage ich nicht Nein."

Ray holte sich einen Schreibstift und setzte sich wieder neben mich hin. In Ruhe begann er zu erklären.

Wer's glaubte, aber Ray konnte tatsächlich besser als ein Lehrer erklären. Er löste mit mir einfache und schwierige Aufgaben. Ich fühlte mich wie ein Genie und war so glücklich, dass ich endlich einmal ein Thema kapierte. Und das nur dank Rays Hilfe. Als Dankeschön umarmte ich ihn lange und fragte, ob er mit mir am nächsten Tag nochmals ein paar Übungen machen würde. Ray fand meine Idee sehr gut. Glücklich steckte ich mein Buch zurück in den Rucksack.

Ein etwa 30-jähriger Mann betrat Rays Büro. Zuvor klopfte er anständig an. Ray stand sofort auf.

„Habe ich dir gesagt, dass du in mein Büro darfst?", fragte er leicht aufgebracht.

War Ray etwa der Chef dieses Mannes? Ich dachte, Michael sei der Chef der A.B. Doch es kam mir vor, als ob Ray sein Boss wäre.

„Ouuuh! Tut mir leid, Ray. Ich wusste nicht, dass du sogar in dein Büro Mädchen abschleppst." Laut lachte der Mann dabei. Oooh Mann, war das peinlich! Er dachte tatsächlich, dass Ray eine Affäre mit mir hatte, obwohl ich sein Auftrag war.

„Dieses Mädchen habe ich nicht abgeschleppt. Sie heisst Cassie, und ich beschütze sie. Sie ist eine Banshee, die Todesfee, du Trottel! Und was das Abschleppen angeht, ich mach das nicht mehr."

„Warum denn das?"

„Weil ich das nicht mehr will. Es hat mir nie wirklich Spass gemacht. Verstanden? Und jetzt komm zum Punkt. Was machst du hier? Ich bin mit Cassie beschäftigt!"

Irgendwie fand ich es süss von Ray, denn ich merkte, dass er alleine mit mir sein wollte. Was mich überraschte, war, dass er keine Girls mehr abschleppen wollte. Warum denn plötzlich dieser Sinneswandel?

„Michael hat mir gesagt, dass ich dir die Akten von George Clark bringen muss. Es sei wichtig", entgegnete der Mann.

Als er den Namen Clark nannte, erstarrte ich. Wer war George Clark und warum trug er denselben Nachnamen wie ich? Okay, es gab viele Clarks auf dieser Erde, aber warum war Ray auf einmal so nervös? Er gab dem Mann das Zeichen, dass er seinen Mund halten solle.

„Wer ist George Clark?", mischte ich mich ein. Geradezu panisch drehte sich Ray zu mir um, er schwitzte auf einmal stark. Der Mann merkte, dass etwas nicht stimmte, weshalb er die Akten sofort auf Rays Pult legte und augenblicklich verschwand. Feigling! Angespannt ging ich auf Ray zu.

„Wer ist George Clark?!", bohrte ich nach.

Ray lief rückwärts, bis er mit dem Rücken die Wand berührte. Schweissperlen bildeten sich auf seiner Stirn, er war ausser Atem. Meine Neugier wurde noch grösser.

„Cassie … ich …"

„Wer ist er?", unterbrach ich ihn. Ich sah die Angst in seinen Augen. Hatte er nun vor diesem George Clark oder vor mir Angst?

Ray schloss kurz die Augen und versuchte, ruhig durchzuatmen. „George Clark ist dein Vater, Cassie."

# 12. Schreianfall

Mir verschlug es die Sprache … Ich wusste nicht, ob ich mich freuen oder schreien sollte. Seit siebzehn Jahren wartete ich darauf, dass mein Vater Kontakt mit mir aufnahm, aber nein! Nie hatte er sich bei mir gemeldet, ich kannte ihn nicht einmal! Und dann das! Kurz vor meinem 18. Geburtstag fand mein Bodyguard, der mich gerade einmal seit drei Tagen beschützte, heraus, wer mein Vater war! Was lief in meinem Leben falsch?! Ich hatte das Gefühl, dass sich alles um mich herum drehte. Ray merkte, wie wirr ich mich fühlte und hielt mich an den Oberarmen fest.

„Ach du heilige Maria", stotterte ich und klatschte meine Hände über dem Kopf zusammen.

„Kitty, ich habe es erst vorgestern herausgefunden. Besser gesagt, Thomas! Er hat es mir am Abend erzählt. Wir wollten es dir sagen, doch du hast geweint, weil du nicht über deinen Dad reden wolltest. Deshalb warteten wir einen besseren Zeitpunkt ab", erklärte Ray und führte mich zum Sofa.

Ray schnappte sich seinen Chefsessel sowie die Akten und kam auf mich zu. Er setzte sich direkt vor mich hin und reichte mir die Unterlagen. „Ich vermute jetzt mal, dass du mehr über deinen Dad wissen möchtest."

Dieser Satz beunruhigte mich. Was wollte mir Ray damit sagen? Zittrig nahm ich sie entgegen …

**Name: George Clark**

**Alter: 42 Jahre**

**Familie: Kayla Clark Morgen (Ehefrau - getrennt) und Cassandra Clark (Tochter)**

**Taten: George Clark hat in den vergangenen achtzehn Jahren vier Morde begangen und schon mehr als zehn Personen entführt. Die meisten Opfer wurden bis heute nicht gefunden.**

**Pläne: Georges nächster Plan ist es, seine Tochter Cassandra Clark an sich zu reissen, um ihre Fähigkeit auszunutzen. Cassandra Clark ist zurzeit die mächtigste Banshee und neben ihrer Mutter auch die einzige Banshee. Wie Georges Plan ganz genau aussieht, weiss niemand.**

Ich war platt. Mein leiblicher Vater war ein Mörder, und das nächste Opfer würde wohl ich sein. Wie konnte er das seiner eigenen Tochter antun? Warum?! Schockiert liess ich die Akten fallen und starrte in Rays braungrüne Augen. Er schien sehr besorgt und faltete die Hände vor seinem Bauch. Meine Hände zitterten, und ich wusste nicht, was ich sagen sollte. George Clark war mein Vater und gleichzeitig ein Serienkiller … Er wollte mich tatsächlich wegen meiner Kraft ausnutzen. „Wieso habe ich noch nie von ihm gehört, weder im Radio noch in der Zeitung von ihm gelesen? Er ist ein Mörder, Ray!!"

„Ich weiss, Cassie, ich hab seinen Namen zum ersten Mal in den Akten gelesen. Thomas ist im Internet auf ihn gestossen."

„Und woher weiss man, was er als Nächstes vorhat?"

„Keine Ahnung. Du fragst den Falschen. Wahrscheinlich haben die Polizisten irgendeinen Komplizen von ihm fangen können und ihn ausgequetscht, bis er wichtige Infos verraten hat. Ich weiss es nicht, Kitty."

„Das kann nicht wahr sein. Ray, sag mir bitte, dass ich träume … Bitte!"

Ray verzog seine Lippen zu einem dünnen Strich. Mir war bewusst, dass das alles Realität war, doch ich wollte es einfach nicht wahrhaben. Mein leiblicher Vater …

„Cassie, ich wusste nicht, wie ich es dir sagen sollte. Es tut mir so leid. Aber ich verspreche dir, ich werde alles tun, damit dir nichts passiert. Ich werde dich beschützen und will dich nicht verlieren. Ich habe in meinem Leben schon genug verloren. Glaub mir, ich würde mein Leben für dich riskieren."

Seine Worte munterten mich ein wenig auf. Genau solch einen Bodyguard brauchte ich! Einer, der alles tat, um mich am Leben zu halten. Doch ein Teil seiner Aussage machte mich wieder stutzig:

*Ich habe in meinem Leben schon genug verloren.*
Was meinte er damit? Ich konnte Ray noch nicht
darauf ansprechen, zu stark war ich mit mir selbst
beschäftigt.

Ray wollte eben noch etwas sagen, als mir mit
einem Mal schwindlig wurde. Ein komisches
Gefühl durchfuhr mich … Das Gefühl zu schreien –
ein Todesschrei …

Ich kniff meine Augen zusammen und atmete wild
ein und aus.

„Kitty? Was ist los?" Ray stiess den Stuhl zurück
und bückte sich zu mir runter.

Schwarze Punkte tanzten vor meinen Augen, alles
sah ich verschwommen. Rays Mundwinkel
bewegten sich in Zeitlupe. Und da spürte ich
diesen Schrei in meinem Hals. „Anfall! Ich schreie
jeden Moment los!" Ray zögerte keinen Moment,
packte mich an den Händen und zog mich auf.

Ich wusste, was er vorhatte. Er wollte mich
schnellstmöglich aus dem Hauptquartier bringen,
damit ich nicht alle Fenster im A.B. zerstörte und
sein Büro ruinierte.

Meine Beine fühlten sich wie Blei an. Das Gefühl,
jeden Moment zusammenzubrechen, machte mir
Angst. Wie ein Klammeräffchen hielt ich mich an
Rays starken Oberarmen fest. Er umfasste meinen
Rücken. Schnell rannte er mit mir den Gang
entlang und schrie die uns im Weg stehenden
Bodyguards an. Mein Kiefer machte sich
selbstständig … Ray zog mich hektisch in den Lift.
Wie ein Verrückter drückte er auf den untersten

Knopf und liess mich dabei nicht aus den Augen. „Nicht schreien! Halte durch!", flehte er mich schwitzend an und drückte mich an sich. Mein Atem wurde schneller, mein Herz pochte wild. Endlich öffnete sich die Lifttüre. Meine Beine konnte ich nicht mehr bewegen. Ray schleppte mich wie einen Koffer hinter sich her. Wie im Rausch brüllte er durch die Etage, alle Blicke zogen wir wie ein Magnet an. Ich verstand nichts mehr. Befand ich mich in einem Tunnel?

Nervös schleifte mich Ray aus dem Hauptquartier, das ganze A.B. beobachtete uns. Kaum hatte sich die Tür hinter uns geschlossen, entfuhr mir dieser typische ohrenbetäubende Todesschrei. Ray hielt sich die Ohren zu und knallte zu Boden. Ich schrie mir die ganze Seele aus dem Leib. Die Autos um uns herum stoppten, Menschen in der Umgebung griffen sich ebenfalls schützend an die Ohren, genauso die Bodyguards im Hauptquartier. Zum Glück zerbrach dieses Mal keine Scheibe.

Als mein Mund sich langsam wieder schloss, formten meine Lippen den Namen des Opfers: „Lara Osher."

Dann wurde mir komplett schwarz vor den Augen, ich brach zusammen.

# 13. Was ist mit Kitty los?

**Ray**

Dieser Schrei bereitete mir Ohrenschmerzen. Es war bereits der zweite Schrei, den ich von Cassie mitbekam. Wie schon letztes Mal machte sie mich sprachlos. Das war wirklich alles andere als normal!

*Bro, sie ist auch nicht normal. Sie ist eine Todesfee! Ein Alien, verdammt! Was sucht sie überhaupt auf dieser Erde? Sie gehört zu den Toten! Der Tod steht sogar in ihrem Namen: TODesfee!*
Halt deine dumme Klappe! Cassie ist kein Alien, sie ist meine Kitty!

Nachdem ihr Schrei endlich abgeklungen war, nahm ich langsam meine Hände von den Ohren. Ich getraute mich kaum hinzuhören, wer das nächste Opfer war. Dann nannte sie den Namen: „Lara Osher."
Zuerst war ich irritiert, da ich diese Person nicht kannte, dann stand mein Herz plötzlich still. Cassie brach vor meinen Augen zusammen. Ich dachte, einen Herzinfarkt zu bekommen. Kitty lag bewusstlos und mit geschlossenen Augen vor mir. Die Bodyguards stürmten aus dem Hauptquartier

und rannten auf Cassie zu. Ich kniete besorgt neben sie hin und tastete ihr Gesicht ab. „Cassie?! Shit! Cassie, wach auf!"

Michael kam auf mich zu und fragte, was passiert sei. Ich stand derart unter Schock, dass ich nicht einmal seine Frage beantworten konnte. Warum antwortete sie mir nicht?

*Wahrscheinlich ist das normal, Ray. Du musst noch viel über Cassie lernen …*
Halt deinen Mund!

Ohne weiter nachzudenken, hob ich Cassie hoch und rannte mit ihr zu meinem Auto. Unterwegs flehte ich sie an, sie solle doch bitte aufwachen. Ihr Mund stand leicht offen, ihre Augen waren noch immer geschlossen. Ich hatte solche Angst um sie! Aufgewühlt riss ich die Autotüre auf, legte Cassie vorsichtig auf den Beifahrersitz und startete sofort den Motor. In meinem ganzen Leben hatte ich noch nie so grosse Angst um einen Menschen gehabt.

Was wäre, wenn sie nicht mehr aufwacht? Wäre es meine Schuld?

Ich spürte, wie sich meine Augen mit Wasser füllten. Schande, ich hatte seit Jahren nicht mehr geweint. Ich versuchte, stark zu bleiben. Cassie war noch immer bewusstlos. Laut fluchte ich und trat kräftig aufs Gaspedal. Ich musste sofort zu ihrer Mutter. Sie wusste bestimmt, was zu tun war!

Kaum parkierte ich vor Kaylas Haus, sprang ich aus dem Auto, riss die Beifahrertüre auf und hob Cassie besorgt hoch. Ich rannte zur Haustüre und hoffte, dass Kayla zu Hause war. Sonst war ich am Arsch! Wie ein Verrückter klingelte und klopfte ich mehrmals. „Kayla! Mach auf!", schrie ich ausser mir und versuchte, Cassie nicht fallen zu lassen. Kayla öffnete seelenruhig mit einem Sandwich in der Hand die Türe, musterte mich verwirrt, da ihre Tochter bewusstlos in meinen Armen lag. Doch sie wirkte trotz allem sehr ruhig. Was lief nur falsch bei ihr? Ihr Mädchen war gerade ohnmächtig!

„Was ist mit Cassie los?! Wann wacht sie auf?! Stirbt sie?!"

Kayla lachte nur. Was war so lustig? Am liebsten hätte ich sie angeschrien!

„Beruhig dich, Ray, und komm rein."

„Aber Kayla ..."

„Cassie geht es gut. Das ist nach einem Anfall ganz normal. Entweder wird ihr nur schwindlig oder sie wird für kurze Zeit ohnmächtig. Sie wacht bestimmt bald wieder auf."

Langsam beruhigte ich mich, aber wild schlug mein Herz noch immer. Das Radio lief laut, im Wohnzimmer lag eine Yogamatte. Kayla war also sportlich. Überrascht zog ich die Augenbrauen hoch.

„Magst du etwas trinken, Ray?"

Kayla stand in ihrer modernen Küche und lächelte mich an. Ich verstand einfach nicht, wie sie derart locker sein konnte. Ihre Tochter lag ohnmächtig in meinen Armen … OHNMÄCHTIG!!

*Beruhig dich, Bro!*
Du weisst nicht, wie ich mich gerade fühle. Ich platze beinahe vor Sorge!
*Man sorgt sich nur um eine Person, wenn man sie mag, und so wie du dich verhältst, ist das bei Kitty so. Los, Prinz! Küss deine Prinzessin wach!*
Ich habe niemals gesagt, dass ich auf sie stehe …
*Ahaaa!*
Nein! Ich empfinde nichts für sie!
*Bist du dir sicher? Du weisst schon, ich bin deine Hinterkopfstimme, deine Wahrheitsstimme. Ich weiss, dass du …*
Klappe!

„Ray? Magst du nun etwas trinken oder nicht?" Sie hielt bereits ein Glas in der Hand. Ich schüttelte mich kurz durch. Wo waren auf einmal meine Gedanken? Kayla schaute mich unsicher an. „Hast du vielleicht eine Dose Cola?" Kayla nickte, stellte das Glas zurück ins Gestell, nahm eine Cola aus dem Kühlschrank und ging mit ihr ins Wohnzimmer. Ich folgte Kayla und sah dabei Cassie ununterbrochen an. Oooh, wie ich ihre tiefbraunen Augen vermisste!

Ich finde braune Augen zwar nicht einzigartig, da es so viele Menschen mit braunen Augen gibt. Doch Cassies Augen sind anders. Immer wenn ich in ihre Augen sehe, vergesse ich alles um mich

herum. Dann gibt es nur ihre Augen und mich!
Diese Momente sind einfach unglaublich.

Ich legte Cassie sorgfältig auf die bequeme Couch
und setzte mich gleich neben sie auf den
schwarzen Sessel. Zittrig nahm ich die Cola
entgegen und bedankte mich bei Kayla.
„Hast du Hunger? Magst du etwas essen?"
„Nein danke, Kayla, ich will nur, dass Cassie
aufwacht", brummte ich.
Kayla glaubte, ich würde scherzen, doch ich
meinte es ernst. Sie rollte die Yogamatte
zusammen, stellte das Radio leiser und wollte
wissen, wie lange Cassie schon weggetreten war.
„Etwa zehn Minuten."
Ich erzählte ihr, wie ich panikartig vom Haupt-
quartier zu ihr nach Hause gefahren war. Nor-
malerweise brauchte ich für diese Strecke etwa
fünfzehn Minuten, doch dieses Mal war ich um
einiges schneller.
„Dann wird sie in ein paar Minuten aufwachen."
Kayla schenkte mir ein warmes Lächeln und
klopfte mir ein paar Mal aufmunternd auf die
Schulter. Ich zuckte bei jedem feinen Schlag
zusammen.
„Ist es nicht möglich, sie aufzuwecken und sie
beim nächsten Mal irgendwie aufzuhalten, damit
sie nicht wieder bewusstlos wird?!"
Spätestens jetzt war ich mir sicher, dass ich es
nicht mein ganzes Leben mit einer immer wieder
ohnmächtigen Cassie aushalten würde … Ich
würde das nicht ertragen!

„Ich bin mir sicher, dass jemand, der Cassie wirklich sehr lieb hat, dafür sorgen kann, dass sie die Luft anhält. Er muss sie, kurz bevor sie schreit, auf den Mund küssen. Aber nur ein ehrlich gemeinter Kuss schafft das!", entgegnete Kayla überzeugt.

Nachdenklich kratzte ich mich hinter den Ohren und nippte an meiner Dose. Ein Kuss der wahren Liebe? Befand ich mich gerade in einem Märchen?! Wer zum Geier war der Prinz meiner Kitty?! Keine Ahnung, denn dieser Prinz befand sich wahrscheinlich am Arsch der Welt! Besorgt klatschte ich mir die Hände auf den Schädel.

„Ray, das ist völlig normal bei Cassie. Schon als Baby ist sie oft weggetreten, wachte nach etwa fünfzehn Minuten wieder auf und war gleich wieder die Alte. Mit dem musst du jetzt klarkommen."

Das wurde mir nun schlagartig bewusst. Ich würde das also mehrmals bei Cassie erleben. Deshalb musste ich mich erst mal beruhigen, was aber nicht auf Anhieb funktionierte. Der Gedanke, dass sie vielleicht doch nicht mehr aufwachte, brachte mich noch mehr zum Zittern. Aber wenn doch, würde ich ihr gleich um den Hals fallen und sie den Rest des Abends nicht mehr loslassen! Naja, das wollte sie bestimmt nicht, aber das war mir egal! Ich nahm einen grossen Schluck von der kühlen Cola. „Warum passiert das? Warum wird sie ohnmächtig, wenn sie schreit? Passiert dir das auch, Kayla?"

Sie setzte sich auf den Sessel nebenan.

„Nein, mir passiert das nicht. Ich bin nicht so mächtig wie Cassie. Warum, weiss ich auch nicht." Sie machte eine kurze Atempause. „Und zu deinen anderen Fragen: Cassie wird ohnmächtig, weil sie ihre ganze Seele aus sich herausschreit. Das schwächt Cassie sehr, weshalb sie bewusstlos werden kann. Innert kurzer Zeit sollte es ihr dann wieder gut gehen."

Eines war mir klar: Cassies Schrei war unglaublich laut gewesen, sie musste bestimmt Halsschmerzen haben.

Ich war in meinen Gedanken versunken, als ich plötzlich ein leises Wimmern wahrnahm. Ich erschrak beinahe zu Tode. Vor Schock liess ich die halbvolle Dose fallen und sprang auf. Das Einzige, was Kayla in diesem Moment interessierte, war die Cola. Sie verteilte sich auf dem Boden. Zum Glück lag da kein Teppich. Kayla fluchte laut und fragte mich, warum ich sie fallen liess. Und das war mir in diesem Moment scheissegal. Wachte Cassie auf? Ging es ihr gut? Gott, ich bitte dich!

„Kitty!" Ich kniete neben sie hin und hielt ihre Hand. Ich wusste, dass sie das wütend machte, da sie mich überhaupt nicht mochte. Aber heyyy, ich mochte Cassie. Es war mir egal, ob sie mich nun schlug oder in meine Eier trat. Solange sie wach und die Alte war, ging es auch mir gut. Ich mochte ihre einzigartige Art. Sie war so anders, und das gefiel mir sehr an ihr.

Cassie rieb sich die Stirn und öffnete schwach die Augen. Meine Güte, wie ich ihre Augen vermisst hatte.

*Bro, geht es dir gut? Du hast ihre Augen gerade einmal fünfzehn Minuten nicht gesehen, und schon vermisst du sie. Hör mal! Sag ihr doch endlich, wie sehr du sie magst.*
Hirnstörungen?! Ich kann das keinem Mädchen sagen.
*Wer bist du? Ich kenne diesen feigen Ray gar nicht! Wo ist der knallharte, eiskalte, offene Ray?! WO IST MEIN RAY?!! Mach deine Augen auf, sauf dich in einer Bar voll, knutsch und flirte mit vielen heissen Mädels und sei einfach du!*

Ja, wo war mein altes Ich? Normalerweise war und tat ich nie so komisch … Nur in Cassies Nähe … Aber Moment, das Mit-den-Mädchen-Herum-machen war nicht ich! Das gefiel mir nicht! Ich wollte das nicht mehr tun und hatte das Thomas und MIR geschworen. Naja, er war nicht gerade der Bessere.
„Ray?", stotterte Cassie mit zittriger Stimme, was mein Herz zum Glühen brachte. Wie ich ihre Stimme vermisste! Ich lief bestimmt rot an.
„Was zur Hölle suche ich bei Mom?" Verwirrt befreite sie sich aus meinem Griff. Meine Kitty war wieder dieselbe!

*Deine Kitty? Wenn schon, unsere Kitty. Wenn sie schon dir gehört, dann auch mir. Ich bin ein Teil*

*von dir, verdammt Ray! Vergisst du mich schon?*
*Ist Kitty das Einzige, was du willst?*
Ja!
*Meine Fresse, dann schnappe ich sie mir auch –*
*oder besser gesagt ihre heisse Hinterkopfstimme.*
*Sie ist bestimmt so frech wie Cassie … Boah, wie*
*ich mich darauf freue, sie kennenzulernen!*
Oh, bist du peinlich!
*Hey, das ist nicht Fremdschämen, sondern …*

In Ruhe erklärte Kayla Cassie alles, auch das mit
meiner verschütteten Cola.
„Ich glaube, ich offeriere dir kein Getränk mehr,
Ray! Solange du alles fallen lässt …", zwinkerte
mir Kayla zu und lächelte dabei. Ufff, sie war mir
also nicht mehr böse.
„Mom! Ich habe verstanden!", unterbrach Cassie
sie laut und fuchtelte mit den Händen in der Luft.
Ich hatte vergessen, dass wegen mir der Boden
nass wurde. Als ich mich umschaute, war er
bereits wieder trocken. Leicht verlegen sah ich
Cassie an, die es sich seufzend auf dem Sofa
bequem machte. Sie gönnte mir keinen einzigen
Blick. Ein bisschen traurig machte mich das schon.

*Kaltes Kätzchen, hab ich recht?*
Kannst du nicht einmal deinen Mund halten?
*Nööö!*

Unverhofft wandte sich Cassie zu mir. Sie machte
mich ganz kribbelig. Hoffentlich merkte sie nicht,
was sie mit mir anstellte.

„Ist jemand ums Leben gekommen, Ray?"
„Ja."
„Wer?"
„Lara Osher. Keine Ahnung, wer sie ist."
„Sind Fenster kaputt gegangen? Du weisst
schon … wegen meinem Geschrei?"
„Nein, aber du hast die ganze Aufmerksamkeit auf
dich gezogen, Kitty", gab ich ihr lachend zur Antwort. Cassie lächelte mich dabei an. Ihr freches
Grinsen haute mich immer wieder regelrecht um.

*Ja, du bist verknallt in die kalte Katze!*
Ich habe noch nie Liebesgefühle gehabt und weiss
deshalb auch nicht, wie sich das anfühlt.
*Jetzt kennst du das Gefühl!*
Ganz bestimmt nicht!
*Oh doch!*

Ich erinnerte mich, als ich Cassie in der Bar das
allererste Mal gesehen und sie spontan geküsst
hatte. Dieser Kuss war der beste meines Lebens,
und ich weiss noch zu genau, wie sie meinen Kuss
nicht ablehnte. Schande, warum hatte nur dieser
Mann in Cassies Nähe sterben müssen?! Fast
hätte ich drauflos geflucht.

„Und wie hast du mich zu Mom gebracht?", riss sie
mich aus den Gedanken.
Ich wollte mir nicht anmerken lassen, dass ich
verrückt nach ihr war und gab mich cool. „Wieso
stellst du so viele Fragen?"

Ja, ich bin eben gut im Schauspielern. Das liegt im Wyler-Blut.

„Weil ich neugierig bin und mich an nichts erinnern kann! Wie jedes Mal, wenn ich in Ohnmacht falle. Wenn mir nur schwindlig wird, dann erinnere ich mich wenigstens an alles! Ich bin ja kein Grillenhirn! Sag jetzt, wie hast du mich zu Mom gebracht?!"

„Ich habe dich in mein Auto getragen und bin zu Kayla gefahren. Sonst noch Fragen, Zicke?!", entgegnete ich leicht wirr und düster.

Ich bereute es jedes Mal und sofort, wenn ich Cassie solche Wörter oder Sätze an den Kopf warf und verabscheute mich in solchen Momenten. Doch ich wollte meine Gefühle zu ihr und mein wahres Ich vor ihr geheim halten. Wenn sie wüsste, was ich alles durchgemacht hatte und wie ich mein Leben hasste. Sie hätte mich für verrückt gehalten.

Wütend schüttelte Cassie den Kopf und stand auf. Fragend blickte ich sie an und wollte wissen, was sie vorhatte. Das wurde mir schnell klar, als sie sich von Kayla verabschiedete. Wortlos verliess sie das Haus. Ich hörte, wie sie die Lamborghinitüre zuknallte. Warum machte sie mich erneut sprachlos und wieso zog mich die Kleine gleichzeitig derart magisch an?

# 14. Heisser Körper

## Cassie

Wie eine Verrückte durchwühlte ich meinen Schrank und suchte nach meinem heissesten Bikini. Ich wollte Kyle zeigen, dass mein Körper schön war. Ich zog mein pink-oranges Bench-Bikini mit den passenden Hotpants sowie ein luftiges weisses Top an und packte meine Strand-tasche. Ein lautes Klopfen hinter mir holte mich aus dem Rhythmus. „Was?!", schrie ich und warf meinen Kamm in die Tasche.

Ray stand bereits mitten in meinem Zimmer. „Bist du bereit?", fragte er ungeduldig. Ja, er kam auch mit! Leider! In den letzten paar Tagen verstand ich mich nicht allzu gut mit ihm. Wir hatten uns oft gestritten. Naja, das lag daran, dass Mrs. Sturkopf und Mr. Sturkopf zusammen unter einem Dach lebten!

Sauer funkelte ich ihn an und schnaubte: „Bist du bereit, Faulsack?!"

Ray deutete drohend auf mich und zischte: „Ich bin schneller als du, Kitty! Und nenn mich ja nicht Faulsack!"

„Verpiss dich aus meinem Zimmer!"

Ray knallte die Türe hinter sich zu und rannte fluchend die Treppe runter. Knurrend packte ich noch den Rest in die Tasche. Was hatte Ray nur gegen mich? Hatte ich ihm jemals etwas angetan? Ich schwang gerade meine Tasche über die Schulter, als ich Stimmen in der ersten Etage wahrnahm, öffnete die Türe einen kleinen Spalt und konnte Ray mit Thomas diskutieren hören. Thomas hatte vergangene Nacht zwei Mädchen nach Hause abgeschleppt. Da es mich ja nicht betraf, war das für mich auch nicht weiter schlimm, bis ein Mädchen dachte, dass Ray mein Freund sei. Ray und ich rasteten beide aus und warfen das Mädchen kurzerhand aus dem Haus. Das zweite Mädchen hatte um den Hals viele Knutschflecken. Von Thomas.

„Die junge Dame soll ihren Arsch bewegen! Ich kann solche Bitches in meinem Haus nicht mehr ertragen und hab die Nase gestrichen voll von diesen Möchtegern-Girls!", schrie Ray, als ich aus dem Zimmer trat.

Ouuuh! Was war denn hier los? Ich rannte die Treppe runter und beobachtete, wie das Mädchen blitzartig aus dem Haus verschwand. Ray starrte Thomas, der sich gegen die Wand gedrückt hatte, stinkwütend an. Sofort fiel mir auf, dass Ray um einiges stärker und trainierter aussah als Thomas. Thomas wirkte sehr verängstigt. Rays Blick jagte auch mir Angst ein. Wenn Blicke töten könnten, Thomas wäre auf der Stelle tot gewesen.

„Ray, beruhig dich! Du hast früher auch …"

„Früher! Jetzt nicht mehr, und du lässt ab sofort auch deine Finger von ihnen! Das ist echt nicht cool!", brüllte Ray und schritt immer näher auf Thomas zu.

Ich konnte das nicht länger mitansehen. „Ray! Was soll diese Scheisse?!", mischte ich mich ein.

Beide zuckten zusammen, vor allem Ray. Thomas atmete erleichtert durch. Ray hingegen wirkte unruhig und genervt. „Kitty, das geht dich nichts an!", drohte er und zeigte auf mich.

Ich wollte nicht wieder mit ihm streiten, darauf hatte ich echt keinen Bock. „Du hast mir nichts zu sagen, Raybaby! Nur weil du mein Bodyguard bist, heisst das nicht, dass du mein Leben bestimmst. So, und jetzt will ich an den Strand! Kyle, Pop, Isabel und Kyles Gang erwarten mich."

Es überraschte mich, dass Ray daraufhin keinen Ton mehr von sich gab. Er schnappte sich die auf dem Sofa liegende Tasche. Thomas bedankte sich mit einem Luftkuss und winkte mir lächelnd zu. Ich kicherte leise, da Thomas so charmant war. Ich schloss die Türe hinter mir und warf Ray einen besonders fröhlichen Blick zu. Er stampfte aufs Auto zu, riss die Tür mit voller Wucht auf und wartete, bis ich mein Hinterteil zu seinem Lamborghini bewegte. Aus Protest ging ich extra langsam. Wieder einmal typisch von mir!

„Cassie!", schrie er wütend. Sein Kopf verfärbte sich rot. Er verschränkte sauer die Arme vor der Brust.

Ich blickte ihn nur mit hochgezogenen Augenbrauen an. „Guten Morgen, Ray! Gut geschlafen?", fragte ich mit einem sarkastischen Unterton.

Seine Motivation war auf der anderen Seite der Erde, und ich wollte ihn so gerne gut gelaunt sehen. Immer wenn er gute Laune hatte, zeigte er seinen tollen Charakter. Seine kalte Seite passte mir überhaupt nicht.

„Halt deinen Mund!", brüllte Ray zurück und stieg fluchend ins Auto. Schmunzelnd liess ich mich auf den Beifahrersitz fallen. Ray fuhr mit Vollgas los. Ich blickte nach hinten zum Kofferraum und sah, dass Ray ein Surfbrett dabeihatte. Surfte Ray etwa? Da meine Neugier zu gross war, musste ich ihn einfach fragen. Seine Antwort war entsprechend enttäuschend … „Wenn ich nicht surfen würde, dann hätte ich auch keines dabei!"

Gott, er hätte einfach ‚ja, ich surfe' antworten können, aber nein! Er wollte mich stinkig machen.

„Ray, warum bist du heute so angepisst?"

Ich war mir bewusst, dass ihn das noch pissiger machte. Bei dieser Frage trat Ray so stark auf die Bremse, dass ich beinahe meine Stirn anschlug.

„Spinnst du?!!", schrie ich und hielt mir vor Schock die Hände vor die Augen.

„Geh mir nicht auf den Sack und lass mich einfach in Ruhe!", brüllte er zurück.

Halleeelujaaa, er war so anstrengend! Ich boxte in seine Schulter und fauchte: „Was hast du nur für Probleme, Ray?! Was habe ich getan, dass du so gereizt bist?"

Kaum zu glauben, dass ich das gesagt hatte, aber es machte mir gerade Spass, Ray zu nerven. Nicht immer war es spassig, aber in diesem Moment schon. Er tickte immer sehr schnell aus, und das reizte mich.

Auch mit dieser Antwort liess er nicht lange auf sich warten. „Was habe ich dir vor ein paar Sekunden gesagt?! SEI EINFACH STILL!! Bist du schwerhörig?!"

Okay, jetzt fand ich es nicht mehr lustig. Als ob ich schwerhörig wäre! Grimmig schnaubte ich und schaute aus dem Fenster. Zum Glück waren wir bald am Strand!

Endlich dort angekommen, entdeckte ich sofort Isabel und Poppy. Sie warteten bereits auf mich und winkten mir wie zwei Bekloppte zu. Ein Lächeln huschte über mein Gesicht. Meine Badetasche drückte ich fest an mich. Ray parkierte zwischen zwei Autos. Sofort eilte ich zu meinen Freundinnen. Wir umarmten uns alle drei und kicherten wie gackernde Hühner. Hinter uns war Rays Murren nicht zu überhören. Egal … Ich drehte mich um und blickte in sein unmotiviertes Gesicht. Mein Blick verdüsterte sich. Ich wollte mir einen schönen Tag machen, und Ray war drauf und dran, ihn mir gründlich zu versauen. Er hielt sein blau-schwarz gestreiftes, bestimmt zwei Meter hohes Surfbrett in den Händen. Zugegeben, das Brett gefiel mir sehr gut.

„Und? Wo ist Kyle mit seiner coolen Clique?"

„Sie haben sich einen schönen Platz ausgesucht. Kommt!", antwortete Isabel freudig.

Mindestens waren Poppy und Isabel gut drauf. Ich watschelte den beiden hinterher, gefolgt von Ray.

Viele Leute waren am Strand, die Sonne strahlte. Der Wind blies nicht allzu kalt, die Wellen waren mittelgross.

Naja, die Wellen in Australien sind immer ein wenig höher als normale.

Ich wollte nicht unbedingt ins Wasser, sondern einfach Spass mit den anderen haben und zum Beispiel Volleyball spielen.

In dem Moment erspähte ich Kyle und seine Clique. Okay, es waren nur vier Jungs mitsamt Kyle. Doch solange Kyle da war, fühlte ich mich überglücklich. Die Jungs erblickten uns ebenfalls und winkten uns zu, Isabel, Pop und ich ihnen zurück. Ray hingegen schnaubte laut.

*Ich glaube, er ist eifersüchtig.*
Als ob! Auf was soll er denn eifersüchtig sein?
*Dass du mit Kyle abhängst und ihn verliebt angrinst! Ich glaube, das gefällt Ray nicht.*
Ist nicht mein Problem! Es ist mein Leben, und er hat mir nichts zu sagen!

Die Jungs standen alle auf und begrüssten mich mit einer Umarmung, was mich doch überraschte. Ich kannte sie eigentlich nicht gut und schon drückten sie mich an sich. Als Kyle mich umarmte, explodierte beinahe mein Herz. Mein Kopf wurde glühend heiss, und mein Grinsen war breiter denn je. Ich hoffte, diese Umarmung würde nie enden.

# Ray

Ich musste mitansehen, wie meine Kitty von diesem Vollpfosten geherzt wurde. ICH und nicht Kyle hätte diese Person sein sollen! Am liebsten hätte ich die beiden auseinandergerissen und laut geschrien, dass sie meins war. Doch das konnte ich nicht. Ich wollte Cassie nicht das Gefühl geben, dass ich sie sehr mochte. Sie hasste mich sowieso! Ausserdem dachte sie, dass ich schlecht gelaunt war, was aber nicht der Fall war. Ich konnte ja gut schauspielern. Okay, ich war sauer, dass bei Thomas einmal mehr ein Mädchen nächtigte, was mich eigentlich gar nichts anging. Doch jedes Mal, wenn ich Thomas knutschend mit einem Mädchen sah, hoffte ich für mich, dass Cassie irgendwann mein Mädchen sein würde und wir uns küssten. Aber meine Hoffnung war so klein wie ein Sandkorn. Sie stand auf Kyle! Aber eins war mir klar: Ich würde um Cassie kämpfen … um meine Kitty. Ich war tatsächlich eifersüchtig, dass Kyle ihr so nahe war! Eigentlich sollte ich mich für sie freuen, denn sie wurde von ihrer grossen Liebe umarmt. Und ich musste dabei zuschauen. Das verletzte mich und fühlte sich an, als durchbohrte ein Messer mein Herz.

Cassie und Kyle lösten sich endlich voneinander. Erleichtert steckte ich mein Surfbrett in den Sand. Huch!

*Los, Ray! Schnapp dir den Platz neben Cassie!*
*Kyle kann nicht neben ihr sitzen, da er zwischen*
*zwei bekloppten Clowns sitzt. Los! Beweg deinen*
*Hinterteil und sichere neben ihr deinen Platz!*

Ich gehorchte ausnahmsweise meiner Hinterkopf-
stimme und eilte zu Cassie, die ihr Badetuch
neben Poppy ausbreitete. Isabel war sich unsicher,
neben Pop und einem heissen Typen zu sitzen
oder neben Cassie. Als sie sich langsam Cassie
näherte, hustete ich extra laut. Isabel hob ihr Kinn
und schaute mich kritisch an. Ich schüttelte
drohend den Kopf.

*Das ist mein Ray! Gib noch einen drauf!*

Isabel schluckte leer und blieb stur stehen. Sie
schien unsicher zu sein. Als ich meine Hand zu
einer Faust ballte, zu Cassie schielte und danach
Isabel wieder böse anfunkelte, war ihr klar, was ich
damit meinte. Zaghaft breitete sie ihr Tuch neben
Pop aus. Sie war blass wie ein Schneemann. Ja,
ich hatte Isabel Angst eingejagt, doch ich wollte
unbedingt neben Cassie sein.
Cassie hatte von all dem nichts mitbekommen, da
sie mit Pop am Schwatzen war. Ich holte mein
Badetuch aus der Tasche und setzte mich neben
Cassie hin. Dabei beobachtete ich sie die ganze
Zeit. Hoffentlich präsentierte sie sich bald in ihrem
Bikini …
„Wär ja cool, wenn Kyle mich eincremt."

Wehe, Kyle fasste nur einmal Cassies heissen Körper an … er wäre garantiert tot! Meine Augen weiteten sich, und meinen Körper spannte ich an. Am liebsten hätte ich geflucht und geschrien. Poppy und Cassie kicherten und rissen mich aus meinen Gedanken. Mein Blick wanderte zu Kyle, der gerade einer Girlsgruppe hinterherpfiff. Hallo?! Bemerkte und sah Cassie das etwa nicht?

Von Cassie hatte ich erfahren, dass er single war und er sich von dieser Hayden getrennt hatte … Sie hatte sich irgendwann verplappert. Typisch Cassie … Naja, ich hätte diese Tusse auch in die Wüste geschickt. Die war echt nervend. Doch ich hätte nie diesen Strandgirls hinterhergepfiffen. Vor allem nicht, wenn Cassie neben mir gesessen hätte.

Cassie merkte es anscheinend wirklich nicht. Sie schien mit Poppy in ein spannendes Thema vertieft. Doch Isabel hatte es bemerkt. Sie drehte sich zu mir um und merkte, dass meine Wut stieg. Meine Halsschlagader stand hervor. Wenn er Cassie verletzte, anfasste oder ignorierte, ich würde ihn erwürgen. Der Junge gefiel mir einfach nicht. Er passte nicht zu Cassie, und irgendetwas sagte mir, dass er was im Schilde führte … Er und seine Clique hatten mich nicht einmal begrüsst! Wie unfreundlich!
Endlich … Cassie stand vor mir auf und zog ihr Strandtop und die Hotpants aus. Mir klappte der Kiefer runter. Poooiii, wie umwerfend sie in ihrem

Bikini aussah! Ihre tolle Figur wunderschön betont, ihre helle Haut strahlte. Einmal mehr machte sie mich sprachlos! Auch die beiden anderen Girls legten sich mit ihren halbnackten Körpern auf ihre Tücher. Poppy und Isabel sahen auch sehr hübsch aus, doch Cassie schlug keine. Sie setzte sich neben mich wieder aufs Tuch, holte aus ihrer Tasche eine Tube Sonnencreme und drehte sich in Richtung Kyle. Doch er war nicht mehr da. Er latschte mit seiner Gang lachend auf eine Bar zu. Sie holten sich bestimmt Getränke. Uns hatten sie nicht einmal danach gefragt. Wie unsympathisch!

*Gib ihm einen Tritt in den Arsch, Bro!*
Oh ja! Den bekommt er noch! Er hätte ihn verdient!

Wütend knackste ich mit den Fingern und blickte wieder zu Cassie. Sie wirkte leicht eingeschnappt. Schande, ich wollte sie fröhlich und lachen sehen. Isabel und Poppy blickten sie mitfühlend an. Cassie zuckte mit den Schultern. „Ist schon gut. Kyle bringt uns sicher etwas mit. Er kann mich auch später eincremen."
Cassies Unsicherheit konnte ich in ihrer Stimme hören. Das tat mir im Herzen weh. Ich krallte mich am Tuch fest und versuchte locker zu wirken. „Ich kann dich auch eincremen. Wenn es dir gefällt, darfst du auch mich. Mir würde es nichts ausmachen."

# 15. Das unerwartete Tattoo

### Cassie

*Ich kann dich auch eincremen. Wenn es dir gefällt, darfst du auch mich. Mir würde es nichts ausmachen … Los, Kitty! Tu es! Ich weiss, dass du das willst! Schau dir einmal diese Bizepse und sein Sixpack unter dem T-Shirt an. Los! Greif zu!*

Damit hatte ich nicht gerechnet. Vor wenigen Minuten hatte er noch still und unmotiviert auf seinem Tuch gesessen. Hatte er etwa eine heisse Lady gesehen, die ihm gefiel?

*Jap! Diiich!*
Klappe, er hasst mich!

„Kittyyy?"
Ich war so in meine Gedanken versunken, dass ich vergessen hatte, Ray zu antworten. Was sollte ich ihm darauf sagen? Poppy und Isabel glotzten mich mit gigantischen Augen an. Oh ja! Und ob ich diese Bizepse anfassen wollte! Poppy zwickte mich in die Seite und zwinkerte mir nickend zu. „Okay", entgegnete ich schmunzelnd und kroch auf sein Badetuch. Und wie ich mich freute … Und das komischerweise noch mehr als beim Gedanken, Kyle einzuschmieren.

Poppy und Isabel beobachteten uns kichernd, als ob sie sich einen spannenden Film reinziehen würden. Ich merkte, wie Ray sich genauso freute. „Soll ich dich zuerst oder willst du mich …?"
„Stell nicht so viele Fragen. Creme mich einfach ein", erwiderte ich lächelnd und drehte ihm frech den Rücken zu. Pop und Isabel hüpften wie kleine Kinder auf und ab, bis Poppy mir ein Zeichen gab. Zuerst kapierte ich nicht, was sie damit sagen wollte, bis Isabel mithalf … Ray lief rot an. War er etwa verlegen? Schnell drehte ich mich um, und Ray erstarrte. Seine Wangen waren tatsächlich gerötet, doch wie auf Knopfdruck wurde er blass. „Was ist?"
Ich zuckte nur mit den Schultern und wischte mir die Haare über die Schultern. Tief atmete Ray durch und nahm mir die Sonnencreme aus der Hand.
Die Creme auf meiner Haut fühlte sich kühl an, ich zuckte kurz zusammen. „Shit! Ist das kalt", fauchte ich und wedelte mit meinen Händen. Ray lachte leise und strich mir den Rücken ein. Ich verzog das Gesicht, als Ray noch mehr Creme aus der Tube drückte und seine Hände auf meine Schultern legte. Poppy und Isabel amüsierten sich wegen meinen Gesichtsausdrücken und assen dabei grinsend Chips. Hallo? Das war kein Kino! Meinen Bauch cremte ich selber ein, während Ray lächelnd Sonnencreme in meinem Gesicht verteilte. Dabei unterhielt er sich leise mit mir. Er fragte mich, ob ich noch immer wütend auf ihn sei.

Ich schüttelte den Kopf. Ich konnte einfach nicht lange auf diesen Göttlichen sauer sein. Es funktionierte einfach nicht! Sichtlich erleichtert, verschmierte er die Creme in meinem Gesicht.

Ich glaube, jeder Mensch auf diesem Planeten hasst es, sein Gesicht einzucremen und noch schlimmer, wenn es eingeschmiert wird. Eigentlich mag ich dieses Gefühl gar nicht, aber bei Ray war es anders. Es fühlte sich sanft und so angenehm an.

Ein schwaches Schmunzeln huschte über mein Gesicht. Ray wurde leicht verlegen. Wie süss! Zu gerne hätte ich ihm in die Wangen gekniffen. Er strich mir die klebrigen und störenden Haarsträhnen hinters Ohr und lächelte glücklich. „Weisst du eigentlich, Kitty, wie hübsch deine Figur ist?" Langsam öffnete ich meine Augen und blinzelte verträumt. „Danke fürs Kompliment, doch irgendwie glaube ich das nicht."
„Dann glaub es mir. Dein Körper ist hinreissend." Oooh, und wie ernst er das sagte! Verlegen fuhr ich mir durchs Haar und grapschte nach der Sonnencreme. Ray zog sein T-Shirt aus. Ich warf meinen zwei besten Freundinnen einen kurzen Blick zu. Die beiden schienen wie erstarrt und guckten lechzend über meine Schulter. Was war denn so spannend? Gab es einen heissen Typen hinter mir?

*Jap! Ray!*
Ich meine nicht ihn!
*Doch!*
Nein!
*Doch!*
Hör auf!
*Hör auf, dich zu wehren!*
Grrrr …

Ich verzog mein Gesicht und wagte es, mich umzudrehen. Ach du heilige Maria! Meine Augen trafen Rays trainierte Brust und wanderten zu seinem perfekten Sixpack. Ich hoffte, nicht zu sabbern. Schande, diese starken Oberarme … Ich wollte ihn unbedingt beim Trainieren sehen! Nein, ich musste ihn sehen! ICH MUSSTE!!
„Bekommst du wieder einen Anfall, dass dein Mund so weit offen steht?", fragte Ray lachend. Verwirrt schüttelte ich mich durch. „Ich … i… ähm … nein …"
Wieso stotterte ich plötzlich?
Hinter mir konnte ich Pop leise fluchen hören und sah, wie sie in ihr Badetuch biss. Da ich wusste, dass Pop Ray noch nicht an ihren Lippen hatte, war mir klar, wie sehr es ihr stinkte, dass ICH seinen Körper eincremen durfte. Isabel war noch immer ganz baff.
„Shit …Shit … Shit …", zischte Pop. Frech lächelte ich sie an und streckte ihr unauffällig die Zunge raus.

Poppy und ich necken uns oft. Wenn wir uns die Zungen rausstrecken oder uns nerven, meinen wir es nie ernst. Wir finden es einfach witzig rumzublödeln und haben jedes Mal einen mindestens zwanzig Minuten langen, ununterbrochenen Lachanfall.

Ray drehte mir seinen breiten Rücken zu. Also tief durchatmen, der Göttliche verlangte nach der Sonnencreme oder besser nach mir…
„Maaann! Warum ist die so kalt?", fluchte er leise. Ich kicherte und nahm aus Protest noch mehr Creme. Er verkrampfte sich noch mehr und schrie laut meinen Namen. Das war so lustig.
„Du kleines Biest! Du hast längstens genug Creme für meinen Rücken!"
Dann schmierte ich seine Arme ein … shit …! Und er hatte sie nicht mal angespannt, sie waren hart wie Stein! Mir verschlug es die Sprache! Ein Wort: Heilig!
Sein Gesicht war an der Reihe. Wie es Ray zuvor bei mir getan hatte, verteilte ich in seinem ganzen Gesicht Punkte und schmierte ihn Pünktchen für Pünktchen ein. Seine Augen hatte er weit geöffnet, um nichts zu verpassen. Fasziniert blieb er an meinen Augen hängen. Ich erwiderte seinen Blick und versuchte, die Farbe seiner Iris herauszufinden. Ich sah ein feines Hellbraun und ein wunderschönes Grasgrün. Irgendwie schienen seine Augen im Sonnenlicht leicht bläulich. Ausserirdische Augen! Für mich die wunderschönsten auf der Welt … nein, im ganzen

Universum! Warum fesselten mich diese Augen? Wiesooo?!

„Wow", flüsterte Ray.

Ich schreckte auf und nahm sofort meine Hände von seinem Gesicht.

„Was?", fragte ich kritisch.

Ray fuhr ebenfalls zusammen und meinte, dass er eben laut gedacht hatte. Ich musste lachen. Ray grinste mit.

„Was ist denn ‚wow'?", wollte ich wissen.

Ray deutete auf meine Augen und flüsterte: „Sie sind einfach unglaublich."

„Warum meinst du?"

„Diese Farben. Deine Augen sind nicht nur tiefbraun. Im Sonnenlicht glänzen sie goldig. Aber irgendwie … sind sie auch goldbraun. Häää? Ich komme gerade nicht mit meinem Leben klar."

Ich brach in lautes Gelächter aus, da Ray derart verwirrt war. Seine Augen wühlten mich ebenso auf.

„Ich weiss nicht, ob ich Dads oder Moms Augen habe. Okay, Dads Augen hab ich noch nie gesehen, aber ja", entgegnete ich und drückte ein wenig Sonnencreme auf meine Hand.

„Ich hab die Augen meiner Mom und bin stolz darauf. Dad hat pechschwarze, und da bin ich also schon froh, nicht seine zu haben."

Ray verzog kurz sein Gesicht, was mich zum Schmunzeln brachte. Seine Gesichtsmimik war genial. „So! Jetzt cremst du mich aber bitte weiter ein." Rays dreckiges Grinsen sagte mir alles. Seine

Brust und sein Bauch waren an der Reihe. Eigentlich konnte Ray sich dort selber eincremen ... eigentlich. Ich verdrehte schmunzelnd die Augen, was Ray sehr amüsant fand.

Eben wollte ich ihn fragen, wie er zu diesen trainierten Muskeln kam, als mir auf der linken Seite seines Bauches ein Tattoo ins Auge sprang! Vier wunderschöne schwarze Rosen. Als wäre es ein Strauss mit ein paar Blättern an den Rosen. Ein wirklich schönes Tattoo. Die oberste Rose – und somit auch die grösste von allen – schien die neuste. Denn seine Haut war um diese Rose leicht gerötet, sie war die schönste von allen.

Warum zum Geier hatte er ein Tattoo? Ich nahm an, dass es eine spezielle Bedeutung hatte. Meine Hände versteiften sich vor dem Tattoo, ich konnte nicht mehr wegschauen. Das Tattoo fesselte mich, und ich war für einen Moment platt. Warum hatte ich es nicht früher bemerkt? Ich hatte ihn schon einmal halbnackt im Penthouse gesehen, als er vom Duschen kam. Das Tattoo war auch nicht klein. Im Gegenteil: Die Rosen waren gross.

„Kitty, alles okay?"

Ich blinzelte ein bisschen verwirrt, hob mein Kinn und schaute Ray tief in die Augen. „Du hast ein Tattoo."

Bevor ich Rays unglaublichen Oberkörper berührte, zog ich meine Hände zurück. Ray schnappte nach Luft. Zuerst schwieg er, und das Einzige, was er tat ... er nickte. Doch das reichte mir nicht.

Ich brauchte eine Erklärung. Sogar Poppy und Isabel guckten auf Rays Tattoo. Warum war Ray plötzlich so unruhig? Was hatte er?

Isabel deutete auf die neuste und schönste Rose und fragte: „Hast du die dir frisch stechen lassen?"

„Ähm, ja."

„Ist dir bewusst, dass sie nie wieder weggeht?", bohrte Pop nach.

Zum Glück stellten Isabel und Pop „meine" Fragen, denn ich brachte momentan keinen Satz über die Lippen.

„Das geht euch nichts an!", entgegnete er leicht genervt.

„Warum nicht? Früher oder später sagst du es mir sowieso, da wir für immer zusammen sind", sprudelte es aus mir, und meine Aussage stimmte sogar. Irgendwann würde Ray mir seine Geheimnisse verraten, ob er wollte oder nicht! Ich wollte es!

# 16. Lieber Surfen statt Volleyball

Kyle tauchte mit seinen Jungs auf. Sie lachten ausgelassen und liessen sich auf die Tücher fallen. Alle hatten Getränke dabei, doch keins für Poppy, Isabel, Ray und mich.

„Wo sind unsere Getränke?", fragte ich enttäuscht.

„Ihr hättet uns sagen sollen, dass ihr auch welche wollt, Süsse! Sorry, jetzt könnt ihr euch selber was holen!", meinte Kyle trocken, während mich die anderen Jungs grinsend anglotzten.

Dieser Satz war ein Schlag ins Gesicht. Wie konnte er das nur sagen?

„Ihr habt ja nicht danach gefragt. Schweigend seid ihr abgezottelt", konterte Ray sauer. Man konnte gut die Wut in seiner Stimme hören. Er riss sich geradezu zusammen, um nicht auszuticken. Poppy und Isabel beobachteten Ray angespannt. Ich glaubte, die beiden mochten Ray. Das gefiel mir!

Kyle warf Ray einen bösen Blick zu und trank aus seinem Becher.

„Ich gehe surfen", murrte Ray und seufzte dabei laut.

Poppys, Isabels und meine Augen leuchteten. „Wir kommen mit. Dürfen wir dir zugucken?", fragte Pop freudig.

„Sicher doch. Ich mag es, wenn hübsche Mädchen mir zuschauen." Dabei zwinkerte er mir zu und schmunzelte noch breiter.

Ich boxte ihm in die Schulter und lachte. „Du Player!"

„Ich bin ein charmanter Player", antwortete er heiser und erhob sich.

Schande, wie ich seine Stimme liebe. Sie bereitet mir immer wieder Gänsehaut, ein unbeschreibliches Gefühl.

Sofort standen wir Mädels auf.

„Hey Girls, wollen wir Volleyball spielen?", fragte uns Kyle geradezu aufdringlich.

Wir blickten uns kurz gegenseitig an, worauf Poppy cool antwortete: „Tut mir leid, aber wir schauen lieber Ray beim Surfen zu. Ist viel spannender als Volleyball."

„Vor allem sein heisser Körper", flüsterte Isabel, was uns alle zum Lachen brachte. Die Jungs starrten uns nur komisch an. Ray schnappte sich sein Board. Man merkte, wie er sich freute, dass wir ihm zuschauten. Auch ich war neugierig. Zu viert schlenderten wir zum Meer.

„Wie lange surfst du schon?", wollte ich wissen.

„Seit Kindheit", antwortete er und kratzte sich dabei kurz am Hinterkopf. Der Gedanke, wie Ray als kleines Kind aussah und auf dem Surfbrett stand, zauberte mir ein Lächeln ins Gesicht. Ray erwiderte mein Lachen. „Wenn du möchtest, kann ich es dir beibringen."

Ich hatte schon immer surfen wollen. Mehrmals nickte ich, bis Ray im Wasser stand. Poppy, Isabel und ich standen wenige Meter hinter ihm und beobachteten ihn. Besser gesagt: Wir bestaunten seinen makellosen Körper.

*Du geiferst.*
Nein! Nicht dein Ernst!
*Ich bin die Wahrheitsstimme, Kitty. Ich lüge nicht.*

Meine Augen wurden kugelrund. Schande, sie hatte recht! Sie war meine Wahrheitsstimme! Wie eine Verrückte tastete ich meinen Mund ab.

*Baaahhh! Reingelegt! Meine Streiche werden immer besser.*
Ab sofort glaube ich dir kein Wort mehr, dumme Stimme!
*Ach, komm schon! Das war doch witzig!*

Unauffällig verdrehte ich die Augen und ver-schränkte die Arme.

Inzwischen lag Ray auf seinem Brett und paddelte aufs offene Meer hinaus. Poppy rieb sich aufgeregt die Hände, und Isabel stiess ihr in die Seite. „Kaum zu glauben, dass er dich noch nie geküsst hat, Pop. Solche Jungs können dir eigentlich nicht widerstehen", meinte sie lachend. Genau das fragte ich mich auch! Poppy war DAS Mädchen der Jungs schlechthin, und Ray war für uns Girls DER Junge. Ich konnte es einfach nicht fassen, dass sie sich noch nie geküsst hatten. Unmöglich! Poppy hob ihre Schultern und meinte leicht ent-täuscht: „Jajaaa! Ray steht eben auf Brünetten und nicht auf eine Blondine wie mich. Geküsst hat er eh noch keine von uns dreien."

Dabei nickte Isabel, ich nicht. Wenn die wüssten … Mir kam der Kuss in der Bar in den Sinn. Komischerweise spürte ich seine unglaublich weichen Lippen sofort wieder auf meinen.

Isabel und Poppy merkten, dass mit mir etwas nicht stimmte. „Cassie? Was ist mit dir los?", fragte Pop laut.

Ich schreckte auf und schluckte leer. „N …nichts", stotterte ich.

Meine beiden besten Freundinnen kannten mich einfach zu gut. Sie merkten sofort, dass ich log. Und ich war eben nicht gut im Lügen! Beide starrten mich fragend an. Seufzend liess ich meine Arme hängen und meinte verlegen: „Okaaay! Es kann sein, dass Ray mich in der Bar geküsst hat, aber nur er wollte das! Ich nicht!"

Pops Mund stand weit offen, sie schrie ausser sich: „Und du hast uns das nicht erzählt?!"

„Ich … ich hatte es wieder vergessen – und wollte ich es euch mal sagen, dann war Ray bei mir. Sorry, aber das konnte ich euch nicht vor Ray erzählen."

Zu meinem Glück verstanden sie das. Vor allem waren beide neugierig und wollten sofort wissen, wie denn der Kuss war. Poppy war hauptsächlich diejenige, die mich mit ihren typischen Pop-Fragen bombardierte. Jedes kleine Detail interessierte sie.

„Der Kuss war unglaublich! Ray hat wunderschöne, weiche und volle Lippen und weiss ganz genau, wie man ein Mädchen küsst. Er wollte sogar mit meiner Zunge spielen, doch daraufhin bekam ich einen Anfall. Und ja! Das war unsere erste Begegnung, bevor ich erfahren habe, dass er mein Bodyguard wird!"

Die beiden umarmten mich. Ich wusste zwar nicht, warum, aber ich erwiderte die Umarmung. Die zwei wollten mich natürlich noch mit mehr Fragen löchern, doch richteten wir unsere Blicke nun auf Ray, der gerade seine perfekte Welle gefunden hatte. Sie war mittelgross und sehr lang. Gespannt richtete ich mich auf und fragte mich, was mein Bodyguard gerade für eine Show abzog. Geschickt stand er auf seinem Surfbrett, und bereits ritt er auf der Welle. Wir drei jubelten ihm zu, obwohl er noch gar nicht viel gemacht hatte. Ich konnte von Weitem sehen, wie er uns grinsend anschaute. Zuerst machte er einen Bottom Turn, und das sah nicht einmal so schwierig aus.

Doch in Wirklichkeit ist das sehr anspruchsvoll. Erneut machte er einen Bottom Turn und gleich danach einen Carve. Wooow, sah das hammermässig gut aus! Ich jubelte noch lauter und klatschte gleichzeitig kräftig in die Hände. Er war sichtlich stolz auf sich.

*Los, klatsch weiter! Es gefällt ihm!*
Nur, wenn er mich beeindruckt!

Mit einem riesigen Bogen schaffte Ray einen Cutback und surfte auf die andere Seite. Dieses Mal klatschten wir alle drei und schrien nach Ray. Irgendwie fand ich das witzig, da ich Rays

Schmunzeln nicht aus den Augen liess.
Inzwischen hatte er noch viele weitere Zuschauer angelockt, nicht nur männliche … Sie klatschten und jubelten mit Pop, Isabel und mir mit. Doch er interessierte sich nur für uns drei.

*Nööö, er guckt die ganze Zeit nur dich an, Kitty!* Klappe, ich muss schauen!

Als Nächstes bewältigte er einen Roundhouse Cutback, was mich ebenso beeindruckte. Wenn man so gut war wie Ray, dann übte man jahrelang! Sonst war das unmöglich! Es gelang ihm einfach alles! Mit meinem Handy filmte ich ihn. Er schaffte erneut einen Bottom Turn und dann einen Noseride. Wild jubelte ich ihm zu. Der Noseride sah extrem schwierig aus. Ray musste sich sehr konzentrieren, um sein Gleichgewicht nicht zu verlieren. Er schlug ein paar Bottom Turns. Isabel und Poppy hüpften auf und ab und überhäuften Ray mit lauten Komplimenten. Als Ray in unsere Richtung blickte, merkte er, dass ich ihn filmte. Stolz winkte er mir zu und ich ihm zurück. So gefiel mir MEIN Bodyguard.

**Ray**

Als ich beobachtete, wie Cassie mich mit ihrem Handy filmte, schlug mein Herz noch schneller.

Glücklich lächelte sie dabei. Es machte sie spürbar stolz, solch einen Bodyguard zu haben, und ich war happy, sie zu haben! Lächelnd winkte ich ihr zu und sie mir zurück. Oh ja, ich mochte sie sehr! Cassie jubelte mir laut zu, und Isabel und Pop liessen sich neben ihr davon anstecken. Ich fühlte mich im siebten Himmel.

Kyle und seine Clique hingegen schauten mich drohend an, als wäre ich ein Verbrecher. Ihr Deppen! Ich spürte, dass Kyle irgendetwas vorhatte … Bestimmte hatte es mit Cassie zu tun. Ich konnte diesen Typen einfach nicht ausstehen. Er machte sich die ganze Zeit an Cassie ran, aber letztlich ignorierte er sie doch eiskalt. Genau solch ein Junge verdiente meine Kitty nicht! Sie verdiente jemand Besseres …

## Cassie

Ich bemerkte, dass sich Ray und Kyle giftig ansahen. Was hatte Ray nur gegen Kyle? Ich verstand nicht, was an ihm denn so schlimm war. Okay, er rauchte, aber ansonsten war er doch eigentlich ein guter Kerl!

Ray liess sich nicht ablenken und vollbrachte einen perfekten Aerial, auch Air genannt. In der Luft hielt er sein Board und landete gekonnt auf der Welle. Ich war die Erste, die losjubelte. Als krönender Abschluss zeigte er uns nochmals einen stilvollen

Aerial, liess in der Luft sein Brett los und klatschte mit einem schönen Köpfler ins Wasser. Alle um uns herum klatschten und feierten Ray. Kaum an der Wasseroberfläche angekommen, lächelte er breit. Dabei war sein Blick auf mich gerichtet. Ich freute mich vermutlich am meisten und jubelte am lautesten. Doch das war mir egal. Ich war mächtig stolz auf MEINEN Bodyguard!

*Unseren Bodyguard!*
Jaja!

Sein Surfbrett schwamm an Land. Sofort und voller Stolz eilte ich entgegen, schnappte mir das Brett und zog es aus dem Wasser. Ich filmte es kurz und danach Ray, der zügig auf mich zukraulte. Isabel und Poppy applaudierten hinter mir und quatschten miteinander. Als ich Rays Board in den Händen hielt, hatte ich das Gefühl, eine Profisurferin zu sein. Dabei kugelte ich mich vor Lachen und pustete mir eine Haarsträhne aus dem Gesicht. Ich und surfen?! Naja … lieber Fussball!

Es dauerte nicht lange, und Ray erreichte das Ufer. Er lief direkt auf mich zu. Sein breites Grinsen hatte er noch immer im Gesicht, ich erwiderte es.
„Du warst genial, Ray!", lobte ich ihn überglücklich und filmte ihn.
Ray lachte und blieb vor mir stehen. „Wirklich …?"
Mehrmals nickte ich, und Ray fixierte dabei die Kamera. In seinen Augen funkelte irgendetwas

Geheimnisvolles. Verlangen? Sehnsucht? Oder nur Fröhlichkeit?

Unsicher steckte ich sein Brett in den Sand und stoppte das Filmen. Wieso fühlte ich mich von seinen wunderschönen Augen derart gefesselt? Bevor ich ihn danach fragen konnte, stürzte sich Ray auf mich. Beinahe bekam ich einen Herzinfarkt, da er das so unerwartet tat! Ich kreischte. Der nasse Ray drückte mich an sich. Er war so kalt, dass ich am ganzen Körper Gänsehaut bekam und noch lauter brüllte. Ray hingegen lachte sich schlapp und drückte mich noch mehr an sich. Schreiend fielen wir in den Sand. Um uns herum lachten alle, am meisten Ray und ich. Ich lag da, glückselig auf seinem Oberkörper. Ich blies mir die Haare aus dem Gesicht und blinzelte in seine braungrünen Augen. Er schmunzelte frech und hielt mich um den Rücken fest.

„Naa, Kitty? Lust, mit mir zu surfen?"

Uuups, diese Frage kam jetzt sehr plötzlich! Ich konnte doch gar nicht surfen, und Ray durfte es mir gerne irgendwann mal beibringen. Hilfe, ich war noch nicht bereit.

„Aber ich kann nicht surfen …", antwortete ich unsicher.

„Oh, stimmt. Sorry, hab's vergessen", grinste Ray. Gott, war dieses Lächeln süss! Eine Mischung aus Verlegenheit und Fröhlichkeit. Und dieses Grinsen löste in mir ganz neue Gefühle aus. Mein Herz pochte wild und meine Beine fühlten sich kraftlos an. Wo war die mutige und starke Cassie?!

Ich bin doch ein taffes Girl …

Sein Lachen verzauberte mich und war so anders als alle anderen. Es kam mir so vor, als ob sich ein kleines Kind über einen grossen geschenkten Teddybären freute. Aber es war „nur" Ray, der ein wunderschönes Lächeln auf seinen Lippen trug und innerlich doch noch ein Kind war … wie ich! Dieses Mal konnte ich nicht anders und kniff in seine roten Wangen. Ray warf mir einen genervten Blick zu. „Lass das, Kitty!"
Kichernd verwuschelte ich ihm aus Protest die Haare. Obwohl seine Haare nass waren, fühlten sie sich angenehm weich an. Schande, warum fühlten sie sich so schön an? Irgendwie nicht normal!? War er hier der Ausserirdische oder ich? „Kittyyy!"
Ich gehorchte ihm nicht und wusste, dass Ray es mochte, wenn ich mit seinen Haaren spielte. Ich spürte es!
„Kitty, jetzt hör bitte auf!", flehte er mich an und hielt mit einer Hand mein Handgelenk fest.
Leise kicherte ich. „Ich weiss, dass du es magst, Ray, und bitte nenn mich nicht Kitty."
Ray zog amüsiert die Augenbrauen hoch. „Und ich weiss, dass du es magst, wenn ich dich Kitty nenne." Wir sahen uns grinsend an. Ertappt. Stimmt, eigentlich liebe ich es, wenn Ray mir Kitty sagt. Nur er darf mich so nennen. Sonst niemand!

*Und ich! Hast du mich schon vergessen, Kitty?! Langsam habe ich das Gefühl, dass ich ein*

*Niemand für dich bin … Tsss, ich bin entsetzt!*
Natürlich darf mich auch meine Hinterkopfstimme
so nennen.
*Dankeee! Du bist ein Schatz, Kitty. Jetzt geht es
mir wieder viel besser.*

Leicht verlegen kniff ich Ray erneut in die Wange.
Händchenhaltend zogen wir uns auf die Füsse und
wischten uns den Sand vom Körper ab. Da sein
Körper zu gefährlich für mich war, musste ich
wegsehen. Zum Glück war ich mit dem Sand und
meinem eigenen Körper beschäftigt. Kyle warf Ray
noch immer drohende Blicke zu. War da jemand
eifersüchtig? Der Gedanke, dass Kyle und Ray um
mich kämpften, erfreute mich.
Es klingt zwar komisch, aber ich finde es lustig, mir
vorzustellen, wie sie sich zanken und ich auf dem
Thron sitze und ihnen dabei zusehe. Ooh, meine
beiden edlen Ritter kämpfen um mich.

*Ich würde sagen, dass Kyle der Prinz ist, der dein
Herz erobern möchte, und Ray dein Ritter, der das
verhindern will, da er dich nicht verlieren möchte.
Wäre noch ein schöner und spannender Film, hab
ich recht, Kitty?*
Da hast du recht! Ray ist mein beschützender
Ritter, der sein Leben für mich opfert, und Kyle ist
derjenige, der sich in mich verliebt. Besser gesagt:
Ich will, dass er mich liebt.
*Und Ray …*
Neneee, ich habe es gehört! Ich muss mich jetzt
auf Kyle konzentrieren!

Mein Blick schweifte zu Poppy und Isabel, die hüpfend auf mich zukamen.

### Ray

Cassie war unglaublich süss. Ihre Art, ihr Charakter, ihr Aussehen ... einfach zu hinreissend. Was stellte sie nur mit mir an? Am liebsten hätte ich sie fest an mich gedrückt und Kyle angeschrien, dass sie meins war. Aber gleichzeitig hätte ich mich geschämt, und ausserdem hätte mich Cassie ausgelacht, da sie mich nicht mochte. Ich fragte mich, was dieses Mädchen gegen mich hatte ...

Mit einem verschmitzten Lächeln ging Kyle auf Cassie zu. Sie lief rot an und strahlte Kyle verträumt an. Warum stand sie auf ihn? Was war an ihm besser? Was fand sie an ihm so cool und an mir nicht? Ich verstand es nicht!
Poppy und Isabel kicherten leise hinter ihr, da sie es süss fanden, wie Cassie Kyle verlegen anguckte. Ich hingegen fand das überhaupt nicht süss! Ich hätte kotzen können, vor allem wegen Kyles falschem Grinsen!
„Holen wir uns etwas zu trinken, Süsse? Ich lade dich ein", fragte Kyle Cassie mit einem gekünstelten Lächeln. Dieser Player machte sich gerade an mein Mädchen ran, und niemand durfte sie „Süsse" nennen! NIEMAND!!

Beinahe hätte ich mich zwischen die beiden gedrängt und klargestellt, dass ich mit Cassie etwas holen ging. Doch ich durfte nicht Cassies Herz brechen. Sie stand auf Kyle, und ich wollte ihr nicht die Chance auf ihn versauen. Ich wäre ein schlechter Bodyguard!

Cassie nickte aufgeregt. Bevor die beiden abzottelten, machte ich mich kurz und laut bemerkbar: „Für mich eine Cola, bitte!"

Kyle ignorierte mich eiskalt, doch Cassie nickte und winkte mir lächelnd zu. Mein Blick wanderte zu ihrer Hand, die von Kyle gehalten wurde. Ich musste mich zusammenreissen, nicht loszubrüllen und zu fluchen.

Unverhofft wurde ich aus meinen Gedanken gerissen. Cassie stand mit Kyle an der Bar und wartete auf die Getränke, als ich von Weitem einen auffälligen, komischen Mann wahrnahm. Sein Blick war auf Cassie gerichtet, und sein Gesichtsausdruck sagte mir nichts Gutes.

# 17. George's Beauftragter

Cassie und Kyle standen noch immer an der Bar.
Ich konnte Cassies Gekicher hören, was mein
Herz zum Glühen brachte. Abrupt veränderte sich
mein Gesichtsausdruck, als ich sah, wie Kyle sie
durchs Haar streichelte. Meine Fäuste waren in
Kampfbereitschaft. Niemand fasste meine Kitty an!
Mein Blick schweifte wieder zu diesem komischen
Kerl. Er trug ein schwarzes T-Shirt mit schwarzen
Jeans und starrte sie ununterbrochen böse an.
Schnell fiel mir sein Gürtel auf. Je genauer ich
hinsah, desto klarer wurde mir, dass er Waffen im
Gurt trug mitsamt einem langen, dicken Seil. In
meinem Kopf machte es „Klick", und mir war klar,
dass dieser Mann etwas Schlimmes mit Cassie
anstellen wollte. Wahrscheinlich entführen …
Moment mal! War dieser Mann ein Angestellter
von Cassies Vater, George Clark? Oder war dieser
Mann sogar George Clark?! Schliesslich wollte er
ja Cassie ausnutzen. Tausende Fragen wirbelten
durch meinen Schädel, doch keine liess sich
beantworten. Wenn das Cassies Dad war, dann
wusste ich nicht, ob ich ihn mit meinen eigenen
Händen töten oder ihn zu Cassie bringen sollte.
Sie hätte es verdient, ihn wenigstens einmal zu
sehen.

*Mach dir nicht so viele Gedanken und greif diesen komischen Kauz an, bevor er unserer Kitty was antut! Los! Beweg deinen Arsch!*

Shit, meine Hinterkopfstimme hatte recht! Hier ging es um Cassies Leben! Ich durfte mich nicht derart passiv verhalten. Mit schnellen Schritten lief ich auf den Mann zu. Meinen Blick liess ich zwischendurch zu Cassie schweifen, was ich eigentlich nicht hätte tun sollen. Leider funktionierte mein Gehirn nicht immer, vor allem in Cassies Nähe nicht! Sie wirkte momentan so glücklich mit Kyle. Ihr bezauberndes Lächeln faszinierte mich einfach. Für einen kurzen Moment war ich wieder in meine Gedanken vertieft und schaute Cassie verträumt an. Die Vorstellung, sie liebevoll zu umarmen, war einfach zu schön. Dabei hatte sie ihr wunderbares Schmunzeln im Gesicht, was mich immer schwach machte. Ihren Kopf lehnte sie an meine Brust, und ich vergrub mein Gesicht in ihren wunderschönen Haaren. Das nächste Bild war, wie Cassie und ich zusammen auf der Terrasse auf der Couch lagen und sie tief und fest auf meiner Brust schlief. Sie sah dabei so zufrieden aus. Gott, wenn diese Gedanken Realität wären, ich wäre der glücklichste Junge auf Erden!

*Alter, wach auf!*

Das Geschrei meiner Hinterkopfstimme weckte mich sofort. Ich fuhr zusammen, blickte nach vorn und knallte gegen ein Surfbrett. Tollpatschig fiel ich mitsamt dem Board zu Boden und schlug mir die Stirn am Brett an. Laut ächzte ich und verzog mein Gesicht, da meine Stirn ziemlich schmerzte. Um mich herum konnte ich das Gelächter von Dutzenden Leuten hören. Auch das von Arsch Kyle! Ich war die Lachnummer am Strand!

Ich rieb mir die Stirn und blickte zuerst den Mann an, dem das Brett gehörte. Er lachte ebenfalls und wollte mir auf die Beine helfen. Ich schämte mich so sehr! Warum war mir das ausgerechnet jetzt passiert? Wie doof konnte ich nur sein?!

Kyle kugelte sich beinahe kaputt, er bekam sogar einen tomatenroten Kopf. Laut klatschte er und verlangte eine Zugabe. Was dachte sich dieser Vollpfosten nur dabei?! Wenn der gewusst hätte, wie wütend ich auf ihn war, dann hätte er mich nicht so ausgelacht! Knurrend spuckte ich den Sand aus dem Mund.

Cassie schmunzelte leicht. An ihrem Gesichtsausdruck merkte ich, dass sie sich um mich sorgte, sich aber auch für mich schämte.

Meine Stirn pochte deftig, aber das war noch lange kein Weltuntergang. Dankend nahm ich die Hilfe des Mannes an und stellte das Brett wieder gerade hin. Leise entschuldigte ich mich bei ihm und richtete meinen Blick wieder auf Kyle und Cassie.

Kyle bekam böse Blicke von Cassie.

Oh ja! Ich liebe Cassies Gesichtsausdrücke und Sprüche.

Cassie verdrehte auffällig die Augen und deutete auf mich.

„Hilf ihm, Kyle! Er hat sich wehgetan!", befahl sie in einem ernsten Tonfall.

Kyle schwang seine Hände in die Luft. „Sorry, aber es ist nicht mein Problem, dass er gegen das Brett geknallt ist. Warum soll ausgerechnet ich ihm helfen? Er steht ja schon wieder!"

Dieser Arschkriecher! Wütend wischte ich mir den Sand von den Oberarmen ab und versuchte, mich zu beruhigen.

*Okay, Ray! Normalerweise würde ich laut fluchen, da Kyle ein richtiges „A" ist. Doch da dieser komische Kerl mit den Waffen noch immer unsere Kitty anglotzt, solltest du dich besser auf ihn konzentrieren. Wenn er Kitty was antut, bist du schuld! Wir haben das schon einmal erlebt und wären beinahe bei A.B. rausgeschmissen worden. Ich glaube nicht, dass du das noch einmal durchmachen möchtest!*

Nein, natürlich nicht. Aber bei Cassie ging es mir nicht um den Auftrag. Ich wollte sie wirklich beschützen und sie nicht als meinen Auftrag sehen, sondern als meine beste Freundin. Sie war diejenige, die mir guttat. Hier ging es nicht um meinen Job, sondern um ihr Leben! Ich wollte sie nicht verlieren, nie und nimmer, Job hin oder her …

Ich drehte mich zum Mann um. Er lief langsam auf Cassie zu. Was war seine Absicht? Es gefiel mir ganz und gar nicht, wie er Cassie konstant anstarrte!

Ich beschleunigte meine Schritte und liess den Mann nicht aus den Augen. Je näher ich ihm kam, umso mehr stieg meine Wut. Was wollte er von Cassie? Wollte er ihr wehtun? Warum trug er Waffen auf sich? All diese Fragen machten mich wahnsinnig.

Es fehlten nur noch wenige Meter zu ihm. Ich rannte los und rammte ihn mit einem gekonnten Sprung. Naja, er schrie vor Schmerz, nicht ich! Er knallte auf die hölzerne Barterrasse. Zum Glück war die Musik lauter als der Knall, sonst hätten ihn alle gehört. Wütend packte ich ihn an den Handgelenken und drückte sie gegen das Holz. Wie ein Verrückter versuchte er, mir eine zu verpassen. Erfolglos.

„Warum bist du bewaffnet?!" Bevor er mir antworten konnte, stiess er sein Knie in meinen Allerwertesten. Ich schrie vor Schmerz und krümmte mich für ein paar Sekunden. Boah, tat das weh!

Die Musik wurde noch lauter aufgedreht, und viele an der Bar tanzten. Auch Cassie und Kyle schwangen ihr Tanzbein. Kyle stand sehr, sehr, sehr nahe bei Cassie und beobachtete ihre perfekten Bewegungen. Schande! Nur ich durfte sie so anschauen! Er musterte ihren schönen Körper und grinste dabei! „Wenn du nur ein Haar von ihr anfasst, bist du tot", zischte ich leise! Ich konnte nicht mitansehen, wie er sie angeiferte! Kyle schnappte sich ihre Hände und zog sie an sich. Das ging zu weit!

Meine Wut brannte hinter meinen Augen. Seine Hände waren am falschen Ort und am falschen Mädchen, denn dieses Girl gehörte mir … nur mir! Ich musste eingreifen, aber da stand der dumme Kerl hastig auf und wollte zu Cassie rennen. Rechtzeitig packte ich ihn am Bein und zog ihn zurück. Er fiel erneut hin, schaffte es aber sofort wieder auf die Füsse. Shit, der hatte Nerven! Empört richtete ich mich auf und griff ihn von hinten an. Ich schlug meinen Ellbogen gegen seinen Rücken und versuchte, ihn auf den Boden zu drücken, doch zu meinem Pech war er grösser als ich und ziemlich schwerer als gedacht. Als er sich zu mir umdrehte und mir einen Kinnhaken verpassen wollte, gab ich ihm eine grobe Kopfnuss. Schreiend vor Schmerz lag er am Boden und tastete sein Gesicht ab. Ich kniete zu ihm runter, packte ihn am Kragen und brüllte: „Was soll das?! Warum gaffst du mein Mädchen ständig an?! Hmmm?! Was willst du von ihr?! Entführen?! Und warum die Waffen?! Antworte mir!"

Der Mann spuckte Blut und zitterte. Mein Kopf war röter als sein Blut und meine Wut grösser als das Universum! Ich war sauer auf diesen Kerl und auf Kyle! Beide wollten mein Mädchen, auf zwei verschiedene Arten, doch Cassie gehörte mir! Egal, ob sie es wollte oder nicht. Sie war meins!

Meine Adern standen am ganzen Körper hervor, und das Feuer hinter meinen Augen loderte immer stärker. Da der Kerl mir nicht antwortete, verpasste ich ihm einen Schlag ins Gesicht. Dabei hörte ich, wie seine Nase knackste. Rasend vor Wut drückte ich ihn gegen das Holz.

„Du bist Cassandras Bodyguard, hab ich recht?", hauchte er.

Damit hatte ich nicht gerechnet. Zuerst war ich schockiert, doch nach wenigen Sekunden stieg wieder Wut in mir auf! Er hatte nicht einmal meine Fragen beantwortet. „Ja, und jetzt beantworte endlich meine Fragen!", schrie ich und hielt meine Faust vor sein Gesicht.

Er schluckte leer, zitterte und fürchtete sich vor meiner Hand. „Okay … ich arbeite für George Clark … Er hat mich beauftragt, seine Tochter zu entführen … Die Waffen habe ich dabei, um mich zu wehren, doch du bist echt hartnäckig, Alter!"

Als er den Namen von Cassies Vater erwähnte, bekam ich Gänsehaut. Er war also hier in der Nähe und wollte Cassie! Aber warum holte ER nicht selber seine Tochter? Warum mussten seine Diener das für ihn tun? War er selber etwa zu feige? Am liebsten hätte ich losgelacht, doch das war nicht der richtige Zeitpunkt. Ich riss dem Mann alle Waffen aus dem Gurt, schmiss sie in den Sand und stand drauf. Grob zog ich den Kerl auf die Füsse. Da er geschwächt war von meinen Schlägen, musste ich ihn stützen. Ich schnappte mir seine Waffen und schleppte den Trottel zu meinem Auto. So schnell wie möglich musste ich ihn von Cassie wegbringen, und die Waffen auch.

Ich durfte ihn nicht umbringen, da er Cassie nicht verletzt hatte.

Regel ist Regel, und daran hatte ich mich wohl oder übel zu halten!

# 18. Wo ist Ray?

## Cassie

Lächelnd bewegte ich mich vor Kyle, der seine Augen nicht von mir lassen konnte. Er hielt meine Hände, das gefiel mir. Gott, wie ich in diesen Typen verknallt war! Vor ein paar Minuten war er zwar noch sehr fies zu Ray, doch das hatte ich bereits wieder vergessen. Ich tanzte gerade mit meinem Schwarm zu einem Remix und hatte riesigen Spass.

Doch meine Freude verschwand schlagartig …

„Cassie!", schrien Poppy und Isabel und rannten besorgt auf mich zu. Was hatten sie nur? Starb gerade jemand? Ach nee, das konnte gar nicht sein, ich hätte sonst geschrien.

Kyle und ich liessen uns los … leider. Ausser Atem standen sie vor mir.

„Was ist denn mit euch los?", fragte ich kritisch. Ich wollte weiterhin mit Kyle tanzen! Mussten sie wirklich meinen, oder besser gesagt unseren Moment versauen?!

Poppy packte mich am Handgelenk und fragte laut: „Wo ist Ray?!"

Isabel drehte sich besorgt im Kreis und schaute sich wie ein aufgescheuchtes Huhn um. Ich kratzte mich am Schädel und murmelte: „Er ist gerade gegen ein Surfbrett gelatscht. Er muss irgendwo hier sein und …"

„Nein! Er ist nicht hier! Wir haben ihn überall gesucht, weil wir nicht alleine mit Kyles Gang abhängen wollen."

„Er ist auch nicht am Strand!", meinte Isabel ausser sich.

Oh Gott, das klang gar nicht gut. Langsam sorgte ich mich auch um meinen Bodyguard. Normalerweise war er ja immer in meiner Nähe. Nervös blickte ich mich um. Schande, wo war er nur? Wieso war er nicht bei mir?

Kyle fing hinter mir an zu lachen und musste seinen Senf dazu geben. „Er flirtet bestimmt mit vielen heissen Girls oder ist nach Hause gegangen, weil er keinen Bock mehr hatte. So sind eben Player!"

Hatte ich mich gerade verhört?! Das hatte er nicht gesagt, oder?! Mit aufgeklapptem Kiefer drehte ich mich zu Kyle um, der noch immer dreckig lachte. Hatte er nur Blödsinn im Kopf? Meinte er das ernst? Ich war schockiert über Kyles Aussage, genauso Pop und Isabel.

*Irgendwie mag ich Kyle plötzlich nicht mehr. Und du, Kitty?*
Eigentlich schon … aber das stört mich sehr …

„Weisst du, dass du soeben das Dümmste ever gesagt hast, Kyle?!", brüllte Isabel und verpasste ihm einen Schlag in die Schulter. Kyle bekam böse Blicke von uns, doch er lachte weiter.

„Arsch…", brummte Poppy und packte Isabel und mich an den Handgelenken. Schnell zog sie uns von Kyle weg, der uns komisch nachschaute. Vor ein paar Minuten noch hatte ich mich nicht von ihm lösen wollen, doch nun war ich froh, dass Pop eingriff! Warum sagte er so was über Ray?! Okay, ich mochte Ray manchmal auch nicht, aber er war mein Bodyguard und gehörte irgendwie zu mir und ebenso zu meinen Freundinnen. Ausserdem war er in den letzten paar Stunden sehr nett zu mir. Im Gegensatz zu heute Morgen, da führte er sich wie ein Idiot auf! Seit Poppy und Isabel mir erzählt hatten, dass er verschwunden war, sorgte ich mich immer mehr um ihn. Wo war er nur? Warum hatte er mir nichts gesagt? Das war nicht der Ray, den ich kannte!

Zu dritt riefen wir x-mal nach ihm. Wir hatten die ganze Aufmerksamkeit der Strandbesucher, doch das war uns egal! Ich wollte meinen Bodyguard zurück und sonst nichts! Mehrmals versuchten wir ihn auf seinem Handy zu erreichen, doch es schien hoffnungslos. Irgendetwas lief hier falsch. Befand ich mich im falschen Film? Ich schrieb ihm bestimmt schon hunderte Nachrichten, aber er antwortete auf keine. Was ging hier ab, und warum fühlte ich mich plötzlich so hilflos? Kaum zu glauben, dass Ray mir plötzlich so wichtig war und ich mich ohne ihn nutzlos und alleine fühlte!

Wir kehrten zurück an unseren Platz. Ungeduldig lief ich hin und her und war ganz ausser mir.

„Das kann nicht sein! Ray lässt mich doch nicht aus den Augen! Er muss hier irgendwo sein … Ich fühle mich verloren ohne ihn!" Nervös kaute ich auf meinen Nägeln und kickte den Sand weg. Poppy und Isabel standen hilflos neben mir und beobachteten, wie ich mir den Kopf zerbrach. Kyle und seine Gang lagen entspannt auf ihren Tüchern und chillten vor sich hin. So was von Vollpfosten! Ich hätte jedem am liebsten einen Tritt in den Arsch verpasst. Abgesehen von Kyle.

Poppy und Isabel warfen der Clique böse Blicke zu. Pop knurrte laut und brüllte: „Hört ihr bitte mal auf zu rauchen und helft uns?! Ray ist verschwunden, und wir haben keine Ahnung, wo er steckt."

„Und ich brauche ihn!" Ich war verzweifelt und spürte, wie sich meine Augen mit Wasser füllten. Ohne ihn fühlte ich mich leer und schwach. Ich mochte Ray normalerweise ja nicht besonders …

*Normalerweise! Sicher, Kitty? Bist du dir ganz sicher, dass du Ray nicht magst?*
Klappe!
*Wooow! Bist du ein aggressives Kätzchen geworden, Kitty? Diese Kitty gefällt mir – und Ray bestimmt auch.*

So gut es ging, versuchte ich, meine Hinterkopfstimme auszublenden.

Ich war noch nie so besorgt gewesen, und Sorgen machte ich mir eigentlich nicht oft! Tief atmete ich durch, um mich zu beruhigen … Und mein Herz, es schlug übertrieben schnell! Ray, wo bist du nur?

„Ruf doch Rays besten Freund an! Vielleicht weiss er, wo er ist!", schlug Isabel vor und schnappte sich mein Handy. Mit riesengrossen Augen guckte ich über ihre Schulter. Es gab also eine kleine Hoffnung … Thomas. Wahrscheinlich war Ray bei ihm. Die Jungs hinter mir seufzten unüberhörbar und qualmten weiter. Gott, waren die nervig! Zittrig entriss ich Isabel mein Handy und suchte Thomas' Kontaktdaten. Sofort rief ich ihn an, stellte den Lautsprecher an, und es dauerte nicht lange, und er ging ran.

„Caffie?", schmatzte er undeutlich. Aha! Mister Fresssack ass Chips, während ich mir beinahe in die Hose machte! War wieder mal typisch!

„Thomas, weisst du, wo Ray ist? Ist er bei dir? Hast du etwas von ihm gehört …?"

Ich wollte noch mehr Fragen stellen, aber Thomas unterbrach mich: „Wooow, Cassie! Beruhig dich einmal! Atme gut durch und schliess für einen Moment deine Augen. Come down, Sweetie!"

Ich kniff die Augen zusammen und holte tief Luft. Ein wenig beruhigte mich das tatsächlich, doch mein Herz schlug noch immer wie verrückt.

„Neee, Ray ist nicht bei mir. Er sollte doch bei euch sein … Mmmh … Warum fraft dum mich?" Den letzten Satz sagte Thomas mit vollem Mund. Wie unanständig! Thomas, der kleine Fresssack! Immer am Essen, doch nie wurde er fett! Okay, er trieb viel Sport, aber trotzdem!

Ich erzählte ihm wie eine Turbomaschine, wie alles ablief und versuchte, mein Zittern unter Kontrolle zu bringen, was mir aber nicht gelang. Ich zitterte immer stärker! Auf der anderen Seite der Leitung war es still, bis Thomas die zerkauten Chips runtergeschluckt hatte. „Ouuuh, das ist gar nicht gut", hauchte er, was mir noch mehr Sorgen bereitete.

Tränen kullerten über meine Wangen. „Was, Thomas?! Was ist nicht gut?! SAG ES MIR! Ich sorg mich um ihn, Tom!"

„Cassie, beruhig dich! Vielleicht wurde Ray ge- kidnappt oder so was Ähnliches. Ich weiss es nicht, okay? Mach dir bitte keinen Kopf, ja? Ray ist ein Bodyguard, er kann sich gut selber beschützen und weiss, was er zu tun hat. Wenn du möchtest, komm ich zu euch und helfe, ihn zu suchen. Mach dir keine Sorgen um ihn. Er taucht bestimmt bald auf. Es ist einfach merkwürdig, dass er, ohne etwas zu sagen, verschwindet. So kenne ich meinen besten Freund nicht."

Bevor ich Thomas antworten konnte, rüttelte Isabel an meiner Schulter. Verwirrt sah ich sie an und flüsterte, dass sie aufhören solle. Poppy drehte mich zum Parkplatz um. Ich erstarrte. Von Weitem sah ich, wie Rays Lamborghini in einen Parkplatz einbog. Kurz darauf stieg Ray aus. Ein riesiger Stein fiel mir vom Herzen. „Raaay!", kreischte ich vor Freude und Erleichterung. Thomas hörte mich bestimmt, weshalb ich ihn wegdrückte.

Mit Freudentränen rannte ich auf Ray zu und schlängelte mich zwischen den vielen Autos hindurch. Gefolgt von Poppy und Isabel.

Ray lehnte sich an seinen Lamborghini und hatte mir den Rücken zugedreht. Er war hier! Gott sei Dank!

Als er sich langsam umdrehte, stockte mir der Atem. Aus seiner Nase floss Blut, seine Lippen waren leicht aufgeplatzt. Er wirkte geschwächt, seine Hände waren blutverschmiert. War das sein eigenes Blut oder fremdes?

Poppy und Isabel hielten für einen Moment schockiert an. Mich konnte niemand aufhalten. Doch Ray schien mich kaum wahrzunehmen. Schluchzend fiel ich ihm um den Hals, drückte mich an ihn, vergrub mein Gesicht in seiner nackten Brust und konnte meine Tränen nicht mehr zurückhalten. Gott, was war nur mit ihm passiert? Erst jetzt realisierte Ray, dass ich es war. Sanft streichelte er über meine Wange, ich drückte mich noch mehr an ihn.

Für einige Sekunden standen wir schweigend da, und nur langsam beruhigte ich mich. Schniefend löste ich mich von ihm, wischte mir die Tränen weg und blickte in seine unschuldigen braungrünen Augen. Sie glänzten stark. „Wo warst du? Shit, mach das bitte nie wieder, Ray!" Ich hörte seine schnellen Herzschläge. „Und warum bist du verletzt? Wurdest du verprügelt …?"

„Kitty, es geht mir gut …"

„Ray! Du blutest an Lippe und Nase! Lüg mich nicht an!"

Ich stand komplett neben meinen Schuhen.

Als ob er keine Schmerzen hatte! Ich sah doch, dass es ihm nicht gut ging!

Poppy und Isabel hielten sich neugierig einige Meter hinter uns auf. Ray bückte sich zu mir, sodass er mir direkt in die Augen sehen konnte. Er strich mir die Tränen unter den Augen weg.

„Als du mit Kyle getanzt hast, wärst du beinahe von einem Mann entführt worden. Er war mit Waffen und Seilen ausgerüstet und wollte dich attackieren. Da ich ihn rechtzeitig erblickte, konnte ich ihn aufhalten. Er sagte mir, dass er George Clarks Beauftragter sei und dich entführen müsse. Da ich das nicht zuliess, habe ich ihn mehrmals hart geschlagen, ihm die Waffen weggenommen und diesen Volldeppen zu meinem Auto geschleppt. Er wollte dich kidnappen und zu deinem mörderischen Vater bringen. Also musste ich ihn so schnellstens von dir entfernen. Ich wollte nicht, dass dir etwas passiert, Kitty. Durch ganz Adelaide bin ich mit ihm gefahren und habe einen Ort gesucht, um ihn zu ‚entsorgen'. Seine Waffen habe ich in einen Müllcontainer geworfen, ihn habe ich in einer dunklen Gasse versteckt und bin danach wieder hierhergekommen. Zuvor hat er sich heftig gewehrt und mir weh getan. Naja, den Rest der Geschichte kennst du ja bereits."

Ich war sprachlos. Mein Mund stand weit offen, und ich konnte meinen Blick nicht mehr von Ray wenden. Das alles tat er nur für mich … War das süss! Ray war mein perfekter Bodyguard! Es gab keinen besseren!

„Kitty, ich wollte dir das sagen, bevor ich ihn ins Auto schleppte, doch du warst mit Kyle am Tanzen und schienst so glücklich. Ich wollte dir diesen Moment nicht zerstören. Deshalb bin ich gegangen. Aber ich habe nicht damit gerechnet, dass du mir weinend um den Hals fällst, weil du dir Sorgen um mich gemacht hast."

Ich presste mich regelrecht an seine Brust. Ray erwiderte meine Umarmung. Warum liebte ich es so sehr, von ihm gedrückt zu werden? Wieso fühlte es sich so wunderschön an? Zu gerne hätte ich ihn nie mehr losgelassen.

„Gehen wir nach Hause, Kitty? Ich habe die Nase gestrichen voll vom Strand."

Ich nickte. Schliesslich hatte ich mit Kyle getanzt und mich mit ihm unterhalten, mehr erwartete ich nicht von diesem Tag, der war ja eigentlich toll … abgesehen von Rays Verschwinden!

Poppy und Isabel waren so lieb und packten unser Zeugs zusammen. Ich verabschiedete mich von allen. Von Kyle bekam ich eine lange Umarmung und war glücklich, dass mein Schwarm mir endlich Beachtung schenkte! Zu lange hatte ich auf diesen Moment gewartet. Hayden war nicht mehr mit Kyle zusammen, er war single, und ich konnte ihn um den Finger wickeln!

*Diesen Tag sollten wir feiern, Kitty!*
Ja, sollten wir wirklich.

Im Auto konnte ich meinen Blick nicht von Rays Gesicht wenden. Er hatte bestimmt Schmerzen. Ray startete den Motor und richtete seinen Blick zum Rückspiegel.

„Ray, du solltest zum Arzt, nur schon wegen deiner Nase und den Lippen!"

Ray schüttelte den Kopf. „Alles ist gut, Kitty. Mach dir um mich keine Sorgen."

„Aber du blutest …"

„Cassie, mir ist wichtig, dass es dir gut geht. Hier geht es nicht um mich, sondern um dich, okay?" Ray schaute mich mit einem kurzen schwachen Lächeln an. Doch dieses Grinsen war nicht echt. Ich wusste ganz genau, dass er Schmerzen hatte. Er konnte mir nichts vorspielen. Aber da ich nicht mit ihm streiten wollte, schlug ich Ray vor, ihm daheim seine Wunden zu versorgen. Bevor er losfuhr, zog er sich sein T-Shirt über, was mich zum Schmollen brachte. Schade, ich hätte seinen umwerfenden Oberkörper gerne noch länger angeschaut.

*Zieh ihm doch das T-Shirt aus! Bei so einem heissen Oberkörper kann man doch nicht anders! Ich würde es tun!*
Du, aber ich nicht!
*Du bist ich, und ich bin du! Schon vergessen, Kitty?*
Nein, aber ich tue das trotzdem nicht!
*Schade …*

Ray schien meine Enttäuschung zu bemerken, weshalb er dreckig grinste. Oh nein! Dieser Blick erklärte mir alles! Ich schüttelte den Kopf und deutete drohend auf ihn. Sein Grinsen wurde immer breiter. „Dir gefällt mein Oberkörper, hab ich recht, Kitty?"

Ich versuchte, ruhig durchzuatmen. Ich hasste es, wenn er so mit mir redete.

Ray packte den Saum des T-Shirts, zog es bis zu seiner Brust hoch und strich sich über sein Six-pack … Mir fehlten die Worte. Ray lachte tief. „Du musst dich nicht schämen, Kitty. Es ist normal, dass Mädchen meinem unglaublichen Körper kaum widerstehen können. Gib es zu, ich bin heiss!"

Gott, war der selbstverliebt! Seine Schmerzen waren demfall alles andere als schlimm.

*Ja, er sagt die Wahrheit!*
Kannst du mal die Klappe halten?!
*Nein, und das werde ich auch nicht!*

Kurz kniff ich die Augen zusammen, ich musste mich gewaltig zusammenreissen. Ein attraktiver Ray konnte mich nicht verrückt machen. Ich war und blieb die eiskalte Cassie und konnte stur wie ein Esel sein. Ein Beispiel:

Als ich sieben war, ging ich mit Mom in einen Park. Dort spielte ich mit Isabel und Pop mit einem Ball, unsere Mütter sahen uns dabei zu. Wir spielten schon lange miteinander, bis wir einen Eiswagen

entdeckten – besser gesagt: Ich erblickte ihn. Poppy, Isabel und ich flehten unsere Moms an, uns ein Eis zu kaufen. Doch keine von uns bekam eines. Da mich das so sauer machte, stellte ich mich neben den Eisverkäufer und bewegte mich nicht vom Fleck. Mit verschränkten Armen warf ich Mom grimmige Blicke zu. Sie rief mich immer wieder zurück, doch ich bewegte mich nicht von der Stelle, und das seit einer halben Ewigkeit! Der Eisverkäufer fand mich irgendwie witzig, wollte mich aber gleichzeitig loswerden … Depp!
Nach fast drei Stunden gab Mom auf, packte mich am Arm und wollte mich wegziehen, doch ich blieb hart. Wie eingefroren blieb ich stehen und sah Mom böse an. Sie wurde immer ungeduldiger und fing an zu drohen, doch auch das nützte nichts. Irgendwann wurde es Mom zu viel, und sie kaufte mir eines. Als ich es schliesslich in den Händen hielt, war ich wieder das glücklichste Mädchen auf der Welt und tat so, als wäre das nie passiert.

Ja, ich war schon immer ein stures Mädchen und nahm an, dass ich das von Dad erbte, da Mom das Gegenteil von mir war. Ich fragte mich oft, ob ich meine kalte, düstere und bockige Seite von Dad abgekriegt hatte, denn diese Seite hatte ich ganz bestimmt nicht von Mom!

# 19. Drei Wörter ergeben ein grosses Geheimnis

Ray gaffte mich noch immer grinsend an, doch ich verdrehte nur die Augen.

„Fahr jetzt!"

„Süsse, du bist ganz rot. Das bedeutet was."

„Stimmt nicht, Dummkopf!", rebellierte ich und sah mich im Rückspiegel an. Was laberte er? Ich war überhaupt nicht rot.

Lachend fuhr Ray los.

Wir kauften uns etwas Feines bei Starbucks. Ray freute sich über ein Schokoladenfrappé und ein Cookie und ich mich über ein Caramelfrappé. Zum Glück bezahlte Ray alles, denn ich hatte keinen einzigen Cent dabei. Bevor wir reingingen, wischte ich Ray das Blut an Nase und Lippe weg, da ihn sonst jeder komisch angestiert hätte. Glücklicherweise hatte er einen kleinen Notfallkoffer in seinem Kofferraum, und so konnte ich ihn fürs Erste verarzten. Keine Ahnung, warum er solch ein Köfferchen in seinem Auto hatte. Wahrscheinlich verletzte er sich oft und hatte ihn überall dabei. Naja, während ich an ihm herumdokterte, grinste er mich ständig frech an und fragte, ob ich das öfters tun könnte, da ich ANSCHEINEND so gut war.

Wieder zurück im Auto biss Ray genüsslich in seinen Cookie und startete den Motor. Ich lehnte mich lächelnd mit geschlossenen Augen zurück und genoss mein Frappé.

„Willft dum auch eim bifchen?", fragte mich Ray schmatzend und streckte mir den Cookie unter die Nase. Grinsend riss ich meine Augen auf, da er so witzig klang. Er musste sich das Lachen verkneifen, da er sonst das zerkaute Cookiestück ausgespuckt hätte.

Ich liebe Cookies! Ich mag sie besonders, wenn sie knusprig sind und frisch aus dem Ofen kommen.

Mir lief das Wasser im Mund zusammen, als ich mir die frisch gebackenen Cookies von Mom vorstellte.

Sie sind einfach die besten!

Ich biss ein extra grosses Stück ab und genoss diesen köstlichen Moment.

„Lecker?", fragte Ray grinsend und nahm einen Schluck von seinem Frappé. Ich nickte, nippte genüsslich an meinem Drink und blickte zum strahlend blauen Himmel. Keine einzige Wolke war zu sehen. Früher dachte ich, dass hinter den Wolken Engel flogen, die uns Menschen zuschauten. Manchmal winkte ich sogar den Wolken zu und hoffte, dass ein Engel mir zurückwinkte. Okaaay, ich war da etwa fünfjährig, aber die Gedanken an meine Kindheit bereiteten mir immer ein wohliges Gefühl.

„Woran denkst du gerade, Cassie?" Ray drückte einen Knopf, und die Decke über uns verschwand langsam. Ach du meine Güte! Ein Cabriolet! Beeindruckt starrte ich in den freien Himmel. Ich wünschte mir auch solch ein Auto! Irgendwann …

*Okay, Kitty! Sag Ray, dass du gerne ein Auto zu deinem 18. Geburtstag hättest. Du hast in einer Woche Geburtstag, Süsse. Und Mr. Bodyguard soll dir das beste Geschenk ever kaufen!*

Ray besass ja viel Geld, sehr viel Geld. Doch das wäre ja schon ziemlich sehr übertrieben.

*Kitty, ich habe immer recht!*
Naaah, bist du dir sicher?
*Was zum Teufel … Glaubst du mir etwa nicht?*
Können wir ein anderes Mal darüber diskutieren, bitte?
*Grrr, wenn es sein muss …*

„Ich denke gerade zurück an meine schöne Kindheit." Kichernd erzählte ich ihm das mit den Wolken und den zuguckenden und winkenden Engeln. Ich rechnete damit, dass er loslachen würde. Stattdessen sah ich Traurigkeit in seinen Augen. Sein wunderschönes Lächeln war auf einmal verschwunden. Er äusserte sich mit keinem einzigen Wort dazu. Was hatte ich Falsches gesagt? Fragend blickte ich ihn an und setzte mich gerade hin. Diese verzweifelte Seite mochte ich noch weniger als der finstere Wyler. Es gefiel mir überhaupt nicht, ihn so traurig zu sehen.

„Ray, alles okay?"

Er zögerte für einen Moment und blickte ernst nach vorne. Tief atmete er durch, packte die Kupplung und fuhr auf die Strasse. Der starke lauwarme Wind wirbelte meine Haare durcheinander. Ich konnte nicht aufhören, Ray anzustarren und versuchte gleichzeitig herauszufinden, was mit ihm los war. Unsicher und geradeaus blickend schlürfte ich mein Frappé. Es schmeckte nicht mehr gleich gut.

„Cassie, ich hatte keine schöne Kindheit."

Damit hatte ich nicht gerechnet! Ich blickte Ray fassungslos an. Das glaubte ich ihm nicht! Log er mich an? Ray kam bestimmt aus einer reichen Familie, da konnte es ihm nur gut gehen. Ausserdem hatte er Mom und Dad … so glaubte ich jedenfalls. Natürlich war ich sehr neugierig.

„Was war denn nicht schön? Du hast doch eine reiche Familie. Ich verstehe das ni…"

„Nur weil ich in einer reichen Familie aufgewachsen bin, heisst das nicht, dass ich glücklich bin, denn ich bin es bis heute nicht", unterbrach er mich. Ich war so sprachlos! Ich konnte mir einfach nicht vorstellen, dass Ray kein glückliches Kind war. Er hatte sicher alles Mögliche von seinen Eltern geschenkt bekommen und wurde von beiden geliebt. Was war daran nicht schön?

*Kitty, du weisst nicht, ob seine Eltern sich auch um ihn kümmerten. Viel Geld bedeutet nicht alles und ebenso viel Arbeit. Sie mussten bestimmt oft arbeiten und hatten wahrscheinlich kaum Zeit für*

*Ray. Ich weiss es nicht, aber ich glaube, dass er ehrlich zu dir ist.*

Meine Hinterkopfstimme könnte recht haben. Doch ob das wirklich stimmte?

„Warum warst du nicht glücklich?" Sein Blick war stur nach vorne gerichtet, mit einer Hand hielt er das Lenkrad fest. Er tat mir leid, war schneeweiss, und ich merkte, dass er in Gedanken versunken war. Woran dachte er? An etwas Schlimmes? Ich platzte beinahe vor Neugier und hätte ihn am liebsten durchgeschüttelt.

„Ich rede nicht gerne darüber, Cassie. Ich werde es dir ein anderes Mal erzählen, aber nicht jetzt und heute."

Zu gerne hätte ich ihn ausgepresst, aber ich hielt mich zurück und war mir bewusst, dass das heikel war und Ray sehr bedrückte. Unsicher verschränkte ich die Hände vor dem Bauch und lehnte mich zurück. Zwischendurch schaute mich Ray immer wieder kurz an.

„Okay, Cassie, ich gebe dir drei Wörter, die zu meiner Kindheit passen", platzte es nach langem Schweigen aus ihm heraus. Ich spitzte die Ohren. Jetzt war ich aber neugierig!

„Verlieren. Familie. Vater."

# 20. Flucht

*Verlieren, Familie und Vater … hast du eine
Vermutung, was unser Gott uns damit sagen will,
Kitty? Ich habe keinen blassen Schimmer!*

Ich hatte auch absolut keine Idee, was er damit
meinte. Vielleicht hatte er seinen Vater verloren,
doch was meinte er mit Familie? Vieles wirbelte
durch mein Hirn, doch nichts ergab irgendwie Sinn.
Meine Hinterkopfstimme dachte ebenso nach, aber
auch sie wusste für einmal nicht, was Ray uns
damit sagen wollte.
Ray beobachtete mich immer wieder, schwieg
aber. Was wollte er mir nur sagen?
Plötzlich durchfuhr mich die Erinnerung an eine
Aussage von ihm: *Ich muss dich beschützen und
will dich nicht verlieren. Ich habe schon genug in
meinem Leben verloren.*
Doch was hatte er verloren? Gooott, ich war
extrem neugierig. Ray hielt sein Auto an einer
roten Ampel an. Sein Kopf war gesenkt, und er
atmete schwer.
„Ich werde es dir erzählen, Cassie. Ich verspreche
es dir, aber nicht heute", versicherte er mir. Er
zitterte. Schande, er tat mir so leid!
„Du musst es mir nicht sagen, wenn du nicht willst,
Ray. Ich zwinge dich nicht."

*Du willst es wissen und ich auch! Komm schon Kitty, press ihn aus! Ich werde dir helfen. Ich weiss, wie neugierig du bist!*
Logisch, aber ich muss anständig bleiben. Es belastet ihn sehr, da darf ich nicht zu aufdringlich sein!
*Ausnahmsweise …*

„Ich will es dir erzählen. Bis jetzt wissen es nur Thomas und naja … ich. Es fällt mir einfach schwer. Tut mir leid …"
„Ray, du musst dich nicht entschuldigen. Sag es mir, wenn du bereit bist. Ich warte."
Ich schenkte ihm mein süssestes Lächeln und drückte ihn an mich. Ray vergrub schniefend sein Gesicht in meinem Nacken.
„Danke, Kitty! Du bist mir sehr wichtig und tust mir gut."
Dieser Satz bereitete mir warme Wangen. Uuups, ich war Ray sehr wichtig und tat ihm gut … Ich dachte, er hasste mich.

*Wahrscheinlich hat er auch seine Tage. Mal ist er gut gelaunt, dann wieder schlecht drauf. Aber Moment! Er ist jeden Tag schlecht gelaunt … Ach du heilige Maria! Ray Wyler ist schwanger!*
So ein Quatsch! Deine Aussage ergibt keinen Sinn!
*Nichts ergibt bei diesem Gott Sinn! Cassie, dieser Junge hat so viele Geheimnisse, die wir noch zu lüften haben. Ich zähle alle für dich auf, weil ich so eine liebe Stimme bin: die Bedeutung seines*

*Tattoos, seine unschöne Kindheit, seine
gewaltigen Stimmungsschwankungen ... Was
bedeutet überhaupt „Verlieren, Familie, Vater"?
Eine für mich sehr interessierende Frage ist,
warum er ein Player ist – oder besser gesagt: war!
Er hört ja nicht gerne, wenn man ihn Player nennt.
Und wer weiss, wahrscheinlich ist er schwanger!
Siehst du, Kitty? Diesen Jungen müssen wir früher
oder später auspressen. Ob er es will oder nicht,
ich möchte es!*
Da hast du recht. Aber dass er schwanger sein
könnte, ist wohl deine dümmste Behauptung!
*Okaaay, er ist nicht schwanger!*

Die Ampel wechselte auf Grün. Nur ungern liess
ich ihn los. Ray lächelte zum Glück wieder. Ich
würde dieses Lachen vermissen, wenn es nicht
mehr existieren würde. Ray schaltete das Radio
ein und trat aufs Gaspedal. Kaum zu glauben, aber
der alte Ray war zurück! Man sah kein bisschen
Traurigkeit mehr in seinen Augen, sondern pure
Freude. Gott, tat das gut! Rays verzweifelte Seite
ertrug ich wirklich nicht. Wie traurig sie mich immer
machte.

*Oh ja, was wir auch noch herausfinden müssen,
ist, wie viele Seiten es von ihm gibt. Bis anhin
zähle ich fünf: Der finstere Ray, der aufgestellte
Ray, der charmante und freche Ray und der
verzweifelte Ray. Es könnten noch mehr werden,
Süsse.*

Eines meiner Lieblingslieder erklang im Radio. Es war auch Rays Lieblingssong. Lautstark sangen wir beide mit und schwangen unsere Arme in die Luft. Naja, Ray hielt nur einen Arm in die Luft, da er noch Auto fahren musste. Unsere Frappés hatten wir leer getrunken, und der Rest des Cookies war in Rays Magen verschwunden. Ray drehte das Radio noch lauter auf. Wie ich das Lied „Break My Heart" von Hey Violet liebte. Es überraschte mich, dass es auch Ray gefiel und er sogar den Text kannte. „Tell me you've never loved me. Tell me that it wasn't real. Just say you've found somebody else. I wanna know the way it feels. Break my heart. Tell me you've never loved me. Tell me it was just a lie. I wanna feel the pain. I wanna see the light."

Wir sangen in voller Lautstärke. Wir genossen den frischen Wind, der uns entgegenkam, gleichzeitig auch die warmen Sonnenstrahlen.

Wie ich den Sommer liebe!

Als das Lied zu Ende war, seufzte ich und meinte enttäuscht: „Ach komm schon! Ich will es nochmals hören!" Ray lachte und stellte die Musik ein wenig leiser. Das nächste Lied kannte ich nicht, weshalb ich nicht mitsingen konnte.

„Du hast nächste Woche Geburtstag, hab ich recht?" Ich lächelte breit und nickte.

Ich freute mich so sehr auf meinen Geburtstag: endlich achtzehn und erwachsen! Wie ich diesen Tag herbeisehnte! Seit Kleinkindalter!

Ich stellte mir vor, mit meinen Freunden abzu-
hängen und in den Ausgang zu gehen, und freute
mich darauf, das viele Geld, das ich bekommen
würde, in meinen Händen zu halten.

Ich mag es, Geld geschenkt zu bekommen. Frag
mich nicht wieso. Wahrscheinlich liegt es daran,
dass ich mich bereits mit einem Cent reich fühle.

Ray schmunzelte und lehnte sich lässig zurück.
„Am 16. Juli?"
„15. Juli", korrigierte ich ihn grinsend.
Er warf mir einen kurzen charmanten Blick zu und
meinte: „Ich werde dir etwas Hübsches schenken.
Du darfst dich schon jetzt darauf freuen, Kitty."
„Geld?", wollte ich neugierig wissen und zwinkerte
dabei, was Ray zum Lachen brachte. Er schüttelte
den Kopf und konzentrierte sich wieder auf die
Strasse. Schmollend liess ich die Schultern sinken.
„Mein Geschenk wird dich umhauen!"
Jetzt war ich aber gespannt.

*Geldsüchtig, Kitty?*
Nein, ich freue mich einfach, Geld geschenkt zu
bekommen.
*Da kann ich dir zustimmen!*

„Geld ist ein gutes Geschenk für einen Geburtstag,
da hast du recht, Kitty!" Ray warf mir dabei sein
perfektes Zahnpastalächeln zu. Jeder einzelne
Zahn blitzblankweiss, und jeder Zahn dort, wo er
auch hingehörte.

Ich trug sogar eine Zahnspange, und meine Zahnstellung war noch immer nicht meisterhaft, zumindest nahm ich das mal an.

Und dieses Lächeln ... Es war so umwerfend, dass meine Beine nachliessen. Zumindest fühlte es sich so an. Zum Glück stand ich also nicht. Zugegeben, Rays Aussehen gefiel mir besser als Kyles.

„Ach du meine Güte! Was war das?!", schrie ich panisch und klammerte mich am Sitz fest. Ein lauter Knall riss mich aus den Gedanken. Nervös blickte sich Ray um, doch nichts Auffälliges war zu erkennen. Ich war derart schockiert, dass ich mich kein bisschen bewegen konnte. In meinem Hals steckte ein fetter Kloss, und meine Nackenhaare stellten sich auf. Ich hoffte, dass es nicht das war, an das ich dachte ...

„Eine Knarre!", zischte Ray. Neeiiiin! Schande, es war tatsächlich das, was ich vermutete.

„WAS?!!", kreischte ich ausser mir. Ray drehte sich hastig zu mir um. Ich schwitzte, und mein Herz schlug wild. Meine Angst war grösser als die Erde, und meine Haut hatte die Farbe eines Schneemannes. Es folgte ein weiterer lauter Knall. Dieses Mal konnte ich erkennen, wie eine Kugel etwa einen Dezimeter über meinen Kopf hinwegflog. Ich brüllte drauflos. Welcher Arsch schoss auf mich?! Welcher Psycho hatte eine Pistole bei sich?! Ich wollte ihn sofort umbringen – oder nein, Ray konnte es für mich erledigen! Bitte Ray, handle!!

Ray klickte auf einen Knopf, und das Dach erschien wieder über unseren Köpfen. Danach drückte er auf den schwarzen Knopf, worauf neben seinem Steuer ein kleiner Bildschirm auftauchte. Anfänglich schien alles verschwommen, doch nach wenigen Sekunden war gut zu erkennen, was sich um uns herum befand. Oohhh, war das cool! Das wollte ich in meinem zukünftigen Auto auch haben. Auf dem Bildschirm sichteten wir einen schwarzen, hinter uns herfahrenden Audi. Neben dem Fahrer lehnte sich ein Mann mit einer Knarre aus dem Fenster. Er zielte auf Rays Lamborghini. Mir wurde schnell klar, dass er beabsichtigte, auf die Fenster oder Reifen zu schiessen! Verängstigt schaute ich Ray an, der ernst und konzentriert weiterraste.

„Cassie, die sind hinter dir her!", fauchte Ray, was mich noch mehr beunruhigte. War aber eigentlich auch logisch! Das waren bestimmt Dads Beauf-tragte.

Ich schluckte leer. „Und was machst du jetzt?!"

„Abhauen, dich verstecken und sie erledigen!"

„Aber was ist mit dir …?!"

„Mein Leben ist nicht so wichtig wie deins, Cassie! Sorg dich nicht um mich, okay?! Es ist mein Auftrag, dich zu beschützen und dich am Leben zu halten!"

Er hatte zwar recht, aber trotzdem wollte ich nicht, dass er sein Leben für mich aufs Spiel setzte. Sonst fühlte ich mich schuldig. Also vertraute ich ihm. Es war ja sein Job. Nervös starrte ich wieder aus der Frontscheibe und klammerte mich am Sitz fest. Ray schaltete einen Gang höher und raste mit 110 km/h die lange Strasse entlang. Mehrmals überholte er Auto um Auto. Dabei fuhr er oft auf der falschen Strassenseite. Ich hatte das Gefühl, dass er jeden Moment gegen ein Auto krachen würde, doch er fuhr um einiges besser, als ich dachte. Der Audi raste uns noch immer hinterher und schoss mehrmals auf Rays Lamborghini, der komischerweise kaum eine Beule abbekam. Oh Gott! Hoffentlich pisste ich mir nicht in die Hose!

*Ich habe schon …*
Super! Das war das Letzte, was ich wissen wollte!

Ray blickte in den Rückspiegel und fluchte laut. Erneut trat er aufs Gaspedal und erreichte 150 km/h. Der starke Druck presste mich fest in den Sitz. Am liebsten hätte ich um mein Leben ge-schrien, doch mein Hals war schon so trocken von meinem Gekreische zuvor. Ray bog um eine scharfe Kurve. Dabei wurde ich gegen die Scheibe geschleudert und schlug mir heftig die Schulter an. Der Schmerz breitete sich im ganzen Oberkörper aus.
Ray bog um die nächste Ecke, blickte auf den Bildschirm und merkte, dass der Audi endlich einige hundert Meter hinter uns war. Dabei grinste er breit und richtete seinen Blick wieder nach vorne. Oh nein! Was war sein nächster Plan? Dieses Schmunzeln gefiel mir überhaupt nicht! Er bog bereits um die nächste scharfe Kurve,

guckte mich kurz an und schrie: „Verletz dich nicht, Kitty!"

Sauer funkelte ich zurück, als er wieder geradeaus fuhr. „FAHR NICHT DERART SCHWACHSINNIG UM DIE KURVEN, DUMMKOPF!!"

Ray schwieg und blickte zwischendurch in den Rückspiegel. Immer mehr Schweissperlen kullerten über meine Stirn, meine Angst stieg um jede Sekunde. Ich platzte bald vor Angst und war kurz vor dem Ausrasten, als Ray in eine dunkle Gasse fuhr. „RAAAY! WAS SOLL DIESE SCHEISSE?!!", brüllte ich ihn an. Er antwortete nichts und schaltete die Autolichter aus, den Motor liess er laufen. Um uns herum wurde alles pechschwarz. Noch mehr Panik stieg in mir auf. „WILLST DU UNS ETWA UMBRINGEN, RAY?!! ES IST VERDAMMT NOCH MAL STOCKDUN-KEL!!"

Ray sagte wieder nichts und drückte frech grinsend auf einen Knopf. Verwirrt sah ich ihn an. Was ging hier ab? Wurde sein Auto unsichtbar oder was?

Mit meiner Vermutung lag ich falsch …

Der Bildschirm, der uns zuvor alles um uns herum anzeigte, gab nur noch an, was sich vor uns be-fand.

*Eine Nachtsichtkamera!*
Kommst du früh!
*Halt die Klappe!*

„Naaa, was sagst du jetzt, Kitty?"

„Konzentrier dich auf die verfluchte Strasse, bitteee!", flehte ich ihn panikartig an.

„Jaaa, Mann! Wir haben sie sowieso schon abge…"

In dem Moment hörten wir einen lauten Knall direkt hinter uns. Doofe Ray-Aussage! Die Verfolger waren noch immer hinter uns her! So blöd waren die nicht!

Ray schluckte leer und konzentrierte sich auf den Bildschirm. Schnell bog er nach rechts und gleich danach nach links. Oh Gott, wie lange war diese Gasse? Ich spürte Wut, Angst, Verzweiflung und Nervosität in mir. Gleichzeitig merkte ich, wie sich Wasser in meinen Augen bildete. Wenn diese Verfolger mich entführten, dann brachten sie mich bestimmt zu meinem gefährlichen Dad … Ich schluchzte.

Was für ein abartiger Mensch tut seiner eigenen Tochter so was an?

*Ein vollbekloppter Psycho namens George Clark!* Genau!

# 21. Keine Nerven mehr

Erneut bog Ray rechts ab und danach gleich nochmals rechts. Woher kannte er sich so gut in dieser Gasse aus? Ich hatte null Ahnung, wo in Adelaide wir uns gerade befanden. Hastig blickte Ray in den Rückspiegel und verlangsamte das Tempo. Hatten wir sie abgehängt? Zitternd schloss ich die Augen, da ich mich nicht getraute, in den Rückspiegel zu schauen. Besser gesagt: Ich wollte nichts mehr sehen. Weder Ray noch die Dunkelheit! Wie gerne hätte ich meine Wut und Angst rausgeschrien.

Ray hielt den Wagen an und atmete erleichtert aus. Noch immer hatte ich meine Augen geschlossen.

Ich spürte Tränen auf meinen Wangen.

Eigentlich weine ich nicht wirklich schnell. Doch wenn ich mal heule, gibt es auch wirklich einen Grund.

In meiner Kindheit weinte ich fast nie. Das lag wahrscheinlich daran, dass ich ein kleines, stures und kaltes Girlie war. Zwar lachte ich oft und gab mich nach aussen hin glücklich, doch innerlich war ich kalt und düster.

„Was … warum weinst du, Kitty? Bist du verletzt?"

Sofort schnallte sich Ray ab, wischte mir die Tränen unter den Augen weg und strich mir beruhigend über die Wangen.

„Weine nicht. Ich will dich lächeln und glücklich sehen. Ich mag es nicht, wenn du heulst. Bitte, Kitty! Wenn du traurig bist, bin ich das auch."
Das war ziemlich der falsche Moment, um zu lächeln und glücklich zu sein. Doch Ray konnte so süss sein! Warum nur gab es auch diese eine kalte Seite an ihm? Ich verstand das nicht! Dieser Junge hatte so viele Geheimnisse, dass ich sie nicht an zwei Händen zählen konnte. Es waren einige mehr als nur jene, die meine Hinterkopfstimme auf-zählte. Hinter Rays kühler Fassade steckten ebenso ein warmes Herz und eine sehr emotionale Seite, und das wusste ich. Doch weil er so finster war, zeigte er seine Schwächen nicht … so wie ich …
Ich öffnete meine verweinten Augen und sah in seine wunderschönen braungrünen. Ooooch, warum waren die so bezaubernd?!

Nach langem Schweigen platzte es aus mir heraus: „Ich habe keine Nerven mehr. Heute war einfach alles zu viel. Zuerst am Morgen der Streit mit dir, dann Kyles und deine komischen Stim-mungsschwankungen. Dann warst du auf einmal weg, und ich sorgte mich riesig um dich! Ich sah dich verletzt und erfuhr, dass mein Dad Beauf-tragte nach mir schickt! Und jetzt noch das! Ich kann einfach nicht mehr … ich … ich bin am Ende! Dad wird mich schnappen … und es gibt kein Entkommen mehr …"
„Cassie, alles, was heute passiert ist, ist Ver-gangenheit und nicht mehr zu ändern. Was

geschehen ist, sollte man vergessen, da es keinen mehr juckt! Weder mich noch dich! Und dein Vater wird dich nie und nimmer entführen. Solange ich an deiner Seite bin, jede Sekunde auf dich schaue und um dein Leben kämpfe, wird dir nichts passieren. Vertrau mir! Es ist mein Auftrag, und weisst du was …? Als ich erfahren habe, dass jemand dein Bodyguard sein wird und ich dein Foto gesehen habe, wollte ich ihn unbedingt sein. Und weisst du auch, wieso?"

Schwach schüttelte ich den Kopf und schniefte laut.

„Weil ich nicht zulassen möchte, dass so einem hübschen, einzigartigen, tollen Mädchen etwas zustösst. Du bist das bezauberndste Girl, das ich jemals kennengelernt habe. Deine Art wirft mich jedes Mal vom Hocker! Du beeindruckst mich, und ich weiss nie, was für ein lustiges oder komisches Abenteuer auf mich, oder besser gesagt auf uns, zukommt. Verdammt! Ich habe zu viel geredet!" Ray lief leicht rot an und senkte seinen Blick.

Ich war wie versteinert. In meinem ganzen Leben hatte ich noch nie solch schöne Worte von einem Jungen gehört, und ich spürte, dass sie von Herzen kamen. Ich konnte zumindest nicht glauben, dass er mich hübsch und umwerfend fand. In seinen Augen konnte ich sehen, dass er jedes Wort ernst meinte. Mein Herz pochte wild, ich konnte es sogar hören. Und Ray schaffte es einmal mehr, trotz dieser Scheisssituation mich zum Lachen zu bringen.

Er wollte eben zu mir hochschauen, als ich ihm um den Hals fiel und mein Gesicht in seiner Schulter vergrub. Leise bedankte ich mich bei ihm. Seinen Kopf lehnte er leicht an meinen. Ich genoss diesen Moment sehr. Glücklich lag ich in den Armen meines Bodyguards und fühlte mich sicher. Die Verfolger hatten wir gottlob abgehängt.

Es vergingen vier Tage. Ich lief gerade happy aus der Schule. Meinen Mathetest hatte ich zurück-bekommen, und ich gehörte zu den Besten! Zuvor hatte ich noch nie eine genügende Note geschafft, und jetzt fehlten mir nur fünf Punkte zum besten Ergebnis! Und das dank Ray! Ich hatte mit ihm viel gelernt, und seine Tipps hatte ich bei jeder Aufga-be anwenden können. Ich war ihm so dankbar und schuldete ihm etwas.
Was mich aber auch derart glücklich machte, war, dass einen Tag nach meinem Geburtstag der Sommerball in der Schule stattfand. Warum? Da wir ab kommender Woche Sommerferien hatten! Wuhuuu! Wurde auch Zeit. Und wer's glaubte! Kyle hatte mich tatsächlich gefragt. Er wünschte sich mich als seine Sommerball-Begleitung. Natürlich sagte ich ihm zu. Er versprach mir, an meinem Geburtstag mit mir zu shoppen und mir ein Ballkleid zu kaufen. Er würde es mir bezahlen. Zuerst dachte ich, dass das ein Date sei. Leider nein, denn Ray würde ja auch dabei sein, um mich zu beschützen. War auch egal! Ray durfte sich einfach nicht in die Gespräche einmischen, so hatte er es gut mit mir …

Ray und ich verstanden uns in letzter Zeit nicht allzu gut. Es gab Phasen, da war er angepisst oder ich oder wir beide. Zwischendurch nervten wir uns gegenseitig und lachten später wieder zusammen. Jaaa, die ‚Beziehung' zwischen Ray und mir war komisch. Das lag daran, dass Ray ein Sturkopf war und ich ebenfalls. Thomas lachte uns manchmal aus, da wir uns wie kleine Kinder verhielten.

An diesem Mittwoch musste Ray im A.B. Hauptquartier arbeiten, da ein Arbeitskollege krank ausfiel. Thomas war ebenfalls dort. Ich musste zuerst zu ihm, da Ray in einem Meeting war. Manchmal fragte ich mich, ob Ray ein Geschäftsmann oder ein Bodyguard war. Wahrscheinlich beides!
Ich rannte über die Strasse, direkt in das grosse Gebäude. Inzwischen kannte mich jeder im Hauptquartier, was mich schon stolz machte.

*Sie kennen dich dort nur, weil du vor dem A.B. Hauptquartier einmal einen Anfall hattest und zusammengebrochen bist! Deswegen weiss jeder Angestellte und auch alle in der Umgebung, wer du bist … Oh nein, sorry, dich kennt ganz Adelaide!*
Halt deinen Mund!
*Dann müssen wir beide unseren Mund halten.*
*Dein Mund ist mein Mund und mein Mu…*
Ich hab's kapiert!

Freundlich begrüsste ich die an mir vorbei-
gehenden Bodyguards, als ich zum Lift eilte.
Thomas' Büro war ebenfalls im zehnten Stock.
Allerdings war sein Zimmer weiter hinten und ein
wenig kleiner als Rays Büro. Die beiden Büros
ähnelten sich von der Einrichtung her sehr. Das
Einzige, was Thomas nicht besass, war eine
Couch.

Vor Thomas' Tür blieb ich stehen, klopfte dreimal
an und trat ein. Thomas stand vor einem Schrank
und suchte den passenden Ort für seine Mappe.
„Guuuten Nachmittag, Tomiii!" Er hasste es, wenn
ich ihn Tomi nannte, weshalb er auch unüberhör-
bar knurrte. Lange umarmte ich ihn um den
Rücken und schnüffelte an seinem schwarzen
Hemd. Es duftete typisch nach Thomas' Parfüm,
das für meinen Geschmack ein bisschen zu süss
war. Trotzdem schnüffelte ich irgendwie gerne an
seinem Hemd.

„Hey Cassiebaby. Wie war dein Tag?", fragte er
grinsend, legte die Mappe zwischen zwei blaue
Ordner und erwiderte meine Umarmung.
Kichernd sah ich zu ihm hoch und verwuschelte
seine gestylten Haare. „Sehr, sehr, sehr gut! Ich
hab als Drittbeste im Mathetest abgeschnitten,
Kyle geht mit mir an den Sommerball und kauft mir
zu meinem Geburtstag ein passendes Kleid!
Besser kann der Tag nicht werden, hab ich recht?"
Lachend nahm Thomas meine Hand aus seinen
dunkelblonden Haaren und nickte. Er mochte es
nicht, wenn ich seine Haare bei der Arbeit

durcheinander wuschelte, was ich ja auch verstand. Trotzdem machte ich das gerne!

Thomas schritt auf seinen Schreibtisch zu. Gefolgt von mir. „Und wie war dein Tag bis jetzt?", wollte ich wissen.

Thomas drehte sich kurz zu mir um und plumpste seufzend auf seinen Stuhl. „War nicht so spannend. Musste ein Gespräch mit einem Mann führen, da er einen Bodyguard braucht. Dann hatte ich viele Mails zu schreiben und Akten zu sortieren. Spannend, hab ich recht?" Ich lachte und setzte mich neben ihn auf einen Stuhl. Lässig legte er seine Hände hinter den Kopf und meinte: „Ray hatte einen viel cooleren Tag. Naja, eigentlich nicht. Ununterbrochen Meetings zu haben, ist nicht wirklich toll."

„Meinst du, er wird wieder angepisst und unmotiviert sein?", fragte ich Thomas und drehte mich einmal mit dem Stuhl im Kreis. Thomas atmete tief durch und nickte schwach. Als ich noch ein paar weitere Runden drehte und dabei laut lachte, blickte ich immer wieder zu Thomas, der mich nur grinsend beobachtete. Mir war ein wenig schwindlig, doch das versaute nicht meine Laune.

„Weisst du eigentlich, was Ray gegen mich hat? Er ist oft fies und asozial zu mir."

Unsicher kratzte sich Thomas am Kinn. Ich wusste zwar, dass er den Grund kannte, doch Ray hatte so viele Geheimnisse. Ich musste Thomas Zeit zum Überlegen lassen.

Mit einem leeren Blick entgegnete er: „Ray ist nicht grundlos kalt zu dir. Du musst wissen, dass er zu jedem finster ist. Er hat eigentlich gegen niemanden etwas und ist auch ein toller Typ. Doch es gibt viele Dinge, die Ray sehr belasten. Erfahrungen und Erlebnisse, die Rays Art verändert haben."

Thomas schnappte sich einen Stift und kritzelte ein paar Kreise aufs Blatt. Stille breitete sich zwischen uns aus. Ich musste zuerst seine Worte verarbeiten. Rays Erfahrungen und Erlebnisse beeinflussten also seinen Charakter … Nur welche und warum machte ihn das zu einem schlechteren Menschen? Natürlich liess ich nicht locker und bohrte weiter: „Kannst du mir bitte ein wenig mehr verraten?"

„Nein", entgegnete Thomas kühl, was mich zum Schnauben brachte. Sooo unfair! Warum wusste es Thomas und ich nicht? Wo waren bitte die Frauenrechte?!

„Ach komm schon, Tom! Früher oder später wird Ray es mir sowieso erzählen!", protestierte ich und hoffte, dass ich ihn so umstimmen konnte. Doch auch er gehörte zu den Sturköpfen.

„Tut mir leid, Cassie. Wenn du es wissen willst, dann sollte Ray es dir erzählen. Ich habe ihm versprochen, es niemandem zu sagen, und das werde ich auch nicht. Denn all das, was Ray durchmachen musste, berührt auch mich sehr! Eigentlich dürfte ich es nicht wissen, doch Ray hat mir seine grössten Geheimnisse anvertraut, und das nur, weil ich der Einzige bin, den Ray noch hat! Ray hat schon genug verloren."

Das war ein wahrer Freund, der Wort hielt!

Ich verstand die Welt jedoch definitiv nicht mehr.

Ich brauchte so schnell wie möglich eine Aufklä-
rung, sonst rastete ich aus! All diese Geheimnisse
machten mich noch verrückt! Ich kam langsam mit
meinem Leben nicht mehr klar, da Ray mir so viel
verschwieg. Shit, ich wollte alles wissen! ALLES!!

„Kannst du mir nicht ein paar Tipps geben,
Thomas? Ray hat mir auch schon drei Sachen
verraten, doch die bringen mich kein bisschen
weiter." Neugierig hob Thomas sein Kinn, und
seine blauen Augen durchbohrten meine. Ich
konnte seinen Blick nicht lesen.

Er war emotionslos.

„Was hat er dir gesagt?" Thomas rutschte mit dem
Stuhl immer näher auf mich zu. Gott, warum war
ich so nervös? Zwischendurch schaute ich zur
Türe und hoffte, dass irgendjemand reinkam und
mich aus dieser Szene rausholte, doch meine
Hoffnung war so klein wie ein Stecknadelkopf.
Thomas sass gerade mal eine Handbreite von mir
entfernt. „Cassie!"

„Gott! Warum machst du mich so nervös?!"

„Sag's jetzt!"

„Thomas …!"

„S.A.G. E.S., C.A.S.S.I.E!!"

Seine lästigen Worte jagten mir Angst ein, und
seine tiefe Stimme wurde bei jedem Buchstaben
lauter. Schande, es gab kein Entkommen mehr.
Ich seufzte und liess meinen Kopf hängen.

„Verlieren, Familie und Vater. Das sagte er mir und dass er keine schöne Kindheit hatte."

Schnell schaute ich auf, um Thomas' Reaktion nicht zu verpassen. Aber er nickte nur und murmelte: „Ja. Genau darum geht es."

„Aber was bedeutet das, Thomas?! Ich komme mit diesen drei Wörtern keinen Schritt weiter!", bedrängte ich ihn und erhob mich.

Thomas schwang nur seine Arme in die Luft und erwiderte laut: „Sorry, Cassiebaby, aber Ray hat dir sehr gute Tipps gegeben! Und wie schon gesagt, ich werde nichts sagen! Ich hab es ihm versprochen und wäre ansonsten kein richtiger und ehrlicher Freund."

„Aber …"

„Kein Aber! Fertig, Punkt, Schluss! Ray wird dich jeden Moment abholen, und dann müssen wir bei einem anderen Thema sein, sonst rastet er aus …"

„Wie rastet er aus?!"

„Nicht gut … gar nicht gut!" Thomas stand auf und schob seinen Stuhl gereizt zurück. Wie erschlagen stand ich vor ihm und versuchte, die richtigen Worte zu finden. Doch im Moment war ich einfach sprachlos. Mein Bauchgefühl sagte mir, dass ich nun ruhig sein und mit Thomas über etwas anderes reden sollte. Langsam gingen mir die Ray-und-seine-Geheimnisse-Probleme auf den Geist! Gott, warum interessierte ich mich so sehr für ihn? Er sollte mir egal sein!

*Oh mein Gott, Kitty! Er ist dir aber nicht egal! Du magst ihn, gib es zu, und du willst seine*

*Geheimnisse kennen. UND ICH ERST!! Ich platze jeden Moment vor Neugier! Come on! Rede weiter mit Thomas über ihn, und mit Ray solltest du das auch tun. Bitteee! Tu es für mich, für dich, für uns …*

NEIN!! Ich will Ray nicht bedrängen, obwohl ich es zu gern wüsste. Doch wenn ich Ray darauf anspreche, streitet er mit mir und hasst mich noch mehr als die Pest!

*Boah! Hast du schon einmal was von Spass und Aufregung gehört?! Du bist so langweilig, weisst du das?!*

Ich wusste, was Spass war, doch das hatte nichts mit Ray und seinen Geheimnissen zu tun. Ausserdem wusste ich, dass er mir irgendwann seine Geheimnisse anvertrauen würde, denn er hatte es mir versprochen. Er durfte sich so lange Zeit lassen, wie er brauchte. Aber bitte nicht zu lange …

Die Tür knallte auf, und ein kalter Ray stand unter dem Türrahmen. Sein Mund war zu einem dünnen Strich zusammengepresst, und man konnte nur Dunkelheit hinter seinen braungrünen Augen sehen. In den Händen hielt er viele Akten und vollgekritzelte Notizblätter. In der linken Hand konnte ich knapp sein Handy erkennen. Die obersten vier Knöpfe seines grauen Hemdes waren geöffnet, seine gut trainierte Brust war nicht zu übersehen. Er trug Bluejeans, die ihm richtig gut standen. Seine dunkelbraunen Haare waren leicht zerzaust, und das Gel glänzte in seinen Haaren. Verdammt, warum sah er wieder so perfekt aus?! Mein Herz klopfte schon wieder wie verrückt, und ich hoffte, nicht zu sabbern.

*Du sabb...*
Deine blöden Streiche kannst du dir sparen.
*Ouh, du hast mich ertappt.*

Ich musste mir ein Lachen wegen meiner Hinterkopfstimme verkneifen. Wie witzig sie doch wieder war! Naja ... nicht immer, aber ich brauchte sie und würde sie vermissen, wenn sie nicht mehr in meinem Kopf wäre.

*Ich würde dich auch vermissen, Zuckerschnute. Denn wenn es dich nicht gäbe, würde ich nicht existieren, und ohne mich wären dein Leben und die Welt trostlos, habe ich recht?!*
Oh jaaa, da hast du recht.
*Ich habe immer recht, Süsse!*

# 22. Rays schlechter Tag

„Hey Ray, wie waren die Meetings?", fragte Thomas aufgestellt und wollte Ray in eine Männerumarmung ziehen, doch dieser stiess ihn unsanft zurück. Thomas stolperte und landete auf seinem Hintern. Ein Lächeln huschte über mein Gesicht, da das einfach zu lustig aussah.

Thomas rieb sich die Pobacken und fluchte leise. Ray hingegen stützte sich auf Thomas' Pult und zischte: „Kacke! Ich hatte keine Pause und keinen Mittag. Diese langen Meetings machen mich noch fertig!" Unüberhörbar knallte er ein paar Akten auf Thomas' Schreibtisch. Thomas stand inzwischen wieder auf den Füssen und wollte wissen, warum er die Akten auf sein Pult donnerte.

„Weil ich keinen Bock habe, all diese Akten einzuordnen und in den Computer einzutippen! Ich bin mit meinen Nerven am Ende und weiss nicht, was meinen Tag noch aufhellen könnte."

Mit diesen Worten schmiss Ray den Rest der Akten aufs Pult und verschränkte die Arme vor der Brust. Niedergeschlagen liess Thomas die Schultern hängen.

Der arme Thomas! Zuerst wurde er von Ray zu Boden geschubst und dann musste er noch dessen Arbeit erledigen. Das war nicht gerecht. Ausserdem ignorierte Ray mich schon die ganze Zeit.

Wusste er eigentlich, dass ich neben Thomas stand, oder war ich Luft für ihn?

Ray wartete auf eine Reaktion von Thomas, doch der nickte nur entsetzt. „Okay, aber du hilfst mir bitte dabei. Denn das sind wirklich sehr viele Notizen und Akten. Zu zweit sind wir schneller."

Ray rümpfte nur die Nase. „Ich bin derjenige, der all diese vielen Notizen geschrieben hat! Ich werde sie nicht noch in den Computer tippen und sie einordnen!"

„Heyyy Ray, ich bin zufälligerweise auch noch hier!", sagte ich so nebenbei und winkte ihm zu. Die beiden Jungs guckten mich an, und Thomas schmunzelte schwach. Ray hingegen überhaupt nicht. Sein Blick verdüsterte sich noch mehr, und das jagte mir Angst ein. „Kitty, misch dich nicht ein!", fauchte er und zeigte drohend auf mich. Unschuldig hob ich meine Schultern. „Ich habe nur Hallo gesagt. Tut mir leid, wenn ich drein gefunkt habe. Ich kann dich aufmuntern und möchte, dass du weisst, dass ich im Mathetest die Drittbeste war. Und das nur dank dir, Ray!"

Stolz lief ich auf ihn zu und wollte ihn gerne umarmen, doch Ray wich meinen Armen aus. Unerwartet griff ich ins Leere und wäre beinahe über den Schreibtisch gefallen. Was war denn das?! Ich hielt mich gerade noch an der Tischkante fest und drehte mich zu Ray um. Er jedoch ignorierte mich kalt. Warum war er wieder so angepisst? Okay, er war die ganze Zeit in Meetings, aber deshalb musste man nicht derart stinkig drauf sein! Seine kühle Art machte mich wütend und gleichzeitig auch traurig. Doch ich gehorchte Ray ausnahmsweise und mischte mich nicht in sein Problem ein. Enttäuscht verschränkte ich die Arme, lehnte mich ans Pult und beobachtete ihn. Er drehte sich langsam zu mir um. Sein Blick war verwirrt, von Kopf bis Fuss beäugte er mich. Thomas gaffte über Rays Schulter, was irgendwie lustig aussah.

„Warum mischst du dich dieses Mal nicht ein, Kitty?!", fauchte Ray.

Hallo?! Er sollte doch damit zufrieden sein! Und dachte er wirklich, dass ich mich überall einmische?!

Wenn jemand von mir verlangt, dass ich das nicht tun soll, dann tue ich es auch nicht – meistens nicht …

Ausserdem wollte ich keinen Streit mit Ray, da wir uns sonst den ganzen Tag mieden. Ich mochte mir nicht den Tag wegen Rays unmotivierter Art versauen. Er hatte sooo cool begonnen!

„Ray, ich will nicht mit dir streiten. Heyyy, ich gehöre zu den Besten im Mathetest. Einen Tag nach meinem Geburtstag findet der Sommerball statt, und Kyle hat mich gefragt, ob ich mit ihm hingehe … Und ich habe JA gesagt! Und an meinem Geburtstag wird Kyle mit mir ein Kleid kaufen! Diese Woche kann nicht besser werden!"

Ich schwang meine Arme in die Luft und lächelte breit. Ray hingegen schien wie eingefroren. Seine Augen weiteten sich. „Waaas?!", brüllte er ausser sich. Sein Kopf verfärbte sich rot, und seine Hals-schlagader stand hervor. Herrje, was war denn jetzt mit ihm los? Meine Mundwinkel senkten sich, als ich in Rays braungrüne Augen blickte. Ich konnte Wut, Trauer und Verzweiflung sehen … Warum war dieser Junge nur so komisch? Ray hatte nichts anderes als Geheimnisse und Probleme!

*Und ein umwerfendes Aussehen mit einem perfekt gebauten Körper!*
Sehr unpassender Moment!
*Aber ich sage die Wahrheit.*
Jap, stimmt.

Thomas warf mir einen Du-solltest-besser-abhauen-Blick zu, was ich kurz danach tat. Ich packte meine Tasche und schwang sie mir über die Schulter. „Ich gehe in die Lobby und unterhalte mich ein wenig mit den anderen Bodyguards, ja? Wenn ihr mich sucht, ich bin unten!" Mit einem breiten Grinsen verabschiedete ich mich von den beiden und verliess Thomas' Büro.

**Ray**

Nachdem Cassie den Raum verlassen hatte, tickte ich komplett aus. Ich packte einen Haarbüschel und hätte ihn mir am liebsten aus dem Kopf gerissen. Fluchend schlug ich mit der Hand aufs Pult. Thomas' Trinkflasche flog zu Boden, ein paar Stifte rollten vom Pult. Das war nicht Cassies Ernst?! Wie konnte sie nur mit diesem Vollpfosten abhängen und mit ihm zum Ball gehen?! Der Gedanke, dass sie mit diesem Raucher tanzte und SEIN KLEID trug, liess mir beinahe den Schädel bersten.

Kumpelhaft rieb mir Thomas den Rücken und fragte leise, was mit mir in letzter Zeit los sei. Ich war so froh, dass ich Thomas als besten Freund hatte. Mit ihm konnte ich über alles reden, und ich wusste, dass meine Geheimnisse bei ihm sicher waren. Eigentlich war er auch mein einziger Kumpel. Laut knirschte ich mit den Zähnen, und Thomas wiederholte seine Frage: „Warum bist du seit Cassies Einzug derart komisch drauf? Normalerweise verhältst du dich doch ganz anders. Ausserdem mag ich es nicht, mich bei Cassie wegen deinem ständig wechselnden Verhalten zu rechtfertigen. Verdammt, wo ist der alte, humorvolle, gut gelaunte Ray?!"

Ich verstand, was Thomas mir damit sagen wollte. Seit Cassie in mein Leben trat, war ich nicht mehr derselbe. Sie machte mich verrückt. Nur wusste ich nicht, ob das nun positiv oder negativ war. Verzweifelt sah ich in Thomas' blaue Augen.

„Cassie macht mich wahnsinnig. Ich bin verrückt nach ihr. In der Nacht träume ich von ihr. Wenn ich in ihre Augen sehe, vergesse ich alles um mich herum. Und wenn sie lacht, fängt mein Herz zu glühen an. Schande, ich weiss nicht, was das alles zu bedeuten hat. Ich hatte noch nie … solche Gefühle …"

Mein Blick wanderte zu meinen vielen Notizblättern, die ich in den Meetings benutzte. Naja, statt Informationen aufzuschreiben, hatte ich Häuser und Tiere gezeichnet. Unter anderem war da auch eine Zeichnung einer wunderschönen jungen Frau, die mich jeden Tag aufs Neue verzauberte. Sorgfältig schob ich ein paar Akten weg und nahm eine meiner Zeichnungen zur Hand. Auf der Vorderseite hatte ich alles vollgekritzelt, und nichts war zu erkennen, was Thomas zum Prusten brachte. Mit funkelndem Blick drückte ich die Zeichnung gegen seine Brust. Thomas grinste. „Ja, Ray, Zeichnen war noch nie deine Stärke." Er kugelte sich schier vor Lachen. Und der war mein bester Freund?! Also wirklich, er sollte wissen, dass ich sehr gut zeichnen konnte. Vor allem, wenn ich mir Mühe gab.

Thomas hob die Zeichnung auf Augenhöhe, schaute sie kurz an und schüttelte grinsend den Kopf. Wortlos drehte ich sie ihm um … Cassie. Ich wusste nicht, ob mir die Zeichnung gelungen war. Doch für drei Stunden Arbeit sah sie also wirklich sehr gut aus. Alles hatte ich aus dem Kopf gezeichnet und versucht, keine Einzelheit zu vergessen, wie zum Beispiel ihre langen, leicht gewellten Haare. Ihr wunderschönes Lächeln strahlte mir entgegen, obwohl es ja nur eine Zeichnung war.

Thomas hielt die Luft an und bestaunte mit grossen Augen meine Bleistiftzeichnung. „Wooow, Ray!" Thomas' Blick wanderte zu Cassies Namen, den ich mit einer schönen länglichen und gewellten Schrift unter die Zeichnung geschrieben hatte. Ich war stolz auf mich, dass sie so gut aussah.

Thomas' ernster Blick suchte meine verzweifelten Augen. „Ray, ich weiss, was mit dir los ist, und es ist so eindeutig!" Ein breites Lachen bildete sich in seinem Gesicht. Er drückte die Zeichnung vorsichtig an mein Herz und klopfte mir auf die Schulter. „Bro! Du bist in Cassie verliebt. Sie ist deine erste Liebe!"

Meine Augen weiteten sich. Was um Himmels willen sagte er da?! Ich hatte noch NIE Gefühle für ein Mädchen gehabt. Ich konnte nur mit ihren Gefühlen spielen …

Lachend schüttelte ich den Kopf und verstaute die Zeichnung in meiner Hosentasche. Thomas' Mundwinkel senkten sich blitzschnell. Für einen Moment zeigte er keine Emotionen. Ich lachte noch immer. „Thomas, du weisst, dass ich noch nie etwas für ein Mädchen empfunden habe, und das werde ich auch nie. Weisst du auch warum? Weil ich es nicht kann! Ich kenn das Wort ‚Liebe' nicht! Das ist ein Fremdwort für mich …"

„Dann lern es jetzt kennen, Ray! Heiss es in deinem Wortschatz willkommen." Thomas hielt mich an den Schultern fest und versuchte, meine Gefühle an den Augen abzulesen. Doch ich wusste selber nicht, wie ich mich gerade fühlte.

Hatte Thomas etwa recht? Hatte ich mich wirklich in Cassie verliebt oder war ich einfach nur verrückt nach ihr? Thomas merkte, wie verwirrt ich gerade war.

„Weisst du was, Ray? Verbring Cassies Geburtstag mit ihr! Schenk ihr alles, was sie sich wünscht, denn der 18. Geburtstag ist der grösste Schritt in die Erwachsenenwelt. Das weisst du selber. Cassie hätte bestimmt Freude, wenn ihr Bodyguard Zeit für sie hätte. Und spiel ja nicht den kalten, finsteren, geschauspielerten Ray. Merkst du denn nicht, dass sie diese Seite an dir überhaupt nicht mag? Sei einfach DU! Der coole, humorvolle, charmante Ray! So wird sie dich bestimmt mögen."

„Aber Kyle geht schon mit ihr shoppen …"

„Dann bist du mit dabei … Du musst sogar dabei sein! Du bist ihr Bodyguard und wirst dafür sorgen, dass Kyle sie nicht enttäuscht und ihr das Kleid kauft, das sie auch will. Spendier Cassie zum Beispiel einen Drink und kauf ihre schöne Schuhe, die zu ihrem Ballkleid passen. Sie wird sich freuen, Ray!"

Thomas' Worte beschäftigten mich für den Rest des Tages. Zurück in meinem Büro konnte ich mich kaum mehr auf die Arbeit konzentrieren – was aber auch daran lag, dass Cassie inzwischen in meinem Büro auf der Couch lag und mit ihren Freundinnen chattete. Immer wieder warf ich ihr einen Blick zu, und sie lächelte ununterbrochen in ihr Handy.

Nach getaner Arbeit gingen wir mit Thomas nach Hause. Beim Abendessen war ich die ganze Zeit still und beteiligte mich nicht an Cassies und Thomas' Gesprächen. Immer wieder blickte ich zu Cassie und zwischendurch auf meine Zeichnung. Als sie den Abwasch machte, verabschiedete ich mich von den beiden und verschwand in meinem Zimmer. Ich musste so schnell wie möglich diesen Tag verarbeiten. Wenn ich wirklich auf Cassie stand, dann wusste ich nicht mehr weiter. Wie sollte ich es ihr gestehen? Liebte sie mich auch? Nein! Sie mochte mich nicht, und das war mir auch klar! Ich hatte ihr zwar in Mathe geholfen, und dank mir hatte sie diese super Note geschrieben, doch das war noch lange kein Grund, sich in mich zu verlieben. Sie soll meine Art mögen, was sie aber nicht tat.

Das kalte Wasser im Gesicht und das Gefühl frisch geputzter Zähne taten mir gut. Ich sah echt fix und fertig aus. Tiefe Augenringe, verschwitzte, zerzauste Haare und eine sehr blasse Haut. Der Tag war furchtbar. Meetings, Meetings, Meetings und dann Cassie! Ich verstand nicht, was diese Welt gegen mich hatte. War ich wirklich so ein schlimmer Mensch?! Hatte ich der Welt jemals etwas Schlechtes angetan? Ich wüsste nicht was und bekam auch keine Antwort darauf.

Unter der wohltuenden Dusche genoss ich jeden auf meinen Kopf platschenden Wassertropfen. Ich beobachtete, wie sie meinen Körper runterliefen und im Abfluss verschwanden. Wenn meine Sorgen auch so einfach verschwinden könnten … Seufzend föhnte ich meine Haare und entschied mich für ein grosses weisses Tanktop mit schwarzen Boxershorts dazu und sehnte mich nach meinem riesigen Schlafzimmer.

Dort hängt ein grosser Fernseher an der Wand, und gleich daneben präsentiert sich ein dunkel-graues Designersideboard. Darin liegen all meine Videogames und Konsolen. Vorne beim Fernseher steht ein ebenfalls dunkelgraues Designersofa mit drei schwarzen Kissen drauf. Vor meinem gigantischen Fenster befindet sich mein schwarzer Designerschreibtisch mit meinem Computer und vielen geordneten Akten in schwarzen Ablage-fächern. Stifte, Textmarker und Kugelschreiber sind auf dem ganzen Pult verteilt, da es kein Etui gibt. Hinter dem überdimensional grossen Fenster ist ein grosser Balkon mit Couch und Whirlpool und einer wunderschönen Sicht auf Adelaide. Wenn ich morgens auf meinem runden schwarzen Designerbett aufwache, erblicke ich die strahlende Sonne, die hinter Adelaide aufgeht. Mein Bett ist beidseitig von einem schwarzen Designernacht-tischchen umrahmt. In der grossen Glasvitrine hinter dem Bett präsentiere ich all meine Auszeichnungen. Es sind über zehn Auszeich-nungen, Pokale und Medaillen, und auf jede einzelne bin ich mächtig stolz. Neben dem Ein-gang fällt mein monströser hellgrauer Designerkleiderschrank auf. Links davon befindet sich mein eigenes Badezimmer.

Meine Füsse führten mich zum Lichtschalter, ich liess mich schlapp aufs Bett fallen. Energielos steckte ich mein Handy ans Ladegerät und sah kurz auf die Uhr: 22:47.
Naja, ein bisschen länger schlafen tat mir gut. Ich stellte meinen Wecker auf sechs Uhr, doch bis ich wirklich aufstand, würde es locker eine Stunde später sein. Gähnend kuschelte ich mich in meine Decke und drückte meinen Kopf gegen das schwarze Kissen. Es dauerte nicht lange, und ich war weggetreten.
Ich träumte von Cassie, wie sie mit Kyle überglücklich war. Sie stand mit ihm in der Schulhofecke und erwiderte seine leidenschaftlichen Küsse mit Vergnügen! Und ich?! Ich sass wie ein Trottel verzweifelt auf einer Bank und musste den beiden dabei zusehen. Ich spürte sogar im Traum, wie furchtbar es meinem Herzen wehtat und hätte am liebsten geschrien, Tränen kugelten über meine Wangen. Der Gedanke, dass Cassie mit diesem Kerl zusammen war, brach mir nicht nur das Herz, sondern auch den Rest in mir. Zitternd nahm ich plötzlich Cassies Stimme wahr. „Ray, warum weinst du?" Cassie blickte mich besorgt an. Weit und breit war kein Kyle zu sehen. Cassie und ich befanden uns in einem weissen Raum. Was war denn das für ein komischer Traum? Cassie legte ihre warmen Hände auf meine Wangen und lächelte mich an. Meine Beine gaben nach, und mein Herz klopfte heftig. Wie hübsch sie aussah. Ohne nachzudenken, packte ich sie an den

Hüften und drückte meine Lippen auf ihre. Sie er-widerte meinen Kuss und strich mir zärtlich durchs Haar. Schande … es fühlte sich zu perfekt an. Ich drückte sie noch mehr an mich, sodass kein Blatt zwischen uns passte. Cassie legte ihre Hände um meinen Nacken und lächelte glückselig, während wir uns küssten.

Jetzt war es eindeutig. Ich war in Cassie verliebt …

# 23. Meine Angst

**Cassie**

Ausser Atem und schweissgebadet erwachte ich aus meinem Traum. Mein Hals war trocken und meine Augen mit Wasser gefüllt. Ich blickte in die Dunkelheit und musste zuerst realisieren, dass ich das nur geträumt hatte. Trotzdem hatte ich Angst davor.

*Kurz und bündig gesagt: Das, was du geträumt hast, ist deine grösste Angst, und zwar dein Tod!*

Ja. Ich habe Angst vor meinem Tod. Da ich ausgerechnet meinen eigenen Tod nicht spüre, ist das sehr unangenehm.

Dummerweise träumte ich oft, dass ich umgebracht wurde oder an einem Unfall starb. Die Träume waren derart real, dass ich danach nicht mehr einschlafen konnte und stundenlang ununterbrochen weinte. Wie in diesem Moment. Tränen flossen über meine Wangen, mein Schluchzen wurde lauter. Mein ganzer Körper war überhitzt und zitterte. Ich hatte das Gefühl, jeden Moment ohnmächtig zu werden. Mein Herz hörte man bestimmt im ganzen Zimmer pochen, die Dunkelheit beunruhigte mich noch mehr.

Früher wäre ich zu Mom gesaust und hätte versucht, bei ihr einzuschlafen. Doch das konnte ich dieses Mal nicht. Aber ich brauchte jemanden, der mich jetzt wenigstens ein klein bisschen beruhigen konnte. Ray. Weinend rannte ich aus dem Zimmer und fand zu ihm, ohne zusammen-zubrechen. Zum ersten Mal stand ich dort und war sprachlos ob seinem gigantischen Schlafzimmer. Obwohl es dunkel war, konnte ich erkennen, wie riesig es war. Leise schloss ich die Türe hinter mir und schlich auf den schlafenden Ray zu. Er lächelte ein wenig, was bestimmt bedeutete, dass er von etwas Schönem träumte. Von was wohl? Bestimmt von vielen Einhörnern und Katzen. Schniefend bückte ich mich zu ihm runter und berührte ihn leicht an den Schultern, worauf er noch mehr schmunzelte. Oh Gott, wie süss er aussah, wenn er schlief …

*Falsches Wort, Kitty! Heiss sieht er aus!*
Das natürlich auch.

Leise grummelte Ray irgendwas, ich verstand allerdings kein Wort.
„Ray, wach bitte auf", flüsterte ich mit heiserer Stimme und wischte mir schnell eine Träne unter dem Auge weg. Ich rüttelte ihn ein wenig mehr und wiederholte so lange seinen Namen, bis er endlich knurrend seine Augen öffnete. Er blinzelte verwirrt, bis sein Blick meinen traf. Ich fuhr so was von zusammen, als er laut meinen Namen rief. Ray setzte sich blitzschnell auf und war wie vor den

Kopf gestossen. Was hatte er nur? Sah ich denn so schlimm aus? Also wirklich, nur weil ich schlecht geschlafen hatte und weinte, war ich nicht gleich Shrek!

*Nööö! Du siehst wie Bigfoot aus. Deine Haare stehen überall ab, als hättest du sie seit Jahren nicht mehr gekämmt und geschnitten.*
Wie fies.
*Fies ist mein zweiter Vorname!*
Nein, eigentlich hast du gar keinen zweiten Vornamen, so wie ich!
*Ouuu, stimmt …*

„Cassie! Was … wie … was machst du in meinem Zimmer und … warum weinst du?" Seine Stimme klang besorgt.
Jegliches Zusammenreissen war sinnlos, und ich heulte los. Sofort sprang Ray aus dem Bett, um mich zu trösten. Es tat unheimlich gut, von ihm umarmt zu werden. Es kam mir vor, als umklammerten mich Hunderte von Kissen, die mit viel Liebe gefüllt waren. Ohne Zögern erwiderte ich seine Umarmung und vergrub weinend mein Gesicht in seinem Brustkorb. Wie jedes Mal, wenn ich meine Arme um Ray schwang, fragte ich mich, warum mir sein warmer Körper so gut tat. Ich vergass alles um mich herum und horchte Rays beruhigendem Herzschlag.
Mehrmals strich mir Ray durchs Haar und beobachtete mich. Zärtlich wischte er mir die Tränen weg. Er duckte sich zu mir, sodass er mir

direkt in die Augen blicken konnte. Sanft strich er mir mit dem Daumen über die Wange. „Nicht weinen, Cassie. Es bringt nichts. Nur Feiglinge weinen, und du bist keiner. Du bist ein starkes Mädchen, oder?"

Seine warme Stimme wirkte beruhigend. Gooott, warum weinte ich vor Ray?! Das war so peinlich! Am liebsten hätte ich mir selber eine verpasst und laut gesagt, dass ich mich endlich zusammen-reissen solle. Doch das konnte ich nicht vor Ray, es wäre noch peinlicher gewesen! Ich rieb mir die Augen und schniefte laut.

Ray setzte sich auf den Bettrand und zog mich auf seine Oberschenkel. Ich klammerte mich wie ein Äffchen an ihm fest und legte meinen Kopf auf seine Schulter. Vertraut strich Ray mir die zerzausten Haare aus dem Gesicht und fragte mich nochmals, warum ich weine. Ich schwieg für ein paar Minuten, da ich es genoss, in seinen Armen zu liegen. Am liebsten hätte ich mich nie mehr von ihm entfernt. Es fühlte sich einfach wunderschön an. Das Gefühl, beschützt zu sein, umhüllte meinen ganzen Körper. Ich beruhigte mich, konnte wieder normal atmen und begann ohne Weinen zu erzählen. „Ich hatte einen Albtraum von meiner grössten Angst. Leider träume ich oft davon, wache schockiert auf und weine die halbe Nacht durch. Als ich noch bei Mom wohnte, versuchte ich, bei ihr wieder einzuschlafen. Doch nicht einmal sie schaffte es, mich zu beruhigen."

„Was hast du denn geträumt, Kitty?"

„Wie ich von vielen Männern niedergestochen wurde. Sie haben mich blutüberströmt in einen strömenden Fluss geworfen und mich ertrinken lassen …"

„Du hast Angst vor deinem Tod?" Ray sah mich mit grossen Augen an.

Schwach nickte ich und spielte mit seinem Tanktop. Schmunzelnd bemerkte dies Ray.

„Es ist nicht einfach, eine Banshee zu sein. Ich spüre den baldigen Tod von jedem Menschen in meiner Nähe, doch meinen eigenen nicht. Und eben genau ich bin in Lebensgefahr … Ich könnte morgen oder sogar heute umgebracht werden, da kriminelle Menschen hinter mir her sind …" Wieder kugelte eine Träne über meine Backe. Ray wischte sie mir schnell weg und streichelte meine Wange. Schluchzend blickte ich in seine braungrünen Augen, sie strahlten sogar in der Dunkelheit.

„Solange ich bei dir bin und dich beschütze, kann dir nichts passieren, Cassie. Du wohnst mit zwei Bodyguards unter einem Dach, und ich passe überall auf dich auf. Glaub mir, wenn du entführt wirst, was aber hoffentlich nie passieren wird, werde ich dich suchen und damit nicht aufhören, bis ich dich gefunden habe."

Rays Worte taten mir unbeschreiblich gut, sie heiterten mich auf. Er gab mir ein unglaublich sicheres Gefühl. Gleichzeitig konnte ich es nicht fassen, dass ein Player solch bezaubernde Worte über die Lippen brachte.

„Danke, Ray, dass ich mit dir reden konnte. Das hat mir sehr gut getan." Ich drückte ihm einen sanften Kuss auf die Wange und spürte, wie riesig er sich über das Küsschen freute.

*Bigsmile 10'000, habe ich recht, Kitty?*
Nein, 1'000'000!
*Ja, das trifft eher zu.*

„Ich geh jetzt in mein Zimmer. Tut mir leid, wenn ich dich geweckt ha…"
„Was? Du willst zurück in dein Zimmer? Ach, komm schon, Kitty. Bleib bei mir, bitte."
Wie konnte ich seinem flehenden Blick widerstehen?! Seine grossen Augen funkelten mich mit viel Hoffnung an. Schmunzelnd drehte ich mich zu ihm um. „Okay, aber ich hole noch meine Decke und ein paar Kissen. Ich penne auf deinem Sofa …"
„Wer hat gesagt, dass du auf meiner Couch pennst?", fragte Ray mit heiserer Stimme, die mir Gänsehaut bereitete. Ich checkte erst jetzt, dass er mir damit sagen wollte, dass ich in seinem Bett zu schlafen hatte … mit ihm! Gott, schlimmer konnte diese Nacht nicht werden.
„Mistkerl", zischte ich leise und lächelte vor mich hin.
„Komm schon, Kitty. Ich weiss, dass du es willst."
Ray hielt mich am Handgelenk fest und strich seinen Daumen über meine zarte Haut. Ich konnte sein dreckiges Grinsen sogar in der Finsternis sehen …

*Du willst es genauso, Cassie, und ich will es auch!*
*Hallo?! Wer will nicht neben diesem Allmächtigen pennen?*
Okay, du hast mich ertappt!
*Ich bin einfach genial!*
Selbstverliebte Kuh …

„Nimm nur ein paar Kissen mit! Ich teile mit dir gerne meine Decke! Ich hab sie extra für dich vorgewärmt!", rief Ray mir freudig nach. Lächelnd verdrehte ich die Augen und schnappte mir mein blaues kuscheliges Kissen, ein hellgraues mit der Aufschrift „Cassie" und das weisse „I'm a Kitty" Kissen. Ray erwartete mich bereits unter dem Türrahmen. Er nahm mir jedes Kissen aus der Hand und legte sie nebeneinander auf sein Bett. Kaum lagen sie schön geordnet da, kuschelte ich mich in seine Decke. Und er hatte recht! Sie fühlte sich angenehm warm an. Sein Deo oder sein Parfüm stieg meine Nase hoch. Zum Glück lag ich bereits … Warum musste er auch nur derart gut duften und so hübsch sein? Wie sahen bitteschön seine Eltern aus? Das mussten Models sein!
Ray schloss die Zimmertür. Gähnend und mit einem Schmunzeln im Gesicht legte er sich neben mich hin, seinen Blick ständig auf mich gerichtet. Er drehte sich auf meine Seite, um mich weiter zu beobachten. Ich genoss die unglaublich bequeme Matratze. Ich hatte schon gedacht, mein Himmelbett sei himmlisch, aber Rays Bett war schlicht nicht zu toppen! Lag ich etwa auf einer Wolke?

Mit einem Lächeln schloss ich meine Augen und zog die Decke bis zur Brust.

Die Dunkelheit vor meinen Augen beunruhigte mich wieder. Sofort kam mir wieder der Traum in den Sinn. Wie ich im Fluss ertrank und vor meinen Augen alles schwarz wurde. Das Einzige, was ich hörte, war das Gelächter meiner Verfolger. Der Gedanke an diesen Traum jagte mir erneut Angst ein. Meine Augen schossen auf, und ich bemerkte, dass ich überhitzt und wieder schweissgebadet war. Ray rutschte näher zu mir und packte mich, ohne zu fragen, an den Schultern. Schockiert guckte ich ihn an, bis ich an seiner Brust klebte. Ray hatte seine Arme um meinen Rücken gelegt. Sein warmer Atem an meinem Ohr beruhigte mich, und sein normaler Herzschlag an meiner rechten Brust gab mir ein wohliges Gefühl.

„Denk an etwas Schönes, Kitty. Vergiss den Traum und träume von vielen Einhörnern und Katzen, okay?"

Seine tiefe, heisere Stimme war einfach hinreissend. Nickend lehnte ich mich an seinen Brustkorb und versuchte, ruhig zu atmen, bis ich schliesslich in einen tiefen Schlaf fiel.

*Wie Dornröschen, nur dass dein edler Ritter dich in den Schlaf gestochen hat, und zwar mit der Nadel der Liebe!*

# 24. Endlich erwachsen!

Wie herrlich, von warmen Sonnenstrahlen geweckt zu werden. Ein wunderschöner Tag startete … mein Geburtstag! Wie ich diesen einen Tag herbeigesehnt hatte! Glücklich streckte ich mich, ich strahlte wie ein Marienkäfer. Endlich erwachsen und das machen, was ich wollte!

*Wuhuuu! Wir können in Bars gehen und uns volllaufen lassen!*
Goooott! Das will ich doch nicht! Ich bin sowieso nur die Barkeeperin! Und ausserdem möchte ich damit sagen, dass ich endlich Autofahren lernen und einen neuen und guten Job suchen kann!
*Ach sooo … uuups!*

Gut gelaunt sprang ich in Katzenhöschen und weissem Tanktop aus Rays himmlischem Bett. Es duftete nach Thomas' leckeren Omeletten. Er wusste ganz genau, wie sehr ich sein Essen über alles liebte, vor allem seine Omeletten. Die waren einfach köstlich und unschlagbar! Ich rannte die Treppe runter und wurde von Thomas und Ray buchstäblich überrumpelt. Kichernd landeten wir auf dem Boden, die zwei Muskelbrocken natürlich auf mir! Schwer atmend grinste ich sie über mir an. Beide klammerten sich wie Affen an mir fest und gratulierten mir gefühlte 100 Mal! Lachend schaute ich in ihre strahlenden Gesichter. Mehrmals bedankte ich mich und bat die zwei, doch nun bitte von mir runterzugehen. Sie zögerten keinen Moment und zogen mich auf die Füsse. Schmunzelnd zupfte ich an meinem Tanktop.

Thomas verwuschelte mir die Haare und fragte lächelnd: „Na, Geburtstagskind? Möchtest du gerne mein Geschenk sehen?"

Endlich! Nach 365 Tagen bekam ich endlich wieder ein Geburtstagsgeschenk. Ich fühlte mich jedes Mal wie ein Kleinkind, wenn ich das Geschenkpapier zerriss und gleichzeitig kindisch dazu lachte.

Okay, wer mag Geschenke nicht?! Jeder mag Überraschungen wie Pizza, Katzen, Einhörner und eben Geschenke!

Wild hüpfte ich auf und ab und sprang vor Freude auf Thomas' Rücken. „Jaaa, gerne! Zeig es mir, bitte!" Glücklich hielt ich ihn um den Hals fest. Fast hätte ich ihn erwürgt, was ihn laut zum Ächzen brachte. Da ich so schadenfreudig war, lachte ich heiser in sein Ohr und strich ihm vertraut durchs Haar. Thomas schlurfte mit mir auf dem Rücken in den Garten. Die heisse Sonne blendete mich, doch die Wärme fühlte sich gut an.

Wie ich den Sommer liebe!

Mein Blick wanderte von der Sonne zum Esstisch. Er war hübsch bedeckt mit leckerem Essen und vielen Geschenken. Gott, waren die etwa alle für mich? So viele Geschenke bekam ich normalerweise an etwa drei Geburtstagen und Weihnachten zusammen! Vor Freude kreischte ich,

sprang von Thomas' Rücken, der wegen meinem
Gejohle zusammenfuhr. Ray rieb sich hinter
Thomas brummend die Ohren. Wie ein kleines
Kind stürzte ich mich auf die Geschenke und
setzte mich aufgeregt auf einen Stuhl. „Sind die
alle von euch?"
Ray und Thomas nahmen mir gegenüber Platz.
Ray strich mit der Hand über ein kleines Geschenk
und meinte schmunzelnd: „Die sind von uns, ja.
Aber später bekommst du noch ein paar mehr von
mir. Es ist dein 18. Geburtstag, da gibt's viele
Geschenke."
„Es ist ein neuer Lebensabschnitt, Cassie", meinte
Thomas lächelnd.
Wie recht er hat! Mit achtzehn wagt man einen
Schritt in die Selbstständigkeit und ins Erwachsen-
sein.
Und darauf freute ich mich riesig! Endlich konnte
ich beim Familientreffen bei den Erwachsenen
sitzen und nicht mehr am Kindertisch!

Was für Geschenke hatte Ray wohl noch für mich?
Ein eigenes Auto? Eine Reise nach Neuseeland?
Oohhh, war ich aufgeregt! Doch zuerst hatte ich all
die vielen und wunderbaren Geschenke von
beiden auszupacken …
Ich war so happy. Die Jungs schenkten mir drei
neue flauschige Kissen. Dazu noch eine Katzen-
Onesie, die ich mir schon seit einer Ewigkeit
gewünscht hatte. In vielen anderen Päckchen
waren Kosmetiksachen, Klamotten, Schuhe und
sogar eine Katzenunterhose. Lachend zwinkerte

ich den Jungs zu und meinte, dass ich sie schon anziehe, aber ihnen nicht zeigen würde.

Nach dem gemeinsamen sehr leckeren Frühstück zog ich mich in mein Zimmer zurück, um das neue graue T-Shirt anzuziehen. Ein Geschenk von Ray und Thomas. „I'm a Kitty" stand drauf, weshalb ich annahm, dass dieses Geschenk Ray ausgewählt hatte. Dazu zog ich eine schwarze zerrissene Jeans mit meinen neuen weiss und hellblau gestreiften Adidas-Schuhen an. Ich schminkte mich dezent und kämmte meine Haare. Mom, Isabel und Poppy würden jeden Moment kommen, deshalb wollte ich besonders hübsch aussehen. Die drei kamen zum ersten Mal ins Penthouse. Ich freute mich riesig, ihnen mein neues Zuhause zu zeigen, eilte die Treppe runter und wollte Thomas beim Abwasch helfen, doch er stiess mich sanft weg und meinte, sicher nicht an meinem Geburtstag. Das war noch lange kein Grund, ihm nicht beim Abwasch zu helfen. Doch ich akzeptierte es für heute und ging zu Ray, der gerade einen Kaffee schlürfte. Ich wollte unbedingt wissen, was für Geschenke er noch für mich hatte! Ich nahm an ein teures und grosses Geschenk, auch darum, weil er es so spannend machte.

Es klingelte.
Mit einem breiten Lachen im Gesicht hopste ich auf die Türe zu. Gefolgt von Ray, der noch am Kaffeetrinken war, und Thomas, der soeben mit dem Abwasch fertig wurde. Schnell öffnete ich und

wurde sofort von Mom in eine lange Umarmung gezogen. Hinter ihr quietschten Isabel und Poppy, die unruhig auf meine Umklammerung warteten.

„Alles, alles, alles Gute zu deinem Geburtstag, Cassie. Ich hab dich sooo lieb, meine kleine Maus", flüsterte Mom mir ins Ohr und drückte mir viele Küsschen auf die Wangen. Ich kicherte leise und bedankte mich bei ihr.

Kaum hatte sie mich losgelassen, bestürmten mich die beiden Hühner. Laut gratulierten sie mir und verteilten überall Küsschen in meinem Gesicht. Lachend löste ich mich aus ihren Armen und machte ihnen Platz, sodass sie ins Haus rein konnten. Thomas und Ray reichten Mom freundlich die Hand. Ray zog meine zwei besten Freundinnen herzlich an sich. Sogar Thomas schwang seine Arme um die beiden, obwohl er sie gar nicht gut kannte. Zufrieden schloss ich die Türe hinter mir und beobachtete meine drei Ladys dabei, wie sie sich staunend im Wohnzimmer umsahen. Ray und Thomas stellten sich neben mich hin. Thomas bot allen etwas zu trinken an. Doch sie schienen derart baff, dass sie Thomas' Frage gar nicht wahrnahmen, was ich irgendwie lustig fand.

„Oh mein Gott! Als du uns erzählt hast, dass du in einem Penthouse wohnst, dachte ich zuerst, dass du mich verarscht, Cassie. Doch ich glaube dir nun! Es ist hier unglaublich krass!" Pop kam mit einem ehrlichen Grinsen auf mich zu.

Ja, die drei waren total verblüfft. Doch wie sollte man auf Rays Penthouse auch anders reagieren? Es war wirklich atemberaubend.

Ray hörte, was Pop zu mir sagte und grinste frech. „Danke fürs Kompliment. Das höre ich zwar nicht zum ersten Mal, aber immer wieder gerne."

Nach der Führung durch mein neues Daheim packte ich voller Freude die tollen Geschenke von Mom, Isabel und Poppy aus. Ich verbrachte viele schöne Stunden mit allen fünf, bis ich eine Nachricht von Kyle bekam.

**Hey Kleine**
**Wir treffen uns in fünfzehn Minuten vor dem Shoppingcenter. Mach dich hübsch, Geburtstagskind ;)**

Mein Herz vibrierte! Schande, ich hatte doch tatsächlich vergessen, dass ich heute mit Kyle mein Ballkleid kaufen ging. Wie konnte ich das nur vergessen?! Ich Dummkopf! Wie eine Rakete sprang ich von der Couch und flitzte die Treppe hoch.
„Cassie, was ist los?", rief Mom mir mit einem komischen Blick nach. Statt ihr zu antworten, schlüpfte ich ruckzuck in knappe Hotpants und zog ein weisses bauchfreies T-Shirt an. Ich wollte Kyle schliesslich grosse Augen machen. Ich malte meine Lippen rosarot an und kämmte nochmals meine Haare. Gleichzeitig summte ich ein Lied und guckte zwischendurch auf die Uhr.

Da das Shoppingcenter nicht weit von Rays Penthouse entfernt lag, konnte ich mir doch Zeit lassen …

Naja, was heisst für uns Girls Zeit? Wenn wir sagen, dass wir nur noch fünf Minuten brauchen, stehen wir letztlich doch bestimmt fünfzehn Minuten vor dem Spiegel. Sorry, Jungs, aber wir Mädchen verlieren das Zeitgefühl, wenn wir mit unserer Schönheit beschäftigt sind.

Ich brach in lautes Kreischen aus, als jemand plötzlich meine Zimmertüre öffnete. Okay, ich war zwar nicht nackt, aber ich wurde aus meinem Rhythmus gezerrt! Wütend funkelte ich Ray an, der mich von Haarspitze bis kleiner Zeh musterte. Zuerst schien er glücklich, doch wie auf Knopfdruck veränderte sich sein Gesichtsausdruck. Er wirkte ernst und streng. „Warum und für wen siehst du so umwerfend aus?", fragte er düster und trat zu mir ins Badezimmer. Ich blickte mich kurz im Spiegel an und checkte das letzte Mal mein Make-up. Jap, ich sah super aus!

*Selbstverliebte Katze!*
Selber!

Ray lehnte sich mit kritischem Gesichtsausdruck an die Wand.

Schnaubend latschte ich an ihm vorbei. „Schon vergessen, Stalker? Kyle kauft mir heute mein Ballkleid."

*Du hast es ja auch vergessen, Vollpfosten!*
Und du hättest mich erinnern können!
*Sorry, my Kitty, aber ich bin jetzt erwachsen. Mein
Gehirn ist nicht mehr so jung wie gestern!*

„Du weisst schon, dass ich dabei sein werde!",
zischte Ray und folgte mir wie ein kleiner Hund.
Seufzend nickte ich und schnappte mir meine
Tasche, die vor der Treppe lag. Ray stand dicht
hinter mir und spielte unruhig mit dem Auto-
schlüssel. Unsicher blickte ich ihn an, er sah
überhaupt nicht zufrieden aus. Hallooo? Konnte er
sich nicht für mich freuen? Mein Schwarm kaufte
mir schliesslich mein Kleid! Also bitte, wenigstens
ein bisschen hätte er sich für mich freuen dürfen …

*Oder er ist eifersüchtig!*
Er doch nicht! Warum sollte er eifersüchtig auf Kyle
sein?
*Wahrscheinlich mag dich der edle Ritter!*
Tja, dann hat er geschissen, denn ich liebe meinen
Märchenprinzen!

Ich eilte die Treppe runter und ging kurz in den
Garten. Alle Blicke waren auf mich gerichtet.
Poppy grinste breit, pfiff unüberhörbar und
klatschte gleichzeitig in die Hände. „Ohaaa! Hat
unsere Banshee ein Date?" Sie zwinkerte mir
dabei grinsend zu.
Verlegen rieb ich mir die Hände. „Kyle kauft mir
heute mein Ballkleid. Ich weiss nicht, ob das nun
ein Date ist oder nicht …"

„Klar doch! Das ist eines, Süsse!", freute sich Isabel für mich. Strahlend und richtig glücklich bedankte ich mich nochmals bei allen für die schönen Geschenke und verabschiedete mich von den vieren.

Ich hatte meine Schuhe noch nicht fertig angezogen, als Pop hinterherrief: „Wickle Kyle um den Finger, schick ihn in den siebten Himmel und verpass ihm einen fetten Knutschfleck am Hals, Kleine!" Ich lachte verlegen. Gott, das war leichter gesagt als getan.

Kichernd verliess ich das Haus, gefolgt von einem mürrischen und eingeschnappten Ray. Freudig stieg ich in seinen Lamborghini und wartete auf meinen vor sich hin fluchenden Bodyguard. Es dauerte ein Weilchen, bis er endlich neben mir sass und den Motor startete. Schweigend fuhr er auf die Strasse und wandte seinen Blick nicht davon ab.

Aufgeregt spielte ich mit meinen Haarspitzen und konnte es kaum erwarten, Kyle zu sehen. Der Gedanke, dass er mir ein wunderschönes Kleid kaufte und mich bewunderte, erwärmte mein Herz. Traumversunken guckte ich aus der Frontscheibe. Kyle! Kyle! Kyle! Mein Traumprinz! Seit der Unterstufe stand ich auf ihn. Er war seither mein Prinz Charming. Fast jedes Mädchen aus der Schule hatte auf ihn gestanden, bis er mit Hayden zusammenkam. Als ich das damals erfuhr, weinte ich tagelang. Nie hörte ich auf, ihn zu lieben, denn ich wusste, dass die Beziehung zu Hayden nicht für die Ewigkeit halten würde. Okay, sie waren aber doch drei lange Jahre zusammen. Aber jetzt war er single, eeendlich! Meine Chance!

„Wir sind hier, Kitty", murmelte Ray und warf mir einen unmotivierten Blick zu. Ich hingegen klatschte glücklich in die Hände, sprang aus dem Auto und hielt nach Kyle Ausschau. Wie eine Bekloppte drehte ich mich im Kreis.

Endlich! Lächelnd kam er auf mich zu. Freudestrahlend lief ich ihm entgegen. Mein Herz raste immer schneller. Dieser Dreitagebart, dieses Grinsen, dieser Körper, dieser Gang … Gooott! Überglücklich umarmte ich ihn.

„Alles, alles, alles Gute zum Geburtstag, Cassie!" Er hob mich dabei schmunzelnd ein paar Zentimeter über den Boden. Ich hielt Kyle um den Hals und strahlte in sein Gesicht. Ein wunderschöner Moment. Kurz hatte ich das Gefühl, dass unsere Lippen sich näherten, was mich so nervös machte. Als ich zu schnell wieder Boden unter meinen Füssen spürte, zerbrach meine Hoffnung. Leicht enttäuscht grinste ich Kyle an. Er erwiderte knapp mein Lächeln, bis er Ray hinter mir entdeckte. Sie warfen sich gegenseitig Killerblicke zu. Wer würde als Erster aufgeben? Neugierig gingen meine Blicke hin und her, zu gerne hätte ich Popcorn dazu gegessen! Ein spannender Film!

Als Kyle nach Luft schnappte, wusste ich, dass er der Erste war. Applaus für den Killerblicksieger, Ray Wyler!

„Was suchst du hier?", fragte Kyle aufgebracht und hob arrogant sein Kinn. Ray fixierte Kyles zerrissene Jeans und seine kaputte Jacke. Ich wusste, dass Ray mehr Wert auf ordentliche Kleidung legte. Doch das war mir egal und nicht wichtig. Kyle ist eben Kyle!

„Ich beschütze meine Cassie, Alter! Ich bin ihr Bodyguard!"

„Ich kann gut alleine auf sie aufpassen, Arschkriecher!"

„Das sagt ausgerechnet der, der keine Muskeln und eine schwarze Lunge hat! Viel Spass mit deinem Raucherleben, Penner!"

*Ouuuh! Das war eine krasse Aussage! Cooler Junge! Ray gefällt mir!*

# 25. Knappe Entführung

Extra laut hustete ich, weil ich nicht wollte, dass sich die Jungs fiese Sätze an den Kopf schmissen. Beide schauten mich schweigend an.

„Kyle, gehen wir jetzt shoppen? Ich kann es kaum erwarten!"

Auf Kyles Lippen erschien ein schönes Lächeln, das ich mehr als erwiderte.

„Sicher, Schönheit. Geh ruhig vor. Ich bin direkt hinter dir", entgegnete Kyle und legte vertraut seine Hand auf meine Schulter. Rays Knurren war nicht zu überhören. Ich beobachtete, wie er Kyle in die Seite boxte. Bevor die beiden sich noch die Köpfe abrissen, packte ich Kyle am Handgelenk und zog ihn ins Center. Ich wünschte mir so sehr ein schönes Ballkleid!

Stundenlang schlenderten wir von Shop zu Shop, meine Füsse schmerzten schon lange. In keinem Shop gefiel mir ein Kleid. Und wenn ich doch mal eines einigermassen hübsch fand, kam ständig derselbe Satz von Kyle: Es kostet zu viel!

Hallooo? Ich hatte Geburtstag, und ER wollte mir ein schönes Kleid kaufen, es war seine Idee! Er ging mir ziemlich auf die Nuss.

Ray regte sich gewaltig über Kyle auf, was ich irgendwie lustig fand. Ray bot mir sogar an, dass er mein Kleid kaufe, da Kyle nicht bereit war, zu viel auszugeben. Aber das wollte ich auf keinen

Fall! Kyle sollte mir das Kleid kaufen. Schliesslich ging er mit mir auf den Ball, und dieses eine Kleid war sein Geburtstagsgeschenk. Seufzend blickte ich mich um und jammerte: „Ich werde mein perfektes Kleid nie finden!" Verzweifelt liess ich meine Schultern hängen.

„Doch, wirst du! Und ich werde dafür sorgen, dass Kyle es dir bezahlt, okay?" Ray strich mir kurz über den Rücken. Deprimiert nickte ich und zottelte zum nächsten Shop … Und da sah ich ES! Mein Traumkleid! Ein marineblaues langes Kleid, ärmellos mit herzförmigem Ausschnitt. Um die Taille zierten es viele silberne Perlen, am ganzen Oberkörper waren sie hübsch verteilt. Es war schlicht und wunderschön!

Ray entdeckte es gleichzeitig, sein Kiefer klappte auf.

„Wooow!", sagten wir wie aus einem Mund.

„Das ist es", jauchzte ich und lief mit schnellen Schritten auf mein Traumkleid zu. Laut klatschte ich meine Hände gegen das Schaufenster und bestaunte das Kleid mit grossen Augen. Ray stand mit gigantischen Glotzern neben mir. „Kyyyle! Da ist ES!", schrie ich durch den ganzen Flur und suchte wie eine Verrückte nach ihm. „Kyyyle?!" Er war weit und breit nicht zu sehen.

Ray half mir, ihn zu suchen. Wo war er nur?! Ich hoffte sehnlichst, dass Kyle es mir kaufte.

In dem Moment rief Kyle aus dem Shop meinen Namen. Ich fuhr zusammen und guckte in den Laden. Kyle grinste mich frech an und deutete auf ein Kleid. „Dieses Kleid kaufe ich dir!" Mein Herz machte einen Satz. Ich konnte es jedoch noch nicht sehen. War das etwa mein Traumkleid?

Ich rannte aufgeregt hinein, gefolgt von Ray. Leise flehte ich vor mich hin, faltete meine Hände und betete zum lieben Gott, dass Kyle mir dieses eine Kleid schenken würde. Dann sah ich ES vor mir … und in diesem einen Moment zerbrach alles in mir … Das Kleid war lang und hautfarbig. Um die Taille stach eine Masche heraus, am Oberkörper waren viele farblose Blumen ins Kleid eingestickt. Zugegeben, das Kleid war hübsch, aber absolut nicht meins. Es war Haydens Style!

„Mir gefällt aber das Kleid dort hinten." Ich zeigte auf mein Traumkleid, aber Kyle sah nicht einmal hin. Sein düsterer Blick durchbohrte meine Augen. Was hatte er auf einmal? Ich schluckte leer und wandte meinen Blick zu Ray, der Kyle böse anfunkelte.

„Hör mir mal zu, Kyle! Cassie will dieses Kleid nicht. Ihr gefällt das blaue Kleid da hinten, und das kaufst du ihr nun gefälligst, verstanden?"

Sauer schlug Kyle Ray in die Schulter und entgegnete aufgebracht: „Ich kaufe Cassies Geschenk, nicht du! Ausserdem gefällt ihr dieses Kleid viel besser, hab ich recht?!"

Beide Blicke waren auf mich gerichtet. Bevor ich irgendwas entgegnen konnte, trottete Kyle mit dem hautfarbigen Kleid zur Kasse. Ich versuchte ihn aufzuhalten, bevor er die 100 australischen Dollar der Kassiererin reichte. Zu spät. Kyle hatte es gekauft. Maaann, ich wollte ES nicht! Es gefiel mir nicht. Enttäuscht liess ich den Kopf hängen und warf meinem Traumkleid einen letzten traurigen Blick zu. Am liebsten hätte ich es umarmt und laut geschrien, dass es meins war. Verdammt, es war mein Geburtstag! Warum bekam ich von ihm dieses Kleid nicht?! Das machte mich so was von traurig und verrückt!

Stolz reichte Kyle mir die Tüte. „Happy Birthday, Süsse!"

Schmollend entriss ich sie ihm, brummte ein knappes Danke und unschöne Worte vor mich hin und wollte soeben aus dem Shop stampfen, als mir Kyle einen sanften Kuss auf die Lippen drückte. Im ersten Moment realisierte ich seinen Kuss gar nicht, bis ich seine bewegenden Lippen auf meinen spürte. Ach du heilige Maria … das war nicht wahr … Ich träumte, oder?! Mein Schwarm küsste mich gerade …! Da ich zu verwirrt war, konnte ich seinen Kuss nicht erwidern und starrte auf seine geschlossenen Augenlider. Seine Lippen entfernten sich viel zu schnell wieder von meinen. Kyle hatte mich geküsst, und das an meinem Geburtstag. Kleid hin oder her …

Wir verliessen den Shop und somit MEIN Kleid. „Komm! Gehen wir ein Eis essen!", frohlockte Kyle, griff grob nach meinem Handgelenk und zog mich zur Rolltreppe. Ich liess mich einfach hinterher-schleifen, da ich meine Füsse kaum mehr spürte. Gleichzeitig lähmte Kyle meinen halben Körper! Vielen Dank, Kyle! Immer wieder erinnerte ich mich

an diesen einen kurzen Kuss. Er liess mich sogar für einen Moment mein Kleid vergessen …
Ich drehte mich zu Ray um und wollte ihn fragen, ob er diesen Kuss gesehen hatte. Doch meine Frage war bereits beantwortet. Er lief verzweifelt, enttäuscht und ziemlich angepisst hinter mir her und warf mir keinen einzigen Blick zu. Fühlte er sich etwa nicht gut? War es wegen dem Kuss? Wollte er nach Hause? Ich befreite mich aus Kyles Griff, um Ray zu fragen, was mit ihm los sei. Er schaute mich mit leeren und traurigen Augen an.
„Ray, alles okay …?"
„Setzen wir uns hierhin!", unterbrach mich Kyle und zog mich auf einen Stuhl. Er liess sich direkt neben mir auf den Stuhl plumpsen. Ray stand vor uns an einem Tisch. Warum setzte er sich nicht?
„Was für ein Eis magst du, Kitty?", fragte mich Ray mit bedrückter Stimme. Eigentlich war das mit dem Eis Kyles Idee … Hatte Ray nun wieder seine Stimmungsschwankungen?

*Ich glaube, er ist schwanger. Geh besser mit ihm zu einem Männerarzt, Kitty …*
So ein Quatsch!

„Kitty?", fragte Ray mit gerunzelter Stirn. Kurz schüttelte ich mich durch und erinnerte mich wieder an seine Frage.
„Gerne ein Schokoeis, danke."
Ray nickte schmunzelnd und blickte danach Kyle an. Beide warfen sich drohende Blicke zu, was natürlich für mich wieder einmal spannend war.

Wer gewann dieses Mal? Wieder Ray? Amüsiert sah ich zwischen den beiden hin und her, bis Kyle murrte: „Ein Erdbeereis."

„Dich habe ich nicht gefragt. Schliesslich hast du Cassie nicht ihr Wunschkleid gekauft!", fauchte Ray, nahm sein Portemonnaie zur Hand und latschte schweigend zum Glacéstand.

Zwischen den zwei Jungs herrschte ein riesiges und nie endendes Gewitter. Ich hoffte so sehr, dass sich die beiden irgendwann verstehen würden. Langsam gab ich jedoch die Hoffnung auf. Die beiden konnten sich überhaupt nicht ausstehen. Sie gingen so miteinander um, als würden sie den Teufel höchstpersönlich treffen! Und ich war der Engel …

*Najaaa, du bist nicht immer ein Engel …*
Klappe!

Fluchend lehnte sich Kyle im Stuhl zurück und zupfte eine Zigarettenpackung aus seiner Hosentasche. Wollte er etwa im Center eine rauchen? War das sein Ernst?! Er wollte sich eben eine Zigarette in den Mund stecken, als ich ihm kurzerhand die Packung entriss. „Hallooo?! Hier aber ganz sicher nicht! Dann geh bitte raus, wenn du es nicht lassen kannst!"

„Komm schon, Cassie! Nur eine!"

„Nein!" Wütend steckte ich die Packung in meine Hosentasche und ignorierte diesen Raucher. Wenn es ums Rauchen geht, bin ich knallhart! Ich hasse Zigaretten …

Ray kam mit zwei Schokoeis zurück, aber mit keinem Erdbeereis für Kyle. Das machte ihn wütend, weshalb er schnurstracks sich selber eines kaufen ging. Ray setzte sich gegenüber von mir hin und genoss sichtlich sein Eis.

Kyle streckte mir sein Erdbeereis unter die Nase.

„Magst du?"

„Nein, danke, das schmeckt mir nicht", murmelte ich und schleckte mein Schokoeis.

„Also bitte! Wer mag schon kein Erdbeereis?!", schnaubte Kyle laut.

„Ich!", sagten Ray und ich gleichzeitig, was lustig klang und mich doch überraschte. Ray mochte Erdbeereis also ebenfalls nicht …

„Erdbeeren mag ich sehr, doch das Eis schmeckt für mich einfach nicht nach Erdbeeren. Ich mag Schoko-, Vanille-, Zitronen- und Haselnusseis. Ouuh! Und das Schlumpfeis gehört auch zu meinen Lieblingssorten!"

„Das sind auch meine Favoriten, Cassie!"

Wie witzig, dass Ray und ich die gleichen Eissorten mögen!

Wir fanden das beide cool, Kyle hingegen überhaupt nicht. Auffällig verdrehte er die Augen und meinte, dass wir keinen Geschmack hätten. Manchmal hatte ich das Gefühl, dass Ray und ich Seelenverwandte waren … aber nur manchmal!

„Wartet doch bitte hier, ich muss mal …" Beide Jungs verstanden und nickten mir lächelnd zu. Ich rannte in Richtung Mädchentoilette, die sich auf der anderen Seite des Flurs befand.

Da ich so dringend musste, beeilte ich mich dementsprechend und war erleichtert, dass sich vor der Türe keine Schlange gebildet hatte. Schnell erledigte ich mein Geschäft. Meine Gedanken schweiften ständig zu den beiden Jungs. Hoffentlich verprügelten sie sich nicht in dieser Zeit. Wenn ja, dann würden sie mächtig Ärger mit mir bekommen! Brummelnd strich ich meine nassen, frisch gewaschenen Hände an der Hose ab. In dem Moment, als ich mein Kinn hob, klatschte eine fremde Hand auf meinen Mund. Heftig wurde ich gegen die Wand gedrückt und daran gehindert abzuhauen. Ich zappelte wie verrückt. Wer zum Teufel war das?!

Verstört biss ich dem Unbekannten in die Hand. Laut schrie er auf. Blitzartig befreite ich mich aus seinem Griff und schaute dem Kerl direkt in die Augen: knapp dreissig, schwarzhaarig, grüne Augen und komplett schwarz gekleidet. Bestimmt ein Beauftragter meines mörderischen Dads! Idiot! Ich versuchte erneut abzuhauen und nach Ray zu schreien. Doch da kassierte ich eine schallende Ohrfeige und knallte zu Boden. Meine linke Wange brannte höllisch. Ich konnte förmlich spüren, wo seine Hand auf meiner Backe landete. Der Kerl wollte sich gerade von hinten auf mich stürzen, als ich mich flink umdrehte und ihm einen perfekten Tritt in die Eier verpasste. Er sackte zusammen und fluchte vor sich hin. Stöhnend lehnte ich mich an die Wand. Niemand hatte den Vorfall ge-sehen … leider! Warum?!

Weil sich das WC in einem zusätzlichen Raum befand und die Türe zum langen Shoppingflur geschlossen war. Dumme Scheisse …!

Ohne Zögern rannte ich auf die Tür zu. Kaum hatte ich sie erreicht, packte mich der Typ an den Haaren und zog mich zurück.

Und das ausgerechnet an meinem Geburtstag! Wie unfair!

Ich schrie, wurde gegen die Wand geschmissen und fiel erneut hin. Ich kriegte bestimmt eine Beule an der Stirn ab. Im letzten Augenblick konnte ich seiner Faust ausweichen und schlug dem Irren meine geballte Hand mitten in die Visage.

Volltreffer! Fluchend lag er neben mir und hielt sich die Nase. Das war meine Chance! Schnell rappelte ich mich auf, sprintete zur Tür und riss sie energisch auf. Zu gerne hätte ich geschrien, doch mein Hals war zu trocken. Ich konnte es einfach nicht fassen, dass ich beinahe gekidnappt wurde!

Wie eine Wahnsinnige rannte ich den Flur entlang und bekam die volle Aufmerksamkeit. Ich wollte so schnell wie möglich zu Ray, denn nur bei ihm fühlte ich mich beschützt und sicher. Ich bog um die Ecke und erlitt den nächsten Schock. Vor mir entdeckte ich einen verletzten Kyle, stöhnend auf dem Boden liegend. Aus der Nase floss Blut, und sein rechtes Auge war stark angeschwollen. Mein Blick suchte Ray. Ich fand ihn sofort mit blutenden und angeschwollenen Händen. Nein … das hatte er nicht getan! Hinter meinen Augen loderte ein grosses Feuer, und meine Wut stieg sekündlich mehr.

Kyle sah zu mir hoch und sagte stockend meinen Namen. Doch er wurde von Ray unterbrochen.

„Kitty, ich habe ihn nicht verletzt … D… Das hat er sich selber angetan!"

Rays Stimme klang geschockt und gleichzeitig verzweifelt. Als ob Kyle sich selber in die Fresse geschlagen hatte! Und warum waren Rays Knöchel rot?! Er konnte mich wohl anlügen, aber ich fiel nicht darauf rein!

Ohne ein Wort zu sagen, bückte ich mich zu Kyle und hielt ihn aufgewühlt an den Schultern fest. Schluchzend lehnte er seinen Kopf an meinen. „Er lügt … Warum sollte ich mir … selber eine verpassen?" Umsorgt strich ich ihm durchs Haar und versicherte ihm, dass ich ihm glaubte.

Ray reagierte empört. „Cassie! Ich sag die Wahrheit! Warum glaubst du mir nicht?!"

„Ich soll dir glauben?! ICH SOLL DIR WIRKLICH GLAUBEN, RAY?!! Schau dir Kyle und deine Hände an! Du kannst mich nicht anlügen, Ray! Warum tust du das?!"

„Ich habe ihn nicht verletzt! Das war er selber …"

„Halt einfach deinen Mund!", brüllte ich wütend und wäre Ray am liebsten an die Gurgel gesprungen. Dieser Arsch! Wie konnte er meinem Schwarm das nur antun, und das an meinem Geburtstag! Und ich sollte ihm glauben?! Also wirklich, ich wäre der dümmste Mensch auf der Welt!

Ray erhob sich, wischte sich das Blut an der Hose ab und kam langsam kam auf mich zu.

„Halt dich fern von mir! Schlechtester Bodyguard! Ich wäre beinahe entführt worden, hatte Glück und konnte im letzten Moment abhauen. Dann das! Ich hasse dich, Ray! ICH HASSE DICH!!" Ich spürte, wie meine Worte Ray verletzten. Er hatte mich so sehr enttäuscht! Rays und meine Augen füllten sich mit Wasser.

„Cassie, bitte hör mir zu! Wie sollte ich das wissen mit deiner Entführung?! Bestimmt hätte ich dich beschützt, wenn …"

„Ja, Ray! Das hättest du tun sollen! Doch anscheinend hattest du nichts Besseres zu tun, als Kyle zu verprügeln! Verpiss dich!"

Kyle schniefte und jammerte über seine Schmerzen. Goooott, mir tat Kyle so furchtbar leid. Menschen wie Ray verdienten keinen Platz in meinem Leben!

„Cassie …"

„NEIIIN!! GEH WEG!! Ich übernachte bei Pop oder Isabel, und DU lässt mich ab sofort gefälligst in Ruhe! Und deine Geschenke kannst du behalten, wenn du überhaupt wirklich welche für mich hast!"

„Aber …"

„Ruf mich nicht an! Schreib mir nicht! Such mich nicht! Lass mich in Ruhe, Ray!"

Weinend stand ich auf, nahm Kyle um die Schultern und schleppte ihn aus dem Center. Und Ray liess ich stehen …

# 26. Die besten Geschenke

Nachdem ich Kyle heim gebracht hatte, lief ich schnell zu Pop nach Hause. Ray nahm sich meine deutlichen Worte anscheinend zu Herzen und kam uns zum Glück nicht hinterher. Ich war noch immer schockiert und gleichzeitig enttäuscht darüber, was Ray Kyle angetan hatte. Wie gerne hätte ich Ray aus meinen Gedanken verbannt, doch ich schaffte es nicht.

Isabel war ebenfalls bei Pop. Ich weinte mich erstmal bei meinen Freundinnen aus. Poppy und Isabel konnten mich gottlob schnell beruhigen. Zusammen machten wir uns einen schönen Abend, schliesslich hatte ich ja Geburtstag. Aus einem furchtbaren Nachmittag wurde zu guter Letzt doch noch ein guter Abend. Wir hatten viel zusammen zu lachen, Lachtränen inklusive. Ich war froh, sie beide an meiner Seite zu haben.

„Und? Wie findet ihr das Kleid?", fragte ich unsicher und trat aus Poppys Badezimmer. Am nächsten Tag sassen Isabel und Poppy auf Pops grossem Bett und peilten mich regelrecht an. Auf Poppys Gesicht erschien ihr hübsches Lächeln. „Du siehst wunderschön aus, Süsse!", frohlockte sie und klatschte ein paar Mal in die Hände. Isabel stimmte ihr zu und nickte neben ihr ein paar Mal.

Es war kurz vor 18:00 Uhr, der Ball begann um halb acht. Naja, wir hatten noch genügend Zeit, um uns zu schminken und die Haare zu stylen. Meine Freundinnen trugen auch bereits ihre Ballkleider. Poppy ein langes weinrotes mit dünnen glitzernden Trägern und einer roten Schleife um die Taille. Sie passte sehr gut zum Kleid. Es glitzerte von Brust bis Fuss. Isabel trug ein dunkelgraues trägerloses Kleid, vorne kürzer als hinten. Um die Taille funkelte ein enger Gurt. Nicht unbedingt mein Geschmack, doch zu Isabel passte es wunderbar. Ja, Kyles Kleid war hübsch, aber halt einfach nicht mein Style. Wie gerne hätte ich das dunkelblaue, mein Traumkleid, getragen. Enttäuscht seufzte ich und zupfte am dünnen Stoff. „Es ist schon schön, aber nicht das Kleid, das ich mir so sehr gewünscht habe", murmelte ich.

„Cassie, du hast es von Kyle geschenkt bekommen, und ihm gefällt es", meinte Isabel.

„Aber mir nicht!", protestierte ich und drehte mich mürrisch zu ihr um. Isabel und Poppy stellten sich vor mich hin.

„Möchtest du lieber eines von mir tragen?", fragte Pop mit hochgezogenen Augenbrauen und zeigte auf ihren vollgestopften Schrank.

Ich schüttelte den Kopf und strich sanft übers Kleid. „Nein. Ist schon gut, Pop. Ich werde es tragen. Aber danke." Isabel klopfte mir auf die Schulter und schlug vor, uns nun ganz fertig zu stylen.

Nach knapp einer Stunde sahen wir drei einfach umwerfend aus. Wir trugen denselben roten Lippenstift und waren perfekt geschminkt. In meinem ganzen Leben hatte ich noch nie so lange vor dem Spiegel gestanden und mir fürs Make-up derart viel Mühe gegeben wie an diesem Abend. Doch es lohnte sich, ich sah wie eine echte Lady aus. Etwas Passendes fehlte mir jedoch noch … Schuhe! Da Poppy kleinere Füsse hatte und Isabel nur ein Schuhpaar mit sich trug, musste ich wohl oder übel nochmals ins Penthouse. Der Gedanke, Ray zu sehen, verpasste mir einen Schlag ins Gesicht. Ich wollte ihn eigentlich für lange Zeit nicht mehr sehen und war noch immer sehr wütend auf ihn.

Unmotiviert stieg ich aus Poppys Wagen. Die beiden stöckelten hinter mir her, und Poppy motzte schon jetzt über ihre schmerzenden und brennenden Füsse! Super, das fing ja gut an! Isabel und ich grinsten über sie, da wir Poppys Fluchwörter einfach nicht ernst nehmen konnten. Wie ich Pop liebe, wenn sie wütend ist! Schmunzelnd griff ich nach dem Türgriff und drückte ihn runter, doch die Tür öffnete sich nicht. Montags arbeiteten Thomas und Ray nicht … oder doch? Mussten sie eventuell jemanden vertreten, da vielleicht ein Bodyguard krank war oder Vater wurde?!
Unsicher kratzte ich mich am Hinterkopf und versuchte, meine schönen gewellten Haare nicht zu versauen.

Poppy rieb sich ihre Knöchel und fragte: „Arbeiten deine Jungs?"

„Ray eigentlich nicht", entgegnete ich und holte aus meiner Tasche den Hausschlüssel. Ich blickte in ein leeres Penthouse, weit und breit kein Thomas und kein Ray. Diese Stille beunruhigte mich ein wenig. Oder hatten sie sich etwa für spontane Ferien entschieden?

Poppy und Isabel kamen hinter mir her und blickten sich ebenfalls um. In der Küche entdeckte ich dreckige Teller in der Spüle. Das musste bedeuten, dass die Jungs noch heute Morgen da waren. Immerhin … Ein bisschen Sorgen machte ich mir um die beiden trotz meiner Wut auf Ray!

„Cassie! Komm mal!"

„Was ist? Warum lächelt ihr so komisch?"

Pop packte mich an den Schultern und zog mich an sich. Ich schrie auf und stand vor wunderschönen roten Rosen. Es waren bestimmt hundert, zu einem wunderbaren Strauss gebunden. Ooooh mein Gott, mein Herz pochte wild. Isabel deutete auf einen zwischen den Rosen liegenden weissen Umschlag. Ein Brief? Zaghaft bückte ich mich. Auf der Vorderseite stand mein Name in einer umwerfenden kursiven Schrift geschrieben. Was für ein Wunderkind konnte so schön schreiben? Das konnte nur ein Mädchen sein!

„Öffne ihn!", forderte Pop mich aufgeregt auf. Zuerst dachte ich, der Brief sei von Isabel und Poppy. Doch die beiden schrieben niemals so schön! Aufgeregt öffnete ich das Couvert.

*Hey Kitty*

*Ich weiss, dass du deine Schuhe vergessen hast und deshalb wieder hier bist. Thomas und ich sind am Arbeiten. Ich möchte herausfinden, wer zum Kuckuck dich entführen wollte. Thomas hilft mir dabei, obwohl ich das gar nicht will, aber auch egal ...*

*Ich möchte mich bei dir entschuldigen, was gestern passiert ist. Du musst mir glauben, Cassie. Warum sollte ich Kyle verprügeln, wenn ich weiss, dass du ihn liebst? Ich will dich nicht verletzen, Kitty ... Das Schlimmste für mich ist, wenn du vor meinen Augen weinst. Ich mag es nicht, dich weinen zu sehen, weil es mich auch traurig macht. Ausserdem ist es mein Auftrag, dich zu beschützen. Und da Kyle dir nichts angetan hat, gibt es keinen Grund, ihn zu verletzen. Ich darf ihm nicht wehtun, da ich eine sehr wichtige Regel brechen würde. Das musst du mir glauben! Ich weiss, dass ich nicht der beste Bodyguard bin. Doch ich würde mein Leben für dich opfern, Kleine. Ich würde alles dafür tun, dass du am Leben bleibst und glücklich sein kannst.*

*Apropos Geschenke: Ich wollte mit dir den Abend verbringen und sie dir dann geben, nur du und ich.*

Gerne hätte ich dich ins Restaurant und ins Kino eingeladen. Später wären wir zusammen durch den Park geschlendert oder am Strand entlang gelaufen ... aber leider bist du ja gegangen.

Tut mir leid, wenn ich deinen Geburtstag versaut habe ... Ich wollte das wirklich nicht. Ich fühle mich furchtbar schlecht, dass ich dich gekränkt und nicht beschützt habe. Shit, was bin ich nur für ein Arsch!

Ich hoffe, dass du mir verzeihst, Cassie. Ich weiss, dass du mir wahrscheinlich noch immer nicht glaubst, da es einfach unglaubwürdig klingt, dass Kyle sich selber eine verpasst hat. Doch dieser Junge hat meine Hände gegen den harten Tisch geschlagen, weshalb sie anschwollen und bluteten. Da ich so konzentriert auf meine Hände war, bemerkte ich gar nicht, dass er sich selber in die Fresse schlug und sich stöhnend auf den Boden warf. Dieser Kerl ist unglaublich und schlauer, als wir alle denken ...

Jetzt habe ich viel mehr geschrieben, als ich eigentlich wollte. Ist aber auch egal! Verzeih mir, Cassie! Bitteee! Es tut mir schrecklich leid! Ich weiss nicht, wie ich das wiedergutmachen kann ...

*Vielleicht verzeihst du mir dank meinen Geschenken, die oben in deinem Zimmer auf dich warten. Und ja, diese Rosen gehören auch dazu. Ich wollte sie dir gestern lieber im Restaurant geben, aber jetzt liegen sie auf dem Wohnzimmerboden. Ist ja fast das Gleiche (Sarkasmus lässt grüssen)!*

*Lieber Gruss*
*Ray*

Alles, was Ray im Brief geschrieben hatte, ergab Sinn. Ich erinnerte mich, wie Ray verwirrt den blutenden Kyle anblickte und gleichzeitig versucht hatte, die Schmerzen in seinen Händen auszublenden. Hatte Ray wirklich recht? Fassungslos sah ich die wunderschönen Rosen vor mir an und wusste einfach nicht, was ich denken sollte. Hinter mir brachten auch Pop und Isabel kein Wort über die Lippen.

Ich stand auf, drückte den Brief fest an mich und vergass sofort den gestrigen Vorfall. Ich wollte schnellstmöglich zu meinen Geschenken. Wie ein Blitz flitzte ich die Treppe hoch. Ich wartete aber, bis Poppy und Isabel bei mir waren, riss die Tür auf und starrte in mein Zimmer … Ein grosses blaues Geschenk wartete auf meinem Bett zwischen meinen vielen Kissen auf mich!

„Wooow, Mister Bodyguard hat sich da aber sehr viele Mühe gegeben", meinte Pop lachend, und ich konnte ihr nur zustimmen. Ich war so aufgeregt.

Kichernd riss ich wie ein kleines Kind das blaue
Geschenkpapier mitsamt Kartondeckel weg. Das
Erste, was ich zu Gesicht bekam, war ein Zettel.

*Dreh ihn um! Hab es während einem Meeting
gezeichnet :)*

Ich war sprachlos … und schaute in ein wunder-
schönes Porträt von mir. Darunter mein Name in
bezaubernder Schrift. Hatte das tatsächlich Ray
gezeichnet? Woher konnte er derart gut zeichnen?
Poppy und Isabel waren ebenfalls baff, ihre Augen
kugelrund und ihre Münder standen weit offen.
Naja, ich schaute nicht anders drein. Gerührt legte
ich die Zeichnung vorsichtig in meine Tasche.
Denn ich wollte sie auf dem Ball noch ein paar Mal
bestaunen. Jedes Detail hatte Ray gezeichnet, und
ich meine wirklich JEDES!!
Ich freute mich auf die weiteren Überraschungen.
Im Karton lagen vier Kinogutscheine und ein
Restaurantgutschein für zwei Personen. Auf einem
Kinogutschein klebte ein kleines Post-it.

*Kannst mit deinen zwei besten Freundinnen
und/oder mit Kyle hingehen.*

*Najaaa, ich glaube eher, dass du alleine mit Ray
ins Kino willst. Hab ich recht, Kitty?*
Ich glaube auch …

Überwältigt legte ich die Gutscheine auf mein Bett.
Es warteten noch mehr Geschenke im Paket auf
mich.

Das Einzige, was ich darin sah, war ein weisser Sack. Ich war so was von aufgeregt! Leicht irritiert zog ich ihn aus der Kartonschachtel. Gleich darunter entdeckte ich einen Schuhkarton mit einem Zettel drauf …

*Ich weiss, dass diese zwei Geschenke dir am meisten gefallen werden. Ich mag sie auf jeden Fall am besten. Das Beste kommt immer zum Schluss.*

„Hmmm, was könnte das sein?", fragte Isabel neugierig. Poppy zuckte ahnungslos mit den Schultern und forderte mich auf, endlich in den Sack zu kucken. Ich zögerte einen Moment und dachte kurz nach. Was könnte Ray und mir gefallen? Ein Schokoeis …?

*Goooott! Pack endlich aus! Du bringst mich noch vor Neugier um!*
Ja, Mann!

Ich griff hinein und fühlte einen sanften Stoff. Was war das?! Ich erstarrte … Nnnein! Das hatte er nicht gekauft! Ich träumte, oder?! Tränen schossen mir in die Augen. Vor Freude kreischte und hüpfte ich wie ein kleines Mädchen auf und ab. Jauchzend zog ich MEIN Traumkleid aus dem weissen Sack und sprang glückselig durchs ganze Zimmer. „Oh mein Gott! OH MEIN GOTT!! ER HAT ES MIR GEKAUFT!!"

„Was hat er gekauft?", fragte Poppy aufgeregt und guckte mich angespannt an. Überglücklich zeigte ich ihnen mein Kleid und hüpfte noch immer durchs Zimmer.

Meine Freundinnen bestaunten MEIN Kleid mit grossen Augen. „Oooh Cassie, dieses Kleid ist um einiges schöner als das von Kyle."

Pop gab Isabel recht und nickte mehrmals. Beschwingt sprintete ich ins Badezimmer und schlüpfte aus Kyles Kleid. Weg damit!

Ich konnte es kaum erwarten, mein Traumkleid an mir zu spüren. Ray zeigte Geschmack und wusste ganz genau, dass ich nur das eine Kleid haben wollte. Und er kaufte es mir tatsächlich und erfüllte mir so meinen sehnlichsten Herzenswunsch. Ich war wohl das glücklichste Mädchen auf Erden. Dieser Junge war unglaublich!

Ich stolzierte zurück in mein Zimmer und wurde von einem lauten Pop-Schrei begrüsst. „Cassie, du siehst unglaublich schön aus! Nein … du siehst umwerfend aus!", juchzte sie und strich ihre Hände über den sanften blauen Stoff. Isabel stimmte ihr mehrmals freudig zu. Dieses Kleid fühlte sich unbeschreiblich gut an. Glücklich bewunderte ich mich im Spiegel und bedankte mich innerlich etwa tausendmal bei Ray. Ein paar Mal drehte ich mich im Kreis und konnte nicht aufhören zu lachen. Das war mit Abstand das wunderbarste Geschenk!

„Cassie! Schau mal!" Ich blickte zu Poppy und dann zu einem wunderschönen Paar schwarzer High Heels. Ich verliebte mich sofort in sie.

Und wie sie passten! Sie waren so was von bequem, und ich konnte kaum glauben, dass es erst noch High Heels waren. Danke, danke Ray!

Endlich war ich parat. Ich fühlte mich rundum wohl in meinem hübschen Outfit. Ich fragte mich, wie Kyle wohl reagierte, wenn er sah, dass ich nicht sein Kleid trug. Würde er wütend werden? War auch egal! Hauptsache, ich gefiel mir!

# 27. Herzensbrecher

Ich trat in die grosse Aula und wurde von lauter Musik überrumpelt. Naja, es war nicht gerade mein Musikstil, doch vielen Mitschülern gefiel er. Ich war umgeben von tanzenden Teenagern. Viele sassen auch an Tischen und assen etwas Kleines. Poppy und Isabel waren bereits bei ihren Dates. Doch wo war mein Partner? Leise schloss ich die Türe hinter mir und ging in Richtung Buffet. Zugegeben, die Lehrer haben sich sehr viel Mühe gegeben. Die Aula sah toll aussah. Staunend blickte ich zum DJ, unserem Informatiklehrer. Leise lachte ich, denn er sah cool und gestylt aus. Typisch Mr. Kashing! Mein Blick wanderte zum Buffet, und dort entdeckte ich ihn ... Kyle! Dieses Faultier hatte keinen Bock gehabt, mich im Penthouse abzuholen. Ich war enttäuscht und noch immer sauer auf ihn! Doch in seinem Smoking sah er einfach umwerfend aus ...

Selbstsicher stellte ich mich vor ihn hin. „Hallo Kyle! Naa?! Wie gefällt dir die Party?! Hast du Spass ohne mich?!"

Kyle nahm einen kräftigen Schluck aus seinem Glas. Das Einzige, was ich in seinem Gesicht erkannte, war seine unmotivierte Miene. Meine Stimmung stellte sich sofort auf null Prozent. Ach herrje! Was ist denn in ihn gefahren?! Sein Gesichtsausdruck passte mir ganz und gar nicht.

Lange schwieg er, bis er dann endlich doch noch merkte, dass ich ja gar nicht sein Kleid trug. „Warum trägst du nicht mein Kleid?! Ich hab dir dieses nicht zum Geburtstag geschenkt! Von wem hast du es?!" Drohend zeigte er auf mich und funkelte mich böse an.

Ich machte einen Sicherheitsschritt zurück und entgegnete kleinlaut: „Ich hab dein Kleid bereits getragen, aber dann habe ich Rays Geschenke bekommen, die er mir gestern nicht geben konnte. Eines davon war dieses Kleid. Es gefällt mir eben besser als deines. Sorry."

„Du hättest meines anziehen sollen!"

„Warum? Ich habe dir doch gleich gesagt, dass es nicht mein Geschmack ist. Du hast nicht auf mich gehört und es trotzdem gekauft. Ich hab mir von dir so sehr DIESES hier gewünscht!"

Kyle verdrehte die Augen und wandte sich dem Buffet zu, antwortete aber nichts. Sprachlos stand ich da und verstand nicht, warum er mir nichts entgegnete. Zaghaft verdrückte ich neben ihm ein paar Chips und beobachtete ihn. Kyle hingegen liess mich eiskalt links liegen und tat so, als wäre ich unsichtbar. Hallo?! Geht's noch?! Am liebsten hätte ich ihm eine „Feine" verpasst und gesagt, dass er sich mit mir unterhalten solle.

Angepisst trank ich meine Cola und blickte mich in der Aula um. Poppy tanzte mit vielen Jungs und hatte dabei ihren Riesenspass. Isabel war mit ihrem Date am Essen. Die beiden unterhielten sich derart laut, dass ich Isabels Lachen durch die ganze Aula hören konnte. Warum war ich die Einzige, die kein tolles Date hatte? Okay, mein Schwarm war heute mein Partner, aber er unterhielt sich nicht mit mir. Das machte mich traurig.

Ich nahm gerade nochmals einen Schluck Cola, als ich Hayden erblickte und mich dabei verschluckte! Ich traute meinen Augen nicht! Sie trug dasselbe Kleid wie dasjenige, das ich von Kyle geschenkt bekommen hatte! Ich rieb meine Augen, weil ich glaubte zu träumen. Verdammt, es war real! Diese dumme Nixe trug tatsächlich das exakt gleiche Kleid. Hätte ich es ernsthaft deshalb anziehen müssen? Mann, machte mich das wütend. Knurrend starrte ich zu Kyle und wollte ihn sofort darauf ansprechen.

Er hatte es aber plötzlich sehr eilig. „Ich muss kurz mal … Warte hier."

Ahaaa! Das mitzuteilen, war eben wichtig, ansonsten sprach er ja kein Wort mit mir. Dieser Idiot!

Sauer funkelte ich ihn an und nickte schwach. Dieser Junge hatte wohl ein Loch im Kopf! So ging man nicht mit einer Lady um! Vor allem nicht mit mir! Ich sah Kyle nach, wie er zum Ausgang rannte und die Türe hinter sich zuschlug. Schnaubend verschränkte ich die Arme und haschte ein paar Paprikachips aus der Schüssel.

Ich stand bestimmt schon fünfzehn Minuten alleine am Buffet und wartete auf Kyle.

Der liess sich jedoch seit einer gefühlten Ewigkeit nicht mehr blicken. Dauerte sein Geschäft derart lange?

*Wahrscheinlich hat er Blähungen oder Verstopfungen.*
Bitte keine Details!

Seufzend trank ich aus dem Becher und hielt nach Pop und Isabel Ausschau, erspähte jedoch jemand ganz anders … Ray! Er trat soeben in die Aula und zupfte an seinem perfekt sitzenden Smoking. Verdammt, wie heiss er aussah, in diesem Anzug noch attraktiver. Hoffentlich geiferte ich nicht … Hastig richtete ich mein Kleid und wischte mir die Chipskrümel um den Mund weg.
Da entdeckte er mich … Mit gigantischen Augen blickte er mich an. Was dachte er? Ich sah hoffentlich gut aus! Schande, warum diese negativen Gedanken?!

**Ray**

Ich parkierte meinen Lamborghini hinter dem Schulhaus. Meine Augen waren auf meine zitternden Hände gerichtet. Der Gedanke, dass meine erste grosse und einzige Liebe mir nicht verzeihen würde, bereitete mir Kopfschmerzen. Ich hatte letzte Nacht kaum ein Auge zugetan und fühlte mich schon den ganzen Tag schlecht. Kaum zu glauben, dass ein Mädchen mein ganzes Leben auf den Kopf stellen konnte. Schwer atmend stieg ich aus dem Auto und checkte mehrmals mein Outfit. Sah ich gut genug aus?

*Ja, Mann! Du siehst immer gut aus! Du könntest nackt an den Ball gehen und hättest auch dann die ganze Aufmerksamkeit.*
Und das nur wegen meinem nackten Körper!
*Weil du auch nackt attraktiv aussiehst. Frag deine alten Zwei-Tage-Freundinnen!*
Jetzt wird es mir zu persönlich!

Von Weitem hörte ich bereits laute Musik. Mit schnellen Schritten lief ich Richtung Eingang. War Cassie bei Kyle? Sie amüsierte sich bestimmt mit diesem Trottel! Okay, ich musste sie nur beschützen. Cassie wollte ansonsten sowieso nichts von mir. Sie hasste mich!
Ich ging den beleuchteten Gang entlang und folgte der Musik. Die Aula befand sich zuhinterst. Im Flur sah ich knutschende Teenager. Naja, manchmal war es ein bisschen mehr als küssen. Hallo?! Noch nie etwas von Schlafzimmer und Bett gehört?! Also bitte! Wie konnte man sich in einem Schulflur so leidenschaftlich küssen?! Oh Gott, und früher gehörte ich zu denen.
Mit verzogenem Gesicht stiess ich die Tür auf und trat in die Aula. Ich zupfte kurz an meinem Smoking und hob mein Kinn. Hoffentlich trug Cassie mein Kleid.

Zuerst entdeckte ich Poppy, flirtend mit zwei Jungs. Dann Isabel mit einem ziemlich gutaussehenden Typen auf der Tanzfläche. Und dann sah ich sie ... Cassie!
Sie stand am Buffet und trug MEIN Kleid!

*Ach du heilige Maria! Ich hätte nicht gedacht, dass unsere Kitty derart gut darin aussieht!*
Falsches Wort! Sie sieht hinreissend aus.

Ein breites Lächeln huschte über mein Gesicht. Cassie sah mich mit grossen Augen an. Anscheinend hatte sie nicht mit mir gerechnet. Ich wollte schnellstmöglich zu ihr und wich den vielen Tanzenden aus. Hatte sie mir verziehen oder war sie noch immer wütend auf mich? Tausende Fragen wirbelten durch mein Gehirn.
Sie lief mir entgegen. Ein paar Meter vor dem Buffet blieben wir stehen. Ich wusste nicht, wie das Gespräch mit ihr anzufangen und wollte es auf keinen Fall verbocken. Boaaah, wie umwerfend sie aussah!
„Hey Kitty, du bist wunderschön."
„Hi Ray."
Cassie lächelte leicht verlegen und zog sanft an ihrem Kleid. Kichernd schlug sie mir leicht an die Schulter. „Sieh dich einmal an. Ich wusste gar nicht, dass Smokings dir stehen, und danke für das nette Kompliment, Wyler."
Immer wenn sie meinen Nachnamen sagte, klang das richtig heiss. Am liebsten hätte ich es ihr gesagt, doch es war der falsche Zeitpunkt.

Ich konnte meine Augen nicht von ihr lassen.

„Kitty, ich habe nicht damit gerechnet, dass du es trägst."

Sofort fühlte ich mich wieder schuldig, weil sie einen Tag zuvor wegen mir weinte. Die Bilder, wie sie mich wütend und traurig anblickte, brachte ich nicht aus dem Kopf. Ihre Worte verletzten mich immer wieder aufs Neue. Noch nie hatte ich mich so schlecht gefühlt. Seufzend liess ich meine Arme hängen.

„Cassie, ich fühle mich furchtbar. Ich wollte auf keinen Fall, dass du weinst und wütend auf mich bist. Shit! Ich wusste doch nicht, dass du angegriffen wurdest. Boah, ich bin so ein schlechter Mensch und Bodyguard. Gott soll mich strafen und …"

Ich hatte den Satz noch nicht zu Ende gesprochen, als Cassie mich an sich drückte und ihr Gesicht in meinem Brustkorb vergrub. Mein Herz raste, und ich spürte, wie meine Wangen heiss wurden. Es tat so gut, von ihr gedrückt zu werden. Oooh Gott, wie ich diesen himmlischen Moment genoss!

„Ray, ich habe dir verziehen. Alles ist gut, und sag bitte nie mehr, dass du ein schlechter Mensch bist. Du bist toll und für mich der beste Bodyguard. Vergiss meine gestrigen Worte, okay?"

Ein riesiger Stein fiel mir vom Herzen. Alles in meinem Körper lockerte sich. Cassies Worte klangen ehrlich, und ihre Nähe tat mir unglaublich gut. Zu gerne hätte ich sie geküsst, doch ich hätte bestimmt eine verpasst gekriegt, und sie wäre wieder wütend auf mich gewesen. Stattdessen drückte ich sie noch mehr an mich. „Danke! Danke! Danke! Du bist die Beste!", frohlockte ich und wollte sie nicht mehr loslassen. Cassie strahlte mich glücklich an.

„Auf dich kann man einfach nicht lange böse sein, Ray!" Wir lachten beide.

Und wie ich ihr einzigartiges, bezauberndes und wunderschönes Lachen liebe!

*Du bist so kitschig!*
Bin ich überhaupt nicht! Cassies Lachen ist wirklich wunderschön! Gib es zu!
*Ja, Mann … Ihr Gekicher ist heiss!*
Okay, das ist es auch.

Herzlich bedankte sich Cassie für meine anderen Geschenke. Es machte mich unglaublich glücklich, dass sie sich so sehr über meine Rosen und Gutscheine freute. Sie lobte sogar speziell meine Zeichnung, was mich richtig stolz machte.

## Cassie

Ich fand es süss, wie sich Ray über meine Komplimente freute. Manchmal fand er wie keine Worte, weshalb er sich oft am Hinterkopf kratzte und verlegen lächelte. So kannte ich meinen Bodyguard gar nicht. Doch das gefiel mir an ihm.

„Wo ist eigentlich Kyle? Er sollte doch bei dir sein, oder?" Gespannt schaute er über meine Schulter zum Buffet.

„Er sitzt seit mehr als zwanzig Minuten auf dem Klo. Ist doch nicht normal, dass ihr Jungs so lange für euer Geschäft braucht."

Ich reichte ihm eine Cola.

Ray lachte und verschluckte sich beim ersten Schluck. „N…or…mal …? Ich br…auche kei…n…e fünf Min…uten! Wer wei…ss, was Ky…le da sonst noch alles tut …! Scheiss Hu…sten!"

Mehrmals schüttelte Ray keuchend den Kopf.

Lächelnd klopfte ich ihm auf den Rücken und sagte ihm, dass es mich eigentlich gar nicht interessiere. Ray hustete noch immer und wischte sich die Tränen unter den Augen weg, was mich noch mehr zum Lachen brachte. Mein Gekicher wurde schnell unterbrochen …

Hayden wurde leidenschaftlich geküsst und dabei ziemlich heftig gegen die Wand gedrückt. Und wer wohl war der stürmische Küsser …? KYLE!!

Neiiin, das tat er nicht!! Ich träumte! Bitte, bitte! Lass es nicht wahr sein! Er knutschte tatsächlich mit seiner Ex …

Moment mal! Hatte er das alles geplant gehabt? Als Kyle erfuhr, dass Hayden Augen für Ray hatte, wurde er eifersüchtig, da er Ray nicht ausstehen konnte. Er machte also mit Hayden Schluss und wollte ihr beweisen, dass er besser war als Ray. Deshalb nahm er sich Zeit für mich, weil ich eine Konkurrenz für Hayden darstellte. Kyle wollte

Hayden nur wieder zurückhaben! All seine Liebe zu mir war gespielt gewesen, und ich hatte dies nicht gemerkt, da ich blind vor Liebe war. Ein Albtraum!

Bitte, lieber Gott, lass das nicht wahr sein! Ich zitterte und merkte, wie ich langsam die Kontrolle über mich verlor. Alles um mich herum drehte sich, und das Einzige, was ich spürte, war ein tiefer Schmerz in meinem Herzen. Dieser Pisser hatte mich ausgenutzt und mich wortwörtlich verarscht! Wie dreckig spielte er nur mit meinen Gefühlen?!

„Kitty, alles okay?", fragte Ray und holte mich aus meiner Trance. Besorgt stand er vor mir und bemerkte, dass ich beinahe weinte. „Cassie?"

Ich brachte kein Wort über die Lippen. Dafür wurden die zwei Knutschenden immer leiden-schaftlicher. Alles wurde mir zu viel. Ohne ein Wort zu sagen, rannte ich weinend davon. Einige glotzten mich komisch an, aber nicht Hayden und Kyle. Die waren zu intensiv mit sich beschäftigt und konnten mich definitiv mal!

# 28. Wylers sensible Seite

Verzweifelt und wütend sass ich in einer Ecke und schrie mir innerlich meine ganze Seele aus dem Körper. Die Stille in der Mädchentoilette beruhigte mich auch nicht wirklich, denn immer wieder hörte ich Kyles Stimme in meinen Gedanken. Und ich war in diesen Arsch verknallt, JAHRELANG!! Wie konnte ich bloss so blind und dumm sein?!

*Was ist das bitteschön für ein Vollpfosten?! Ich glaube, der hat Holz im Hirn! Hayden und Kyle passen wirklich gut zusammen, Kitty! Dieser Junge gehört in die unterste Schublade, er ein Lauch und sie ein Früchtchen, besser noch Mrs. Barbie, seine künftige Bitch! Ich verabscheue Ken, äääh Kyle!*

Trotz meiner witzigen Hinterkopfstimme war meine Stimmung noch immer im Keller. Mein Herz schmerzte zu sehr. Und dieser Junge küsste mich noch einen Tag zuvor! Wenn ich gewusst hätte, dass in diesem Kuss nur Lügen steckten und kein bisschen Liebe, ich hätte ihm zu gerne eine gefeuert! Heulend vergrub ich mein Gesicht in meinen Knien und krallte mich an meinen Haaren fest.
„Cassie?" Poppy und Isabel traten besorgt in die Mädchentoilette.
Ich mochte nun wirklich niemanden um mich herum haben. „Geht! Bitte!"

Doch sie blieben und kamen näher auf mich zu. Die Türe öffnete sich erneut. Es interessierte mich gerade nicht, wer es war, hatte aber eine Vermutung. Traurig hob ich langsam meinen Kopf. Unter dem Türrahmen stand Ray. Sein Blick war auf meine beiden Freundinnen gerichtet. Leise schloss er die Tür hinter sich. „Dürfte ich bitte mit Cassie reden?"

Poppy und Isabel sahen sich verwirrt an. „Wir lassen unsere beste Freundin nicht alleine. Und was suchst du hier, Ray?!", fragte Pop aufgebracht und verschränkte entsetzt die Arme. Isabel verdrehte nur die Augen, da sie sich manchmal so kindisch benahm. Schluchzend lehnte ich meinen Kopf an die Wand und kniff meine Augen zusammen. Meine Lippen zitterten stark. Tränen flossen über meine Wangen.

„Klar dürft ihr bleiben, doch ich will mit meiner Kitty reden. Und übrigens, ich darf hier rein, obwohl das eine Mädchentoilette ist. Schon vergessen, Blondie? Ich bin Cassies Bodyguard."

Pop und Isabel sahen sich entsetzt an und traten respektvoll zur Seite, da Ray in einem ernsten und tiefen Tonfall sprach. Ich war sehr froh, meine zwei besten Freundinnen bei mir zu haben.

Das nennt man wahre Freundschaft!

Ray kniete sich vor mich hin und wischte mir liebevoll die Tränen weg. „Nicht weinen, Kitty. Pssst, ich bin bei dir, Poppy und Isabel auch." Hinter ihm konnte ich meine Freundinnen nicken sehen.

„Du weisst, wenn du traurig bist, dann bin ich es auch. Ich will dein wunderschönes Lächeln sehen, Kitty. Du hast das allerhübscheste Lächeln, Kleine. Dieser Pisser verdient dein Strahlen nicht. Niemand, der dich auf diese Art und Weise verletzt, verdient dich! Glaub mir, Cassie, es machte mir Spass, diesem Jungen meine Faust vorzustellen." Er hob seine rechte Hand.

Zuerst dachte ich, er scherzte. Als er mir dann seine erneut angeschwollene, leicht verletzte Hand zeigte, durchströmte ein Schock meinen Körper. Er hatte Kyle tatsächlich eine reingehauen! Oh Gott!

„Du gefällst mir, Ray!", sagte Pop lachend. Isabel stimmte ihr zu, und beide brachen in ein Gelächter aus. Ihr Lachen und Rays Worte munterten mich geradezu auf. Ich strich meine zittrigen Finger über Rays angeschwollene Hand. Er zeigte keine Schmerzen, war sogar sichtlich stolz.

„Das hättest du vielleicht besser nicht tun sollen, Ray …", flüsterte ich.

Ray zog selbstbewusst seine Augenbrauen hoch und liess sich neben mich hinfallen. „Dieser Arschkriecher hat mir gestern sehr unschöne Worte an den Kopf geworfen und meine Hände gegen den harten Tisch geschlagen. Dann zog er solch ein Drama ab, also wirklich! Dieser Nichtsnutz hat meinen Schlag ins Gesicht verdient. Wer meine Kitty verletzt, bekommt das Doppelte zurück!" Ray guckte mich mit grossen Augen an und wischte mir die nassen Haarsträhnen aus dem Gesicht. War das gerade sein Ernst?

*Kitty, ich glaube, Ray zeigt gerade sein wahres Gesicht.*
Warum denkst du?
*Weil ich die Wahrheitsstimme bin, Cassie, und ich glaube ihm jedes Wort.*

Nachdenklich sah ich Ray an. Sein Atem wirkte schwer.

„Weisst du, Cassie, du hast immer geglaubt, dass der starke, ernste Ray kein Herz hat und die Herzen anderer bricht. Doch das bin ich nicht. Ich habe das alles nur vorgespielt, weil ich mein wahres Gesicht nicht zeigen wollte: meine traurige, verzweifelte und hoffnungslose Seite. In Wirklich- keit bin ich nicht glücklich. Ich hasse mein Leben, und das nur wegen einem einzigen Menschen!" Sein letzter Satz war voller Wut und Hass.

Erst einmal musste ich alles andere verdauen. Ray hatte die ganze Zeit geschauspielert. Bedeutete das, dass Ray Wyler kein Player war, oder war der Rest alles gelogen? Ich kam gerade nicht mit meinem Leben klar. Verwirrt blickte ich ihn an und rieb mir die Augen. Er bat Poppy und Isabel, in die Aula zurückzugehen, da er nun alleine mit mir reden wollte. Aus Neugier blieben sie stur, bis ich sie aufforderte, doch bitte zu gehen. Sofort machten sie sich aus dem Staub. Bestimmt hätten sie immer wieder dazwischen- geredet, vor allem Pop hätte ihren Senf dazu- gegeben. Isabel merkte schnell, dass es so besser war. Poppy hingegen warf mir flehende Blicke zu. Als ob ich ihnen Rays Geheimnis verraten würde!

Er wollte es mir an einem anderen Ort erzählen, weshalb wir das Schulhaus verliessen und zum hundert Meter entfernten Strand liefen. Auf dem Weg redeten wir kein Wort miteinander. Ray war bestimmt deshalb still, weil ich all das zu verarbeiten hatte, was zuvor mit Kyle passiert war. Es war einfach zu viel auf einmal.

Ray ging dicht neben mir und starrte schweigsam zum Strand. Die Umgebung wirkte sehr ruhig. Mein Blick wanderte zu den einsamen Sitzbänken. Ein perfekter Ort, um Ray zuzuhören. Ray dachte dasselbe.

Wir setzten uns auf eine Bank. Ich spürte gleich wieder das Wasser in den Augen. Zwar fühlte ich mich besser als zuvor, aber was Kyle abgeliefert hatte, tat einfach weh. Der salzige Wind blies uns um die Ohren und versaute ziemlich meine Haare. Naja, egal! Ray guckte ununterbrochen aufs offene Meer. Am liebsten hätte ich ihn nun aufgefordert, mir endlich seine Geheimnisse zu erzählen. Ich war parat. Es fiel ihm schwer, darüber zu reden. Gleichzeitig nahm er Rücksicht auf meine Gefühle gegenüber Kyle.

Nach gefühlten zwanzig Minuten Schweigen begann er endlich. „Willst du wirklich meine Vergangenheit wissen, Cassie?" Scheu suchte er meine Augen und versuchte, nicht traurig zu wirken.

Doch mit solchen Spielchen kam er bei mir nicht weit. Ich kannte Ray unterdessen zu gut. Ja, ich wollte es wissen, und zwar schon lange.

„Erklär mir bitte zuerst, was du mir mit ‚Verlieren, Familie, Vater' sagen wolltest. Du weisst nicht, wie lange mir diese drei Wörter schon durch den Kopf schwirren!"

Ray schnappte nach Luft und drehte sich zu mir um. Er zog seinen Smoking aus und zeigte sich in seinem weissen modernen Hemd. Schande, wie verdammt gut er aussah!

*Nicht sabbern! Nicht sabbern! Bleib stark, Kitty!*

Ray zog sein Hemd ein wenig hoch, damit ich seinen Bauch halbwegs sehen konnte. Besser gesagt: sein Tattoo, die vier Rosen. Die zuoberst war die schönste und neuste von allen.

„Also, Cassie. Wie du bereits weisst, hatte ich keine schöne Kindheit."

„Aber ich kenne den Grund nicht!"

„Das weiss ich, und jetzt kläre ich dich auch auf." Aufgeregt setzte ich mich gerade hin und blickte Ray gespannt an. Kurz schwieg er und zeigte danach auf die erste und so auch auf die älteste Rose. „Die vier Rosen haben alle eine besondere Bedeutung. Ich habe mir nicht einfach so ein Tattoo stechen lassen. Jede Rose steht für jemanden, den ich entweder verloren habe oder nicht verlieren möchte. Die erste Rose habe ich mir mit vierzehn tätowieren lassen …"

„WAAS?!!"

„Ja, ich weiss! Das ist sehr jung. Du musst mir zuhören, Cassie."

Sofort hielt ich den Mund.

„Sie steht für Mom und meine Familie. Ich bin in einer reichen Familie aufgewachsen, aber das weisst du ja bereits. Ich bin mir nicht sicher, ob du Jack Wyler kennst, der weltbekannte Geschäftsmann. Das ist mein Dad."

Was zum … ääähhh?! Dieser Geldsack war Rays Dad?! Als ob ich ihn nicht kannte?! Er besass in vielen Ländern mehrere bekannte Geschäfte und heiratete eine der hübschesten Frauen der Welt. Jetzt war mir auch klar, warum Ray so attraktiv aussah. Seine Mom war ein wunderschönes Model und sein Dad ein weltberühmter Geschäftsmann. Shit, hatte dieser Junge Glück, solch heisse Eltern zu haben.

„Sicher kenn ich ihn. Er ist DER Geschäftsmann und hat Sally Conner geheiratet."

Ray nickte schwach und atmete tief durch. „Ja, das sind meine Eltern."

„Boah, deine Mom ist sicher übertrieben nett und dein Dad extrem …"

„Kacke, ja ich weiss. Er ist der schlechteste Vater überhaupt. Wegen ihm hatte ich eine schlimme Kindheit! Er ist an allem schuld!" Beim letzten Satz schrie Ray beinahe, was mich in Gänsehaut versetzte. Damit hatte ich nicht gerechnet. Baff blinzelte ich Ray an, der sich nach seinem kurzen Austicker wieder beruhigen konnte.

„Weisst du, Cassie, mein Dad war, oder besser gesagt ist, besessen von seinem Geld und seiner Macht. Der Rest interessiert ihn nicht. Als ich klein war, schenkte er mir null Aufmerksamkeit. Ich bin verdammt noch mal sein einziges Kind, für ihn aber eine unsichtbare Gestalt! Von ihm habe ich nichts, aber auch gar nichts gelernt. Wenn er von der Arbeit heimkam, wünschte ich mir seine Umarmung oder einen Kuss auf die Stirn. Aber nein! Jedes Mal, wenn ich ‚Papa' rief, ignorierte er mich voll und ganz, und das jahrelang! Mom hat mich ständig beruhigt und mir versprochen, dass Dad irgendwann merkt, was für einen grossen Fehler er macht und was ich für ein guter Kerl bin." Ray warf mir einen verzweifelten Blick zu. „Ich habe jedoch die beste Mom. Sie hat mich in allem unterstützt und mir Kraft gegeben, wenn es mir schlecht ging. Wenn ich nachts einen Albtraum hatte und weinte, schlief sie bei mir und flüsterte mir beruhigende Worte ins Ohr, bis ich wieder einschlief. Meine Grosseltern, Tanten, Onkel und Cousins unterstützten mich auch immer, bis Dad einen grossen Fehler machte." Kurz hielt Ray die Luft an. Oh oooh! Was kam jetzt? Ich hatte kein gutes Gefühl.

*Ich auch nicht!*

„Als ich sechs war, hatte Mom nicht mehr oft Zeit für mich, da sie viel arbeitete und modelte. Deshalb waren meine Grosseltern mit meinen jüngeren Cousins oft bei mir. Ich verbrachte viel Zeit mit ihnen, doch anscheinend störte das meinen Vater. Ihm gefiel es nicht, dass ich die meiste Zeit mit ihnen zusammen war und sich meine Grosseltern um uns kümmerten. Weshalb dieser Idiot die Villa in Canberra aufgab und mit Mom und mir nach Perth zog. Er hatte jeglichen Kontakt zu meiner Familie abgebrochen und niemandem erzählt, wo wir hinzogen. Da ich erst sechs war, wusste ich weder die Telefonnummer meiner Grosseltern noch den Wohnort meiner anderen Verwandten. Mom wehrte sich gegen Dads Macht, doch sie hatte keine Chance."

Ich konnte die Verzweiflung in Rays Stimme hören. Oh mein Gott, er tat mir so leid! Wenn ich gewusst hätte, wie furchtbar sein vorheriges Leben war, hätte ich dafür gesorgt, dass es ihm besser ging.

„Sieben Jahre später, mit dreizehn, lernte ich in Perth Thomas kennen. Wir wohnten in derselben Strasse und unternahmen oft etwas zusammen. Hauptsächlich nachts, da Dad mir tagsüber verbot, rauszugehen und Spass zu haben. Thomas erzählte mir irgendwann am Strand, dass er Bodyguard werden möchte. Damit hatte er mich sofort in seinen Bann gezogen. Tagelang verkroch ich mich im Zimmer und suchte im Internet nach passenden Ausbildungsschulen. Denn ich hatte mich entschieden, ebenfalls Bodyguard zu werden. Bis heute will ich Menschen beschützen, die Hilfe brauchen, in Gefahr sind, und sie glücklich machen, indem ich ihnen zur Seite stehe. So wie ich es bei dir mache. Schliesslich fand ich eine passende Schule, getraute mich jedoch nicht, es meinen Eltern zu erzählen. Nach vielen Wochen überwand ich mich und berichtete es ihnen beim Abendessen. Mom freute sich riesig für mich, da sie wusste, dass das genau mein Ding war. Es war ihr wichtig, dass ich meinen eigenen Weg ging. Aber Dad … er war ausser sich vor Zorn."

Mit wässerigen Augen schaute Ray mich an. Dieser traurige Blick fühlte sich an wie ein Messerstich in mein Herz. Nie zuvor hatte ich ihn so niedergeschlagen gesehen. Ich rutschte dicht zu ihm hin und streichelte tröstend seinen Rücken. Er zitterte.

„Er hat mich angeschrien und gesagt, wegen mir würde sein ganzer Ruf ruiniert. Ich sollte seine Geschäfte später übernehmen … doch … doch ich wollte sie nicht, nie! Ich wollte und will nie so enden wie mein Vater. Sollte ich einmal Kinder haben, will ich nie und nimmer ein egoistischer, geldsüchtiger Dad sein. Ich möchte ihr Vorbild und ihr Held sein. Kein Baby und kein Kind verdienen einen solchen Vater wie meinen. Niemand! Auch meine künftigen Kinder nicht! Ich erklärte Dad damals, dass ich seine Geschäfte nicht wolle. Keines davon. Er nahm das jedoch nicht an, rastete aus, warf mir die unschönsten Worte an den Kopf und verpasste mir eine schallende Ohrfeige. Mom war ausser sich und schrie Dad an. Sie wollte mir helfen. Dad packte sie an den Oberarmen und sperrte sie in ihr Zimmer. Ich versteckte mich im Badezimmer und weinte mein ganzes Wasser aus dem Körper. Eine halbe Ewigkeit sass ich heulend auf dem kalten Boden, bis Dad ins Badezimmer stürmte und mich fluchend an den Armen packte. Schreiend schleppte er mich aus dem Haus, direkt vor die Haustür. Drinnen konnte ich Mom nach mir schreien hören, doch es brachte nichts. Bevor ich irgendwie handeln konnte, warf Dad mir den Koffer entgegen und brüllte: „Du bist offiziell verbannt aus der Wyler-Familie, du Versager! Ich anerkenne dich nicht mehr als meinen Sohn. Lass dich hier nie mehr blicken und verschwinde aus meinem Leben!"

# 29. Anfall plus Kuss

Eine dicke Träne kullerte ihm über die gerötete Wange. Ich wischte sie ihm sanft weg. Seine Geschichte war einfach nur traurig! Wie konnte man nur derart gemein und unfair mit seinem eigenen Kind umgehen?! Rays Vater war ein furchtbarer Mensch … nein … die abartigste Person auf Erden!

*Mit Kyle!*
Genau, mit diesem Lauch!
*Und mit deinem Dad, Cassie!*
Ja …

„Seitdem habe ich Mom und den Rest meiner Familie nie mehr gesehen. Ich ging mit Thomas an diese Bodyguardschule und habe mir darum mit vierzehn das erste Tattoo stechen lassen. Du ahnst nicht, wie sehr ich Mom vermisse. Ich hoffe so sehr, dass es ihr gut geht." Traurig blickte er mich an.
„Deiner Mom geht es bestimmt gut und deinen anderen Verwandten ebenfalls. Früher oder später wirst du sie alle wiedersehen, und dann verpass deinem schlimmen Dad einen unvergesslichen Tritt in den Hintern! Ray, ich trete gerne mit!"
Zum Glück brachten meine Worte ihn zum Schmunzeln. Ich hatte schon beinahe die Hoffnung verloren, dass er wegen seiner üblen Geschichte

je wieder lachen würde.

Mein Blick wanderte zu seinem Tattoo. Ich deutete auf die zweite Rose und wollte den Grund dafür wissen. Ray schwieg einige Minuten.

Wahrscheinlich erinnerte er sich zurück und suchte nach den richtigen Worten. Ich liess ihm Zeit, da ich ihn nicht unter Druck setzen wollte.

„Mit sechzehn bekam ich meinen ersten offiziellen Auftrag als Bodyguard. Ich hatte ein vierzehn-jähriges Mädchen zu beschützen und eigentlich ihr ganzes Leben."

„Eigentlich?"

„Ja, eigentlich. Dieses Mädchen hiess Ariana und gehörte zu einer sehr adeligen Familie. Ariana durfte nie das Haus verlassen, da sie in grosser Gefahr war. Ihr Vater war ein reicher Mann, hatte aber in seinen jungen Jahren viele Probleme gemacht. Er schuldete sehr vielen Leuten Geld, stritt aber alles immer ab. Deshalb wurde er oft bedroht. Zum Beispiel hiess es: ‚Wir werden deine Tochter töten, wenn du uns nicht sofort das Geld zurückgibst.' Oder: ‚Das Leben deiner Tochter ist in Gefahr, wenn das Geld nicht innerhalb einer Woche auf unserem Konto ist.' Zuerst glaubte ich wirklich, dass Ariana in Gefahr war. Doch erst nach vielen Monaten fiel mir auf, dass sie gar nie in Lebensgefahr war. Und weisst du auch wieso?"

Ich schüttelte ahnungslos den Kopf.

„Weil Ariana den ganzen Tag zu Hause sass und nie an der frischen Luft war. Kannst du dir vorstellen, wie verrückt ich wurde, weil ich nie aus dem Haus durfte, nur weil ich Ariana beschützen musste?! Ich wusste, dass ihr zu Hause nichts passieren konnte und fand es echt Kacke, sie dennoch zu beschützen. Deshalb ging ich eines Tages mit Thomas an den Strand, ohne Ariana. Ihre Eltern waren am Arbeiten und Ariana alleine zu Hause. Als ich nach Hause kam, stand die Tür weit offen, und die Fenster waren eingebrochen. Alles war zerstört. Im Wohnzimmer lag Ariana … tot. Ihre Kehle durchgeschnitten und ihr Körper übersät von unzähligen Stichen. Am Kopf stach eine grosse Platzwunde hervor, Ariana schwamm regelrecht in ihrem Blut … Oh Gott! Ich sehe das Bild wieder vor mir."

Ray klatschte sich seine Hände ins Gesicht. Seine Hautfarbe war kreideweiss, sogar ich wurde ein wenig blass.

„Es war alles meine Schuld! Wenn ich Ariana nicht alleine gelassen hätte, dann wäre sie heute noch am Leben – und ich wäre nie in solch grosse Schwierigkeiten geraten. Ich verlor beinahe mein ganzes Geld, meinen Job und mein Haus. Eigentlich wäre ich jetzt obdachlos, hätte ich nicht solch gute Schutzengel um mich. Ich war damals so am Boden zerstört, dass ich monatelang nicht arbeiten konnte. Ich mochte Ariana nicht besonders, doch ihr Tod geht mir auch heute noch sehr nahe. Ich mache mir jetzt noch unglaubliche Vorwürfe. Ich wollte nie, dass sie stirbt …"

„Ray, es ist nicht deine Schuld. Ihr Vater hätte die Schulden bezahlen sollen. Wenn er seine Tochter wirklich geliebt hätte, hätte er dies unbedingt tun sollen. Ich meine, er hatte ja genug Geld! Also wirklich! Wenn er nur ein wenig sein Gehirn angestrengt hätte, wäre das alles nicht passiert!" Ray nickte leicht und lächelte für einen kurzen Moment. Es tat mir gut, dass Ray nun wenigstens ein klein wenig lockerer wirkte.

Und die beiden anderen Tattoos …!? Die hatte ich beinahe vergessen. Ray zeigte auf die dritte Rose. „Diese Rose habe ich mir mit siebzehn stechen lassen, und sie steht für Thomas. Seit Jahren ist er an meiner Seite und unterstützt mich überall. Er ist für mich wie ein Bruder." Ray hatte zu Thomas eine wirklich enge Bindung, sonst hätte er sich kein Tattoo stechen lassen.
Ich bewunderte seine letzte und auch die schönste Rose.
„Diese Rose habe ich mir letzte Woche stechen lassen, und sie steht für dich, Cassie."
Ich fuhr zusammen und blinzelte ihn verwirrt an. Was?! Das hatte er nicht gerade gesagt! Ich träumte, oder? Mit gigantischen Augen starrte ich Mr. Schönling vor mir an. „Diese Rose steht für mich?!" Ach du meine Güte! Verhalten legte ich meine Hand vor den Mund und konnte es nicht fassen. Ray hatte sich tatsächlich für mich tätowieren lassen. Warum fand ich das so süss?!
„Ich will dich nicht verlieren, Cassie. Ich habe schon so viele Menschen in meinem Leben verloren und möchte nicht, dass es noch mehr werden! Denn alle wichtigen Menschen verliere

ich. Ich möchte keinesfalls, dass dir auch so etwas Schlimmes passiert wie Ariana. Einen weiteren Tod ertrage ich nicht. Und ich werde dafür sorgen, dass du nach mir stirbst, dich niemand anfasst, der dich verletzt!"

Rays Worte berührten mich. Vor allem konnte ich nicht glauben, was er alles hatte durchmachen müssen. Er tat mir extrem leid. Mir war nun auch klar, weshalb er manchmal so düster und kalt war … Er vermisste seine Familie, vor allem seine Mom.

Rays Augen suchten meine. Ich fiel ihm um den Hals und drückte ihn an mich und er mich noch mehr an sich. Ich konnte seinen warmen Atem an meinem Ohr spüren. Liebevoll strich ich ihm durchs Haar und flüsterte: „Du bist mit Abstand der beste Bodyguard auf Erden, Ray. Danke, dass du an meiner Seite bist, das bedeutet mir sehr viel. Und das mit deiner Vergangenheit tut mir so unendlich leid. Mir fehlen die passenden Worte."

„Du brauchst nichts zu sagen, Kitty. Die Vergangenheit ist Geschichte, und man kann sie nicht rückgängig machen. Ich möchte nicht auch noch dich verlieren. Bitte, Cassie! Versprich mir, dass du immer in meiner Nähe bleibst, ich flehe dich an!"

Er klang so verzweifelt und verängstigt. Mehrmals versicherte ich ihm das. Bei ihm fühlte ich mich sicher! Kaum zu glauben, dass ich das sagte, aber ich brauchte Ray und konnte mir mein Leben ohne ihn nicht mehr vorstellen!

Wir sassen noch ein Weilchen am Strand. Ich erzählte ihm ein wenig von meiner Kindheit. Als kleines Kind weinte ich oft, weil ich meinen Vater vermisste. Irgendwann wurde mir klar, dass er nie zurückkommen und mich in den Arm nehmen würde, weshalb auch ich manchmal freudlos wirkte. Es war spannend, wie viel Ray und ich gemeinsam hatten. Unser Leben wurde irgendwie von unseren Vätern kaputtgemacht.

Wir machten uns auf den Weg zurück zum Ball. Lächelnd lehnte ich meinen Kopf an seine Stirn und bestaunte mein schönes Kleid.
„Schmerzt dein Herz noch immer? Soll ich Kyle nochmals eine verpassen?"
„Dank dir tut es nicht mehr weh, sondern ich empfinde blanke Wut auf Kyle. Diesem kleinen Pisser schenke ich höchstpersönlich eine Ohrfeige und werde dazu frech lachen." Ray schaffte es, mich abzulenken und mir zu beweisen, dass Kyle es nicht wert war.
„Und ich lache mit, Kätzchen!"
Wir grinsten anscheinend so laut, dass wir komisch angestiert wurden. Hallo? Ich hatte nicht ge-schrien! Nur weil wir lachten, waren wir kein Kinofilm!
Zum Glück hatte ich wasserfeste Schminke benutzt. Ray musterte seinen Smoking, den er inzwischen wieder trug. Ich hatte das Gefühl, dass neben mir Gott stand und mich zum Schwitzen brachte. Tief atmete ich durch und betrat mit Ray das Schulhaus. Direkt liefen wir zur Aula.

Ray hielt mir gentlemanlike die Türe auf. Stolz trat ich ein, mit Ray an meiner Seite. Viele waren auf der Tanzfläche, es lief gerade ein bekanntes poppiges Lied. Naja, ich hatte nicht allzu grosse Lust zum Tanzen, hielt lieber nach Kyle Ausschau und erblickte stattdessen Isabel und Poppy. Sie kamen sofort auf mich zu.

„Cassie! Wie geht es dir?!", fragte Isabel besorgt und presste mich an sich. Poppy drückte sich auch dazu, weshalb ich beinahe keine Luft bekam. Lächelnd beobachtete uns Ray. Ich krächzte nach Luft und befreite mich aus den zwei Armpaaren. Ungeduldig warteten meine beiden Freundinnen meine Antwort ab.

„Viel besser, und das nur wegen ihm … Ray. Dank ihm ist mein Herz verheilt, und es schlägt wieder normal." Ich warf Ray einen glücklichen Blick zu, welchen er erwiderte.

Poppy und Isabel sahen neugierig zwischen Ray und mir hin und her und wollten mehr Details wissen, aber Ray unterbrach die beiden. „Habt ihr Mr. Arschkriecher Kyle Anderson gesehen?"

Poppy strich sich durch die gelockten Haare und blickte in die tanzende Menge. „Er ist nicht am Tanzen, ich hätte ihn sonst gesehen", entgegnete sie irgendwie unsicher.

Isabel ging ein Licht auf. „Dort hinten ist er mit Hayden und seiner Clique und jammert die ganze Zeit, dass seine Nase blutet und sein Gesicht schmerzt." Isabel deutete dabei auf die vielen Tische. Der hinterste Tisch war von Kyles Gruppe besetzt. Und tatsächlich! Kyle sass auf einem Stuhl und wurde von meiner Erzfeindin verarztet. Dabei beobachtete ich immer wieder, wie er weit seinen Mund öffnete und wahrscheinlich laut fluchte. Durch die Musik hörte ich ihn leider nicht! Dieser Idiot! Hinter meinen Augen brannte ein immer grösser werdendes Feuer. Langsam und mit kurzen Schritten lief ich auf Kyle zu. Mit jedem Schritt wurde mein Zorn grösser, und ich spürte, wie mein Gesicht die Farbe einer Tomate annahm. Ich wurde schneller und spannte jeden Muskel in meinem Körper an. Lustig, auf einmal fand ich Kyle den hässlichsten Typen!

*Igitt! Schau dir mal diesen unschön rasierten Dreitagebart an! Weiss Ken, äääh Kyle Anderson, was ein Rasierer ist? Ich glaube nicht! Boaaah! Er macht Shrek Konkurrenz!*
Oh jaaa! Wie recht du hast!

Ray folgte mir. Es dauerte nicht lange, und ich stand vor Kyle und Hayden. Am liebsten hätte ich beiden eine verpasst. Mit voller Wucht stiess ich Hayden weg. Kreischend fiel sie zu Boden. Kyle und seine Jungs wirkten wie versteinert und realisierten erst später, was ich getan hatte und dass ich es war. Ich fixierte Kyles Gesicht und hätte zu gerne laut für Ray applaudiert. Aus Kyles Nase floss noch immer Blut, sein rechtes Auge war angeschwollen. Boah, war ich stolz auf Ray! Ich spannte meine rechte Hand an und verpasste Kyle eine schallende Ohrfeige. Schreiend vor Schmerz klatschte er seine Hand auf die rote Wange und gaffte mich mit gigantischen Augen an. Ray lachte leise hinter mir. Bevor Kyle auch nur einen weiteren Pieps von sich geben konnte, landete meine Hand erneut auf seiner Wange. Heftig stiess ich ihn nach hinten. Er knallte samt Stuhl fluchend zu Boden und schlug sich den Kopf an. Wütend funkelte er mich an, mein Blick war aber um einiges drohender als seiner.

„Du kleiner Pisser!", fauchte ich und zeigte ihm stinkwütend den Mittelfinger. Mit aufgeklapptem Kiefer glotzten mich Kyle und seine Clique an. Selbstsicher und erhobenen Hauptes drehte ich mich um, packte Ray am Handgelenk und schritt mit ihm zu einem anderen Tisch. Ray lachte laut und meinte kichernd, dass mein Auftritt so was von cool war.

Um Mitternacht fuhren wir gemeinsam nach Hause. Wir hatten den Rest des Abends miteinander verbracht, viel gelacht und zusammen getanzt.

Dieser Ball bleibt mir mein Leben lang in Erinnerung.

Vor allem ab dann, als Ray auftauchte …

Endlich kannte ich Rays wahres Gesicht und wusste, was ihn bedrückte. Und wer's glaubte! Ray war seitdem sehr ausgeglichen. Er lachte oft, war aufgestellt, unterhielt sich anständig mit mir und verstellte sich nicht mehr. Dieser Ray gefiel mir richtig gut!

Daheim schlüpften wir in unsere Pyjamas und putzten miteinander die Zähne. Auch fand ich es lustig, wie Ray mich beim Abschminken beobachtete. Eben wollte ich mich von ihm verabschieden und mich für den doch noch sehr tollen Abend bedanken, als er mich schüchtern fragte, ob ich diese Nacht bei ihm verbringen wolle. Sein Angebot konnte und wollte ich nicht ausschlagen, da sein Bett einfach zu himmlisch war. Wer will bitteschön nicht in einem runden Designerbett pennen? Niemand!

Um ein Uhr nachts lag ich mit einem breiten Lächeln neben ihm. Seine Arme hatte er um mich gelegt. Ich genoss das sehr und schlief zu schnell ein, wachte aber kurze Zeit später unruhig auf. Ein ungutes Gefühl überkam mich. Mein Schädel brummte, und mir war furchtbar schwindelig. Stöhnend setzte ich mich mit zusammen-gekniffenen Augen auf. Vor meinen Augen tanzten viele kleine schwarze Punkte. Mir war sofort klar, dass jemand in meiner Umgebung in grosser Gefahr war oder gar starb. Panisch starrte ich Ray an, der friedlich neben mir schlief. Schande, ich musste schnellstens hier raus! Ich wollte Ray und auch Thomas nicht wecken. Ausserdem würden bestimmt die Fenster wegen meinem Gekreische kaputtgehen, und das musste ich verhindern. Also sprang ich blitzartig aus Rays Bett. Meine Beine fühlten sich schwach an, beinahe wäre ich hingefallen. Mit Mühe konnte ich mich an der Wand abstützen und zur Tür laufen.

Mit schwabbligen Beinen eilte ich die Treppe runter. Das Gefühl, dass jeden Moment der Boden unter mir verschwinden und ich in eine tiefe Schlucht fallen würde, war unheimlich.

Wie ich dieses Gefühl hasse!

Ausser Atem musste ich mich im Wohnzimmer erst einmal am Sofa anlehnen. Oh, bitte nicht! Ich spürte, wie sich mein Mund langsam öffnete. Entschlossen sprang ich zur Tür und riss sie wuchtig auf. Die Strasse vor mir lag im Dunkeln, die Strassenlampen waren noch unbeleuchtet. Das machte mich sehr nervös. Starb vielleicht gerade jemand und wenn, dann bitte wo?! Wie ein aufgescheuchtes Huhn sah ich mich um. Ich starrte zu den dunklen Häusern und dann auf die leere Strasse. Mein Mund öffnete sich sekündlich mehr, denn ich spürte diesen Schrei im Hals. Bitte, bitteee, bitte noch nicht jetzt!

Ein schwarzes Auto fuhr direkt auf mich zu. Oh mein Gott! Wahnsinnige Angst stieg in mir hoch. Bevor ich irgendwie reagieren und davonrennen konnte, packte mich eine Gestalt am Arm und zog mich von der Strasse. Wer zum Teufel war das?!

**Ray**

Ich beobachtete, wie Cassie aus dem Bett sprang, sich schnaufend an die Wand lehnte und zur Tür stolperte. Gooott! Ich hatte gerade so glücklich neben ihr geschlafen! Was zur Hölle trieb sie da?! Ging es ihr nicht gut? Träumte sie einmal mehr schlecht? Viele, viele Fragen wirbelten durch meinen Kopf. Ich wollte sie danach fragen, doch war sie bereits aus meinem Zimmer verschwunden. Auf leisen Sohlen folgte ich ihr. Ich hörte sie schwer atmen und entdeckte sie im ersten Stock. Erschöpft lehnte sie sich ans Sofa und zitterte stark. Was war nur mit ihr los? Besorgt schlich ich die Treppe runter. Doch sie war bereits schon wieder verschwunden. Unruhig drehte ich mich im Kreis und verstand die Welt nicht mehr. Wo zum Geier war sie hin?! Sie war doch eben noch da! Zuerst suchte ich sie in der Küche. Erfolglos. Dann bemerkte ich die weit geöffnete Haustüre, schaute aufgewühlt in die dunkle Nacht hinaus und sichtete sie auf der Strasse. Was tat sie da?! Ich sputete aus dem Haus und wollte nach ihr rufen, aber in dem Moment folgte der nächste Schock. Ein Auto fuhr direkt auf Cassie zu. Oooh neiiin! Meiner Kitty durfte nichts passieren! Wie ein Verrückter sprintete ich los und packte sie im letzten Moment am Arm. Das Auto flitzte an uns vorbei. Erleichtert presste ich sie an mich und fragte mich, was das für ein schwachsinniger Idiot von einem Fahrer war.

Cassie realisierte lange nicht, dass sie in meinen Armen lag. Sie brachte kein Wort heraus, ihr Gesicht war schneeweiss und ihr Mund geöffnet. „Willst du dich etwa umbringen?! Was soll diese Scheisse, Kitty?!"

Cassie atmete noch immer schwer. Hatte sie Asthma? Es ging ihr sichtlich schlecht. Ich sorgte mich sehr um sie und fühlte mich dabei alles andere als wohl. „Cassie …?"
„Anfall … jemand stirbt … schreie jeden Moment …" Sie klang schwach und versuchte, in vollen Sätzen zu reden, was ihr aber nicht gelang. Schande, sie konnte doch nicht mitten in der Nacht losschreien! Sie würde die ganze Nachbarschaft wecken! Aber wie konnte ich sie aufhalten?!

*Was hat dir Kayla bei ihr zu Hause gesagt, als Kitty ohnmächtig war? Denk nach, Ray!*
Häää? Hat sie etwas gesagt?!
*Jaaa, Alter! Ein wahrer Kuss der Liebe kann den Todesschrei einer Banshee aufhalten!*
Stiiimmt! Doch warum sollte ich sie küssen?
*Weil du sie liebst!*
Aber …
*Kein Aber, los! Küss sie endlich, bevor es zu spät ist!*

Cassies Mund stand weit offen, sie atmete immer schwerer. Schande, Schande! Ich war noch nicht so weit! Nervös biss ich mir auf die Unterlippe und konzentrierte mich auf Cassies volle Lippen. Jetzt oder nie! Ich schwang meine Arme um ihren Rücken, schloss meine Augen und drückte meine Lippen auf ihre. In meinem Körper schien alles zu explodieren. Es fühlte sich unglaublich schön an!

# 30. Entführung

**Cassie**

Was um Himmels willen machte Ray da? Ich war kurz davor zu kreischen, und da küsste er mich. Meine Augen waren weit aufgerissen, seine geschlossen … Das tat er gerade nicht!?

*Diese Lippen sind ein Traum, findest du auch?*
Ja …

Ein paar Mal blinzelte ich verwirrt, bis ich merkte, dass Ray sich entspannte und mit den Händen zu meinen Taillen wanderte. Oh Gott! Seine Berührungen bereiteten mir Gänsehaut, in meinem Körper entluden sich gerade Hunderte Feuerwerke. Warum fühlten sich diese Lippen so himmlisch an? Hallooo, wo blieb mein Schrei?! Was lief bei mir gerade falsch?! Normalerweise hätte ich ihn weggestossen. Doch all meine Gefühle mitsamt Hinterkopfstimme hielten mich davon ab. Ray vertiefte den Kuss. Mit einem schwachen Lächeln erwiderte ich seine leidenschaftlichen Küsse. Es fühlte sich so perfekt an. Ray liebkoste mit seinem Daumen meine Wange, und sein anderer wanderte zu meinem Rücken. Ich konnte nicht anders und führte meine Hände zu seinen starken Oberarmen. Warum war dieser Typ so unglaublich? WAAARUM?!! Küsste ich gerade einen Gott? Nein … meinen Bodyguard …

Nur langsam entfernten sich unsere Lippen voneinander. Ich spürte, wie meine leicht angeschwollen waren. Wie gerne hätte ich noch weiter geküsst. Ich verspürte kein komisches Gefühl mehr in mir, auch der Drang zum Kreischen war wie weggeblasen. Was hatte Ray gerade mit mir angestellt?! Mit leicht geöffnetem Mund hielt er mich um die Taille, und ich hatte seine starken Oberarme noch immer gut im Griff. Ich spürte meine heissen und roten Wangen. Hatte Ray diesen Kuss etwa toll gefunden? Bestimmt nicht! Er hatte zuvor so viele Mädchen geküsst, da war meiner bestimmt nichts wert!

„Warum schreie ich nicht? Und wieso weiss ich nicht, wer in Gefahr ist oder gar stirbt?"

Ray atmete tief durch und strahlte mich irgendwie verliebt an. Meine Augen glänzten stark. Ich versuchte, Rays Gefühle einzuordnen. „Hat dir der Kuss gefallen?", fragte er verlegen, worauf sich auch seine Wangen röteten.

Wieso auf einmal dieser Themawechsel?

„Ja … sehr sogar. Aber dir wahrscheinlich nicht, da ich nicht küssen kann. Du hast vor mir unzählige, bestimmt sehr erfahrene Mädchen geküsst. Also sag nichts, ich will nicht verletzt werden. Sag mir einfach, warum ich nicht schreie und …"

„Nur weil ich schon viele Mädchen geküsst habe, heisst das nicht, dass jeder Kuss toll war. Glaub mir, Kitty, deiner war mit Abstand der beste", hauchte er mir ins Ohr und schaute mich mit einem glücklichen Lächeln an.

Fassungslos blickte ich zu ihm hoch und verstand die Welt nicht mehr. Sollte ich ihm wirklich glauben? Er mochte mich ja irgendwie gar nicht …

„Ich muss herausfinden, warum ich nicht geschrien habe! Das ist nicht normal … Etwas stimmt mit mir nicht, Ray", sagte ich hastig und befreite mich aus seinen Armen.

„Cassie, ich kann …"

„Oh mein Gott! Ich muss ins Bett! Ich dreh sonst noch durch!" Ich klatschte mir meine Hände ins Gesicht und liess ihn nicht ausreden. Ich wollte einfach nur noch nach Hause. Da ich wegen meinen Händen nichts sah, wäre ich beinahe gegen die Hauswand gelaufen. Ray zog mich im letzten Moment zurück. Locker hob er mich hoch, als wäre ich seine Braut, und trug mich zurück ins Penthouse. Meine Augen kniff ich zusammen und versuchte, eine logische Erklärung zu finden. Warum hatte ich nicht geschrien? Lag das etwa an dem Kuss? Ich wusste es nicht!

Ich bat Ray, mich in mein Zimmer zu bringen. Um vier Uhr lag ich endlich in meinem Bett. Ich konnte jetzt einfach nicht neben ihm pennen. Denn jedes Mal, wenn ich seine Lippen anguckte, verlangte ich nach ihnen. Leider schlief ich auch deshalb lange nicht ein und lag noch viele Stunden hellwach in meinem Himmelbett. Ich verstand nichts mehr und suchte nach einer Antwort.

Plötzlich hörte ich, wie vor dem Penthouse eine Autotüre zugeknallt wurde. Erschrocken setzte ich mich auf und blickte aus dem Fenster. Ein schwarzes Auto parkierte vor dem Haus. Aber ich entdeckte keine Person. Wer war das? Schnell lief ich in den Flur. Mein Blick wanderte zu Rays geschlossener Tür. Okay, er schlief, und Thomas hörte ich unten schnarchen. Das bedeutete wohl, dass die beiden keinen Besuch erwarteten. Doch wer um Gottes willen parkierte um diese Uhrzeit vor dem Penthouse? Leise schlich ich die Treppe ins Wohnzimmer runter. Die Haustüre war zu. Von draussen nahm ich Stimmen wahr. Einmal mehr war ich zu neugierig und eilte zur Tür. Ich konnte sie nicht einmal öffnen, als sie unverhofft aufsprang. Unsanft schlitterte ich den Boden entlang. Ächzend lag ich auf dem Bauch und stützte mich hustend auf den Unterarmen ab.

„Du kleine, neugierige Katze!", fauchte eine mir bekannte Stimme.

Oh nein! Neiiin … Nicht er! Schwach sah ich auf und blickte in Kyles Gesicht. Er trug von Kopf bis Fuss schwarze Klamotten. In der rechten Hand hielt er eine qualmende Zigarette. Was suchte er hier?

„D…du …?", stotterte ich und kriegte mit voller Wucht eine Fadengerade mitten ins Gesicht. Vor meinen Augen wurde es schwarz.

# Ray

Laut klingelte mein Wecker, mein Trommelfell platzte beinahe. Sauer klatschte ich meine Hand auf dieses von mir so ungeliebte Ding, wie ich es hasste! Sofort verstummte es. Gähnend rieb ich die Augen und warf die Decke von mir runter. Die Sonne strahlte prächtig ins Zimmer. Einmal mehr ein wunderschöner Sommertag. Mein Blick wanderte zur Uhrzeit. Es war neun. Irgendwie auch logisch! Um diese Uhrzeit stand ich normalerweise an einem freien Tag immer auf. Deshalb auch der Wecker. Ich sprang aus dem Bett und zog mir ein weisses T-Shirt mit schwarzen Boxershorts an. Thomas war bestimmt schon wach und frühstückte. Und Kitty? Schlief sie noch? Ich wollte sie nicht wecken. Und das sicher nicht in ihren Ferien. Gut gelaunt latschte ich an ihrem Zimmer vorbei. Sofort blitzten die Bilder in meinen Gedanken auf, wie Cassie meinen Kuss erwiderte. Es fühlte sich auch jetzt noch fantastisch an! Ich rannte die Treppe runter und begrüsste Thomas in der Küche. Egal, was er kochte oder brutzelte, es schmeckte jedes Mal einfach köstlich. Als würde meine Mutter für mich kochen. Wir verspeisten beide Speck mit Spiegeleiern. Thomas wollte natürlich wissen, wie mein gestriger Abend mit Cassie war. Denn zuvor war ich im A.B. Hauptquartier sehr nervös gewesen und vertippte mich immer wieder am Computer und Telefon.

Beim Meeting stotterte ich oft. Der Nachteil von Verliebtheit!

„Und hast du sie geküsst?", riss mich Thomas aus den Gedanken und stopfte sich zwei Stück Speck in den Mund. Meine geröteten Wangen versuchte ich mit ein paar Haarsträhnen zu verdecken. Funktionierte leider nicht.

„Ähm … nicht gestern, aber heute sehr früh. Sie bekam einen Anfall. Schliesslich wollte ich nicht, dass sie mit ihrem gigantischen Geschrei die ganze Nachbarschaft weckt. Kayla erzählte mir, dass ein Kuss der wahren Liebe den Schrei einer Banshee aufhalten kann. So küsste ich sie."

„Und? Hat sie geschrien?"

„Bist du mitten in der Nacht wegen einem Geschrei aufgewacht, Tom?", fragte ich zwinkernd, worauf Thomas den Kopf schüttelte. Er boxte mir mit einem frechen Grinsen ziemlich heftig in die Schulter. Lachend rieb ich sie und verdrückte das letzte Spiegelei.

„Schläft eigentlich unsere Todesfee noch immer?", fragte Thomas kritisch. Er runzelte die Stirn und legte meinen Teller auf seinen. „Es ist halb zehn. Sollen wir sie nicht wecken?"

„Nein, nein. Sie hat Ferien und verdient den langen Schlaf. Vor allem nach so einer verrückten Nacht." Ich lachte, Thomas fand es aber nicht lustig. Was hatte er nur? War es denn so schlimm, dass Cassie einmal ausschlief?

„Alter, du bist nicht Cassies Mama oder besser Papa! Lass sie jetzt schlafen!"

„Ray, Cassie stellt ihren Wecker auf neun, eine Viertelstunde später schrillt noch ein zweiter. Und sie sitzt noch immer nicht bei uns. Findest du das nicht merkwürdig? Cassie ist sehr pünktlich, obwohl sie ein Morgenmuffel ist."

„Woher weisst du das mit ihren beiden Weckern?"

„Weil sie es mir selber erzählt hat!", schrie er mich beinahe an und stellte die Teller in den Geschirrspüler.

Skeptisch reichte ich Thomas die schmutzigen Gabeln. „Wahrscheinlich hat sie sie in ihren Ferien ausgeschaltet", versuchte ich mich zu erklären und legte den Orangensaft zurück in den Kühlschrank. Thomas beobachtete mich dabei mit einem finsteren Blick. Damit wollte er mir sagen, dass ich nachschauen solle, ob auch wirklich alles in Ordnung bei ihr war. Boah, ich wollte das nicht! Was, wenn Cassie wirklich schlief und ich sie deshalb aufweckte? Gott, ich würde es mit ihr gleich vermasseln!

Knurrend schlurfte ich die Stufen hoch und blieb horchend vor Cassies Tür stehen. Leise stiess ich sie auf und blickte ins hell beleuchtete Zimmer. Ein paar Kissen lagen auf dem Boden mitsamt Decke, ihr Handy auf dem Pult am Aufladen. Beide Wecker klingelten kaum hörbar. Und das Bett … leer. Was lief hier falsch …? Sofort trat ich ins Zimmer. Cassie erlaubte sich einen Scherz, oder? Ein Prank?!

Panisch drehte ich mich im Kreis und rief nach ihr. Doch keine Antwort von ihr. Wo war meine Kitty?

Ich rannte ins Badezimmer, dort war sie ebenfalls nicht. In meinem Zimmer? Nein!

Okay … ein ungutes Gefühl stieg in mir hoch.

„Thomaaas!", rief ich durchs Penthouse. Die Angst in meiner Stimme war nicht zu überhören. Thomas kam mit einem Geschirrtuch aus der Küche und blickte mich fragend an. Meine Hände hatte ich zu einer Faust geballt, und mein Atem war schwer.

„Schläft sie noch?" Ich blickte über seine Schulter und spürte viele Schweissperlen auf meiner Stirn.

„Rayyy?" Mein Blick wanderte vom Wohnzimmer zu Thomas' Zimmer. Wo war sie nur? Sie konnte nicht einfach so verschwunden sein!

„Nein!", zischte ich Thomas an und stiess ihn zur Seite. Er wäre beinahe gestolpert und konnte sich gerade noch an der Wand abstützen.

„Wie meinst du das?"

„Sie ist nicht in ihrem Zimmer, auch nicht in meinem und im Badezimmer ebenfalls nicht!" Von Panik ergriffen, packte ich mein Handy und ging auf Isabels Kontakt. Zum Glück hatte ich ihre Handynummer.

**Isabel, ist Cassie bei dir?**

Aus lauter Nervosität schrieb ich keine langen Sätze. Ungeduldig setzte ich mich aufs Sofa und wartete, bis Isabel sich die Nachricht ansah und antwortete. Thomas suchte Cassie überall im Penthouse und rief nach ihr. Erfolglos …

Eeendlich schrieb Isabel zurück:

**Heyyy Ray. Sorry, aber Cassie ist nicht bei mir und bei Poppy ebenfalls nicht. Ich sitze im Bus und fahre nach Sidney. Pop fliegt nach New York. Warum fragst du? Ist sie nicht bei dir?**

Nein, war sie nicht! Schande! Schande! Schande! Wo war sie nur?! Thomas schrieb sogar Kayla. Doch auch sie hatte keine Ahnung, wo ihre Tochter sich aufhielt. Meine Augen füllten sich mit Wasser, mein Körper zitterte. Wenn ihr irgendetwas zugestossen war, dann war ich schuld! Ich durfte Cassie nicht verlieren … nicht meine erste grosse Liebe! Am liebsten hätte ich die Polizei angerufen, liess es aber vorerst bleiben. Thomas telefonierte mit einigen Nachbarn, aber auch die hatten Cassie nicht gesehen. Nervös lief ich durch das ganze Haus und versuchte, einen klaren Kopf zu bekommen. Wo zum Teufel steckte Kitty nur? „Und?!", brüllte ich Thomas an, als er mit Mr. Breex, unserem Nachbarn gegenüber, zu Ende telefoniert hatte. Ahnungslos zuckte er mit den Schultern, niemand hatte Cassie gesehen. SHIIIT!!

*Bro, das ist nicht unsere Cassie! Ich glaube, jemand hat sie entführt … Moment! Was ist das da vorne?*
Was?!
*Im Flur!*

Ohne zu zögern, eilte ich mit Thomas dorthin. Meine Hinterkopfstimme hatte recht. Da war ein Fleck … ein roter Fleck … Oh Gott! Blut! Mein

Gesicht verfärbte sich weiss, schneeweiss, und mir wurde kotzübel.

„Thomas …" Auch er war plötzlich sehr blass.

Cassies Blut? Bitte nicht! Bitte bitte nicht!

Thomas holte sein Handy aus der Hosentasche.

„Ich rufe Michael an! Ray, wir müssen rasch wissen, von wem dieses Blut ist!"

Wenn das Cassies Blut war, dann war ich tot! Was war nur mit ihr geschehen? Nervös kaute ich auf meinen Nägeln.

Inzwischen waren Thomas und ich im A.B. Hauptquartier bei Michael. Er und ein paar weitere Bodyguards testeten, von wem das Blut im Flur stammte. Wir hatten eine Probe in einer kleinen sterilen Plastiktüte mitgebracht. Thomas versuchte, mich zu beruhigen. Die ganze Zeit dachte ich an Cassie. Das Blut durfte einfach nicht ihres sein. Was, wenn sie tot war? Oh neiiin, ich durfte nicht daran denken. Ich war am Verzweifeln.

In dem Moment drehte sich Michael zu uns. Er sah nicht sehr begeistert aus. Sein Blick war leer. „Es tut mir leid, Ray, es ist Cassies Blut."

Ein starker Schmerz breitete sich in meinem Herzen aus, als würde jemand ein Messer in meine Brust rammen. Für einige Sekunden bekam ich keine Luft. Thomas und Michael mussten mich stützen. Vor meinen Augen drehte sich alles, und ich spürte, wie meine Beine nachliessen. Meine Kitty wurde entführt …

„Ray, setz dich hin! Wir werden Cassie finden!",
versicherte mir Michael und wollte mich zu einem
Stuhl führen, als ich zum Glück wieder Energie
verspürte. Gleichzeitig war ich verzweifelt und
wütend.

„NEIIIN, Michael!! Ich werde sie suchen! Es ist
mein Auftrag, sie zu beschützen. Ich will Cassie
nicht verlieren!", brüllte ich und erntete die volle
Aufmerksamkeit im Raum. Etwa fünfzehn Body-
guards starrten mich gleichzeitig an und waren
ziemlich überrascht, gar schockiert von meiner
Reaktion. Mein Kopf brannte vor Wut. Und jede
Ader in meinem Körper war deutlich zu sehen.
Michael wollte noch etwas sagen, doch ich stürmte
wie im Rausch aus dem Zimmer direkt zu meinem
Büro. Thomas und Michael folgten mir. Warum
liessen sie mich nicht einfach in Ruhe?!

Mit voller Wucht stiess ich die Tür auf und eilte
zum Computer. Die beiden standen bereits hinter
mir. Laut fluchte ich.

„ALTER, RAY, BERUHIG DICH!! WIR WOLLEN
DIR HELFEN!! ICH WILL CASSIE AUCH NICHT
VERLIEREN!! UND JETZT LASS MICH AN DEN
COMPUTER!! DU HAST KEINE AHNUNG, WIE
MAN EINE PERSON IM INTERNET SUCHT!! ICH
SCHON!!" Michael stimmte Thomas zu. Verdammt,
ich musste ihm recht geben. Ich hatte wirklich noch
nie eine Person mit dem Computer geortet,
Thomas schon. Zitternd überliess ich Thomas
meinen Computer.

Ich stand schniefend neben Michael, der seine Hand auf meine Schulter legte. „Thomas wird sie finden, Ray", flüsterte er mir mit ruhiger Stimme zu. Eine Träne kullerte über meine Wange, meine Lippen vibrierten.

Ich hoffte es! Ich hoffte es so sehr!

# 31. Erstes Treffen mit George

## Cassie

Mein Herz schlug wie verrückt. Ich war umgeben von Dunkelheit und an einen Stuhl gefesselt worden. Toll, wie würde ich hier wieder rauskommen? Die Schmerzen im Gesicht zogen sich bis in meinen Oberkörper. Blut floss aus meiner Nase und plantschte von meinem Kinn auf den Boden. Fluchend zerrte ich an meinen Händen und wollte sie sofort aus den Handschellen befreien – ohne Erfolg. Warum machte Kyle das nur?! Es gab überhaupt keinen Grund dafür!

Plötzlich hörte ich, wie sich die Türe öffnete. Ein Licht erhellte den grossen Raum. Mehrmals blinzelte ich, um mich an die Helligkeit zu gewöhnen. Hinter mir hingen Fesseln an der Wand, sie jagten mir Angst ein. Ansonsten war der Raum leer.

Ach du meine Güte, was suchte ich hier? Ich schluckte leer. Irgendetwas Schlimmes kam auf mich zu ... Ich spürte es.

Mein Blick wanderte zur geöffneten Tür. Vier bewaffnete Männer betraten den Raum. Auch Kyle! Er warf mir einen finsteren Blick zu und hantierte arrogant mit einer Pistole. Dieser Kerl war hirngestört! Panik stieg in mir hoch, ich zitterte am ganzen Körper. Am Boden entdeckte ich eine kleine Blutpfütze. Super, und meine Nase blutete noch immer!

„Hallo Cassandra!", ertönte eine tiefe männliche Stimme, die ich noch nie zuvor gehört hatte. Sofort sah ich auf und erblickte zwischen den vier Männern einen grossen, kräftigen Mann. Er hatte seine starken Arme hinter dem Rücken verschränkt und grinste böse. Seine hellbraunen Haare hatten einen leichten Undercut, seine grossen Augen waren schokobraun und die Haut leicht gebräunt. Die braunen Bartstoppeln um den Mund machten ihn ungepflegt. Auffällig waren seine vollen Lippen und die Stupsnase. Mit drohenden Schritten kam er auf mich zu und beglotzte mich erniedrigend. Wer war er und woher kannte er meinen Namen?

Ich schnappte nach Luft. „Wer sind Sie?! Befreien Sie mich und gehen Sie sofort von mir weg!" Hinter dem Mann lachte Kyle blöde. Dieser Arsch …

„In diesem Tonfall redet niemand mit mir, junge Dame!" Die Stimme des Mannes klang sehr gefährlich. Ich flehte innerlich nach Ray. Meine Unterlippe klapperte. Der Mann blieb etwa einen Meter vor mir stehen, bückte sich zu mir runter, checkte mich nochmals komplett ab und fixierte meine tiefbraunen Augen. Sein kalter Atem jagte mir noch mehr Angst ein. Es fehlte nicht viel, und ich hätte losgeschrien. „Du siehst deiner Mom sehr ähnlich, Cassandra. Kaum zu glauben, dass du deinen eigenen Vater nicht wiedererkennst."

*Oooh mein Gott! Kitty, das ist „unser" Vater ...*
*George Clark! Shit! Shit! Shit! Ich glaube, ich*
*kriege einen Herzinfarkt! Kann jemand Mund-zu-*
*Mund-Beatmung machen, bitte? Ray? Wooo bist*
*du?! Ich brauche deine Lippen!*
Und ich brauche auch eine Wiederbelebung - und
zwar sofort!

Vor mir stand mein Vater, der Mom und mich
achtzehn Jahre lang im Stich gelassen hatte.
Diese Bestie hatte nichts Besseres zu tun, als
Menschen zu entführen und ihnen ihr Leben zu
nehmen. Aber um seine Tochter kümmerte er sich
nie! Wie hatte Mom sich nur in dieses Schwein
verlieben können?! Solch ein Scheisskerl als Mann
zu haben, wäre das Letzte für mich! Da wäre ich
lieber die Tochter eines Affen! Unsägliche Wut
stieg in mir auf. „Duuu?! Wie konntest du Mom und
mich in all den Jahren alleine lassen?!
Schlechtester Vater ever!", brüllte ich ihn an und
spuckte ihm ins Gesicht. Dad wischte sich ange-
ekelt meinen Speichel weg.
„Cassandra, ich ..."
„Nenn, mich nicht so! Ich hasse diesen Namen!
Mein Name ist Cassie!"
Dad zog kritisch die Augenbrauen hoch, starrte in
mein feuriges Gesicht und packte mich grob am
Oberarm. Seine Nägel drangen in meine Haut. Es
tat höllisch weh, weshalb ich aufschrie. Tief lachte
Dad. „Kreisch für mich, Kleine! Ich brauch deinen
Todesschrei!"

Wie bitte?! Wofür brauchte er meinen Banshee-schrei?! Schnell verstummte ich, riss mich zusammen und blickte ihm düster in die Augen. Meine erste Begegnung mit Dad hätte ich mir schon anders vorgestellt! Merkwürdige Begrüssung …

„Warum und für wen brauchst du meinen Schrei?!", fauchte ich ihn an und zeigte ihm sauer meine Zähne.

Dad schwieg kurz und liess meinen Oberarm los. Kerzengerade stand er vor mir und verstaute die Hände in seinen Bluejeans. „Für sehr vieles, Tochter", antwortete er bedrohlich und griff nach einem Messer in seiner Hosentasche. Ach du heilige Scheisse! Wollte er mich etwa umbringen? Ich war wie versteinert. Dad drehte sich zu den vier bewaffneten Männern um und schrie: „Holt das Opfer!" Drei Männer gehorchten ihm und marschierten aus dem Raum. Kyle blieb stehen und lachte böse.

Ich schnappte brüllend nach Luft. „Warum, Kyle?! Wieso tust du mir das alles an?!" Kyle warf hochnäsig seine Pistole in die Luft und fing sie angeberisch auf. Bluffer!

„Eine Banshee hat keinen Platz in der Menschen-welt, Cassie! Du gehörst zu den Toten, hörst du?! Ich will dich endlich loshaben! Du bist so ein nerviges Ding! Du weisst nicht, wie oft ich mich ab deinem Gekreische schon aufgeregt habe! Und weisst du was?! Alles, was in den letzten Wochen zwischen uns passierte, hatte ich geplant! Naja, eigentlich planten George und ich das Ganze schon früher. Dann kam Bodyguard Ray dazwischen und versaute unseren Plan. Vorgesehen war, dass ich mich mit dir verkupple. Doch ich kam mit Hayden zusammen, und wer's glaubt, ich bin sehr glücklich mit ihr. Dann wollte ich dein bester Freund werden, aber auch das schaffte ich nicht. Und deine zwei Freundinnen ... oh Mann, die können ja nervig sein! Sie beschützen dich wie Schutzengel. Denn sie gaben mir keine Chance, dich anzumachen. Als sie dich dann nicht mehr überallhin begleiteten, übernahm Ray dies. Ich sage dir, dieser Typ geht mir gewaltig auf den Sack! Überall, wo du warst, war er auch ... Als hätte er geahnt, dass ich was mit dir vorhatte. Dieser Typ ist ein Psycho! Kaum zu glauben, dass so ein verrückter Vogel auf dich steht!"

Moment mal ... Was hatte er da gerade gesagt?! Ray ... steht auf mich ...?! Oh nein, nein, nein! Das glaubte ich ihm nicht! Ray war ein Player und wollte nur eine Zwei-Tage-Beziehung. Ich lachte. „Waaas?!"

„Du kennst die Wahrheit nicht. Dieser Kerl ist geradezu vernarrt in dich! Du bist wie eine Droge für ihn. Ray ist süchtig nach dir! Er würde sein ganzes Leben für dich opfern und jeden Einzelnen verprügeln, der dich auch nur anschaut!"

*Ich glaube ihm!*
Nicht dein Ernst?!

*Doch, das ist mein voller Ernst! Ich habe dir schon die ganze Zeit gesagt, dass Ray ein Auge auf dich hat!*
Ja, aber …
*Oh doch!*

Fassungslos guckte ich Kyle an. Ray war in mich verknallt … und ich in ihn! Shit, warum fiel mir das erst jetzt auf?! Hinter all der Wut und dem Hass hatte immer Liebe gesteckt, und ich hatte es nie gemerkt. Ich war blind gewesen! Schniefend liess ich meinen Kopf hängen und begriff gerade nicht, wie dumm ich nur war. Ray tat alles, damit ich glücklich und am Leben war. Und ich zeigte ihm ständig meine kühle Seite und nie meine wahren Gefühle für ihn. Wie konnte ich nur so blöd sein?! Ich hätte mir eine verpassen können, doch ich war gefesselt. Tränen kugelten über meine Wangen, mein Herz war von Schmerz erfüllt. Warum weinte ich?!

*Weil du Ray vermisst und dich schuldig fühlst. Weil du ihm nie deine Liebe gestanden hast! Und ich bin auch sehr wütend auf dich! Sehr, sehr, sehr wütend! Ich bin enttäuscht von dir, Kitty!*

Jaja, meine Hinterkopfstimme … Ich fühlte mich schlecht, ärgerte mich und konnte den Schmerz in meinem Herzen nicht unterdrücken.

Soeben betraten die drei Männer mit einer jungen Frau den Raum.

Sie war mager und blutete überall, ihre Kleider mitsamt der langen Hose waren zerrissen. Sie flehte und jammerte, weil sie offensichtlich überall Schmerzen hatte. Die Frau tat mir schrecklich leid! Was tat mein Vater solch hilflosen Menschen bloss an?

„LASST SIE LOS!!", brüllte ich. Doch keiner hörte mir zu. Dad sah mich böse an. Die Hände der jungen Frau waren zusammengebunden. Ich spürte, dass jeden Moment etwas Furchtbares passieren würde. Und dieses Gefühl liess mich nicht los … das Gefühl, bald jemanden sterben zu sehen! Vor meinen Augen tanzten schwarze Punkte.

Die Frau bewegte sich in Zeitlupe zu meinem Vater. Dad packte sie am Arm, zog sie rüpelhaft an sich und hielt das scharfe Messer unter ihre Kehle. Nein! Das konnte er nicht tun! Kyle und die anderen Männer standen hinter ihm und beobachteten mich. Anscheinend gefiel es Kyle, auch mich leiden zu sehen. Grässlich, dieser Typ! Er verdiente nicht einmal meine kleinste Aufmerksamkeit!

Langsam klappte mein Kiefer runter, Schweissperlen kugelten über meine Stirn. Dad lachte tief, mit dem Messer berührte er leicht die Haut der Frau. Sie kreischte auf und flehte meinen Vater an, sie endlich loszulassen. Doch er tat so, als hörte er sie nicht. Seine gefährlichen Augen durchstachen meine.

„Schrei endlich, Mädchen!", zischte er.

*Cassie! Schrei nicht! Er will dich ausnutzen! Dieses Arschgesicht will dich bestimmt als Köder an andere Menschen verkaufen, die dich miss-brauchen wollen. Das darf er nicht tun! „Unser" Dad möchte mit diesen armseligen Menschen spielen. Ein Spiel um Leben und Tod! Bei ihm dreht sich alles nur ums Geld! Also hör mir gut zu, Kitty! Schliess deine Augen und stell dir vor, dass Ray dich küsst. Denn ein wahrer Kuss der Liebe kann den Schrei einer Banshee aufhalten, und Ray hat es geschafft!*

Alles, was meine Hinterkopfstimme sagte, machte Sinn. Ein Kuss der wahren Liebe. Wie bei Dorn-röschen. Nur der Kuss der wahren Liebe konnte Dornröschen wecken. Und meinem edlen Ritter gelang es, mein Bansheeschrei aufzuhalten. Ein schwaches Lächeln huschte über mein Gesicht, als ich Rays weiche Lippen auf meinen spürte. Obwohl er gar nicht hier war, fühlte sich dieser Kuss echt an. In meinen Gedanken stellte ich mir Ray und sein wunderschönes Lachen vor.

Das Bedürfnis nach diesem Schrei war tatsächlich wie weggeblasen. Ich bekam wieder einen klaren Kopf. Langsam öffnete ich die Augen … und traute ihnen nicht. Vor meinen Füssen lag die junge Frau … tot mit durchschnittener Kehle. Ach du heilige Maria! Mein Vater hatte sie umgebracht … und ich hatte nicht geschrien. Ich lächelte breit, obwohl vor mir eine Leiche lag.
Vor Schock liess Kyle seine Waffe fallen.

„WAAAS?!!", tobte er durch den ganzen Raum.
Tja! Pech gehabt, Kyle! Dad stand verblüfft da.
Blitzartig wurde seine Miene drohend und böse. Er
lief mit dem Messer direkt auf mich zu. „Warum
zum Teufel hast du nicht geschrien?!" Das Messer
setzte er an meine Brust.

„Ein wahrer Kuss der Liebe kann den Schrei einer
Banshee aufhalten", entgegnete ich ihm von Angst
erfüllt, liess mir diese, so gut es ging, aber nicht
anmerken.

„Aber dich hat niemand geküsst!"

„Doch, vorhin. Ray, mein Bodyguard!"

„RAY?!!", kreischte Kyle und starrte mich mit
kugelrunden Augen an.

Ich nickte stolz. „Ja, ich habe mir vorgestellt, wie er
mich wieder küsst. Und deshalb musste ich nicht
schreien. Geschissen, Vater!"

Dads Kopf wurde feuerrot, als würde er nächstens
explodieren. Ich konnte seine Wut hinter den
Augen brennen sehen. Oh ooooh! Jetzt war ich in
grosser Gefahr! Sofort verstummte ich, meinen
Blick hatte ich ständig auf Dad gerichtet. Und
dennoch gelang es ihm, mich zu verletzen. Er
schnitt mit dem Messer tief in meine Schulter. Ich
durfte jetzt einfach nicht schreien. Also biss ich mir
fest auf die Lippen, bis ich Blut schmeckte. Mein
ganzer Körper verkrampfte sich, und ich spürte
das fliessende Blut aus der Wunde. Mein graues
T-Shirt verfärbte sich schnell, der rote Fleck
breitete sich immer weiter aus.

„SCHREI ENDLICH!! ICH WILL DICH SCHREIEN HÖREN!!", brüllte mein Vater und verpasste mir eine heftige Ohrfeige. Der Knall wiederholte sich mehrmals im Raum. Dads Hand war noch lange auf meiner Wange zu spüren. Ich wurde vom eigenen Vater geschlagen …! Dieser Mann war ein Mörder und niemals mit mir verwandt! Am liebsten hätte ich geweint, geflucht und geschrien, doch was hätte mir das genützt?

Meine schmerzende Schulter verlor immer mehr Blut. Es folgte ein kräftiger Kick in mein Schienbein. Shit, irgendwo knackte es laut, ich musste mir etwas gebrochen haben. Mein Bein schmerzte unaufhörlich. Mit verzogenem Gesicht blickte ich Dad an, der mich mit voller Wut und blankem Hass fixierte. Dann tat er das, womit ich niemals gerechnet hatte. Er rammte mir das Messer in den Bauch.

Ich entriss es gleich wieder und schmiss es weg … Mit aufgerissenen Augen starrte ich ihn an. Nie zuvor verspürte ich einen solchen Schmerz. Aus meinem Mund tropfte Blut, ich weinte.

„Wenn du nicht für mich schreist, dann brauch ich dich auch nicht, nutzloses Ding! Ich bezweifle, dass du meine Tochter bist!", fauchte er mich an.

Mit diesen Worten verliess er wutentbrannt den Raum und befahl zwei Männern, mich an die Wand zu hängen, damit ich schneller starb. Schellen wurden an meinen Handgelenken befestigt. Kyle sah zu, wie ich an die Wand gefesselt wurde und verschwand dann mit einem teuflischen Grinsen aus meinen Augen. Ich war zu schwach, um zu schreien. Wie Jesus hing ich da. Mit dem Unterschied, dass er an einem Kreuz hing und ich keine Nägel in den Händen hatte. Naja, aber wahrscheinlich empfanden wir etwa die gleichen Schmerzen. Sogar meine Hinterkopf-stimme war weg, da sie diese Qualen anscheinend nicht mehr aushielt. Weinend versuchte ich, die Schmerzen zu unterdrücken. Blut tropfte von mir runter. Von Schulter, Bauch, Nase … Mein Bein fühlte sich so kaputt an. Wie konnte mein eigener Dad mir nur so etwas Schreckliches antun?

Die Männer legten ein Gerät mit einem roten und grünen Knopf neben die Tür und verliessen den Raum. Ich nahm an, dass es für die Handschellen war. Mit dem roten Knopf waren die Schellen wohl zu schliessen und mit dem grünen zu öffnen. Die Männer hatten es bestimmt in den Raum gelegt, um mich zu plagen. Damit ich kämpfen sollte, um diese Knöpfe zu drücken und mich so zu befreien. Das war unfair, denn ich hatte absolut keine Chance.

Auch brachte mich dieses Gerät nicht weiter, denn ich wusste, dass ich nicht mehr lange leben würde. Mom hatte mir zwar mal erzählt, dass eine Banshee nicht schnell sterben kann, auch mit einer Kugel im Kopf. Dennoch war das Risiko sehr gross, dass ich das hier nicht überlebte.

# 32. Mein Ende?

Das Ganze kam mir wie eine Ewigkeit vor, und die Schmerzen nahmen kein Ende. Unter meinen schwebenden Füssen bemerkte ich eine immer grösser werdende Blutpfütze. Mein Atem wurde schwerer, und vor meinen Augen verschwamm langsam alles. So fühlte sich also mein Ende an. Doch ich durfte und wollte nicht so sterben! Mit viel Mühe versuchte ich, meine Augen offen zu halten und gleichmässig zu atmen. Meine Hinterkopf-stimme hatte sich noch immer nicht zurück-gemeldet. Ich glaubte, sie war bereits tot. Immer wieder sah ich zur Tür und hoffte, dass jeden Moment Mom, Ray oder Thomas reinstürmten und meinen Hintern retteten. Aber meine Hoffnung war so klein wie … keine Ahnung was. Ich fühlte mich am Ende und konnte nicht mehr klar denken. Noch so viel hatte ich vorgehabt, und das alles ging in diesem Moment buchstäblich bachab. Ich wollte meinen Abschluss machen, einen tollen Job haben, ein eigenes Haus kaufen, für ein Jahr mit meiner grossen Liebe auf Weltreise gehen, später heiraten und Kinder kriegen. Gar alles konnte ich vergessen. Ich würde Mom, Pop, Isabel, Thomas … und Ray verlieren. Der Gedanke, vor allem Ray nie mehr zu sehen, war wie ein Dolchstoss ins Herz. Nein, das alles musste ein böser Traum sein! Ich wollte keinen von diesen

Menschen verlieren! Sie waren mir alle so sehr ans Herz gewachsen, waren meine Familie.

Die Türe knallte auf, vor Schock fuhr ich zusammen. Meine Schmerzen wurden dadurch intensiver.

„Cassie!"

Ray?? Mit letzter Kraft hob ich meinen Kopf und versuchte, die dunkle Gestalt zu erkennen. Als sie näher auf mich zukam, hatte ich die Gewissheit, dass es Ray war. Er sah fix und fertig aus. Sein T-Shirt durchgeschwitzt, sein Gesicht kreideblass, seine Augen rot. Hatte er geweint? Mit Mühe versuchte ich, seinen Namen zu sagen. Blut floss aus meinem Mund. Ray schnappte sich entschlossen das Gerät und drückte den grünen Knopf. Sofort wurde ich aus den Handschellen befreit. Hätte Ray mich nicht aufgefangen, wäre ich in mein eigenes Blut geplumpst. Ausser Atem drückte er mich an sich und strich mir erleichtert mehrmals durchs Haar. „Endlich, eeendlich, ich habe dich gefunden! Cassie, du weisst nicht, wie sehr ich mich um dich gesorgt habe. Hab deine Mom angerufen, deine Freundinnen, die A.B. und die Polizei alarmiert und sie gebeten, dich auch zu suchen … Ich dachte, ich sterbe vor Angst und Sorge."

Schwer atmend lehnte ich meinen Kopf an seine Brust und lauschte seinem schnellen Herzschlag. Ich begriff noch immer nicht, dass Ray bei mir war. Bester Bodyguard auf der Welt! Mein Bodyguard!

„Ich … sterbe … bald …", stotterte ich leise und angsterfüllt.

Anscheinend hatte er meine vielen Verletzungen noch nicht gesehen … „Wie meinst du das …?", fragte er zögernd. Meine Augenlider wurden zunehmend schwerer. Ray wollte mich für einen kurzen Augenblick loslassen, und sofort verlor ich das Gleichgewicht. „Kitty!", schrie er und fing mich in letzter Sekunde auf. Erst da fielen ihm meine blutenden Wunden auf. Mit gigantischen Augen zog er mein T-Shirt ein wenig hoch. Vor meinen Augen tanzten schwarze Punkte. „OHH SHIIIT!!", schrie Ray ausser sich. Meinen Tränen liess ich freien Lauf. Ich spürte, wie mein Körper nachliess. Und es gab ein zweites Problem … Ich spürte einen aufkommenden Schrei in mir und wie sich mein Mund öffnete. Bitte, bitte, bitte nicht jetzt! Ein schlechter Zeitpunkt.

*Denk an den Kuss oder küss ihn!*

Meine Hinterkopfstimme war wieder da! Yipppiie! Mir fehlte jedoch die Kraft, um Ray zu küssen. Darum schloss ich kurzerhand die Augen und versuchte, wie zuvor an Rays Kuss zu denken. Es fiel mir schwer, denn die Schmerzen waren heftig. Mein Mund weitete sich immer mehr. Ray war richtig panisch wegen meinen Wunden.
Wer um Himmels willen starb gerade? Ja, ich! Aber ich spürte doch nur den Tod von anderen … Neeein, ich wollte es gar nicht wissen, sondern einfach nicht schreien.

Ich öffnete meine Augen und blickte Ray an. Dabei dachte ich nochmals an die schönen Kussszenen. Mein Körper wurde tatsächlich lockerer und mein Mund schloss sich langsam. Oooh mein Gott, es hatte geklappt! Einerseits war ich schockiert und andererseits froh, nicht schreien zu müssen. Doch die starken Schmerzen waren noch immer da.

Ray setzte mich vorsichtig auf den Boden, zog sein schwarzes T-Shirt aus und band es mir um den Bauch. Da blutete ich am meisten. Er zitterte und schwitzte stark. „Halte durch, Cassie. Ich bring dich ins Krankenhaus und … und … und verdammt! Ich will dich nicht verlieren, bitte, bitteee!" Ray konnte seine Tränen nicht mehr zurückhalten und klatschte seine Hände verzweifelt ins Gesicht. Schwach nahm ich seine Hand und wischte mit der anderen Hand eine Träne unter seinem Auge weg. Rays Lippen bebten, meine Hand drückte er sanft zusammen. „Nicht … weinen, Ray … ich … schaff das … schon."

Meine Stimme war zittrig und der Schmerz im Bauch kaum mehr auszuhalten. Tief im Innern wusste ich, dass ich das nicht überleben würde, doch ich wollte Ray nicht traurig sehen. Er dachte wohl dasselbe, nickte schwach und starrte auf sein um meinen Bauch gebundenes T-Shirt. Das Blut drückte durch, was uns beiden noch mehr Angst einjagte. Ray hob mich zitternd mit seinen kräftigen Oberarmen hoch. Meinen kraftlosen Kopf lehnte ich an seine Schulter und versuchte, weiterhin gleichmässig zu atmen.

Ray stürmte mit mir in den Armen aus dem Raum und rannte einen dunklen Flur entlang. Wie gut er sich in diesem Gebäude orientieren konnte. Überall waren verschlossene Türen. Wie hatte er mich in diesem Irrenhaus nur finden können? Ich konnte Waffen in Rays Gurt sehen, unter anderem auch eine Pistole. War die geladen?

Er stiess eine Türe auf, ein grosser leerer Raum befand sich vor uns. Sonnenstrahlen drangen durchs Fenster und strahlten in den Raum. Wenige Meter vor uns lag der Eingang zur Freiheit. Ray wollte weiterrennen, wurde aber durch ein lautes Gebrüll gestoppt.

„Was zum Teufel machst du da mit meiner Cassandra?!"

Oh nein! Schwach drehte ich meinen Kopf zur Seite und erblickte Dad. Schande, warum erschien er im dümmsten Moment?!

Ray runzelte entsetzt die Stirn. „Deine Cassandra?! Sie gehört mir!", zischte er und drückte mich sanft an sich.

„Ra… Ray … das ist … mein … Vater …", stotterte ich.

„Waaas?! Neiiin …!" Ray war platt und brachte seinen Mund nicht mehr zu. Dad knurrte laut und warf mir böse Blicke zu. Die Schmerzen versuchte ich wegzudenken.

„Lass meine Tochter runter!", befahl Dad, doch Ray gehorchte ihm nicht. Wütend funkelte er meinen Vater an und ging mit langsamen Schritten auf die Tür zu.

„Ich hab gesagt, LASS MEINE TOCHTER RUNTER!!" Dieses Mal schrie Dad unfassbar laut. In dem Moment erschien Kyle mit einer Knarre neben Dad. Oh Shiiit! Kyle lachte tief und streckte Ray die Zunge raus. Er zielte mit der Pistole auf uns beide.

„Ich wusste, dass er was vorhat", nuschelte Ray und sah nervös zwischen Dad und Kyle hin und her. Mein mörderischer Vater forderte Ray erneut drohend auf, mich runterzulassen. Meine Schmerzen liessen nicht nach. Im Gegenteil … sie wurden zunehmend heftiger.

Und all die unschönen Worte, die Dad Ray an den Kopf warf, brachen mir das Herz. Wie konnte er nur so herzlos sein?! Dieser Tag musste ein baldiges Ende nehmen! Ein gutes … Mit letzter Kraft griff ich nach der Pistole in Rays Gurt und drehte meinen Kopf langsam zu Dad. Ray merkte nichts davon, was auch gut so war. Kyle kam mit seiner Knarre einen Schritt näher auf uns zu und lachte teuflisch. Ich holte tief Luft und riss mich zusammen. Dad und Kyle waren auf Ray konzentriert. Das war meine Chance. Zitternd zielte ich auf Dad und drückte ab. Ein lauter Knall hallte abermals im Raum. Kyle hielt sich die Ohren zu, seine Knarre liess er zu Boden fallen. Ray sah mich schockiert an und konnte nicht glauben, was ich gerade getan hatte.

Wie auf Knopfdruck sackte Dad in sich zusammen. Ich hatte nur Augen für ihn. Aus seiner Brust floss Blut, sehr viel Blut. Oh Gott! Hatte ich soeben meinen eigenen Vater umgebracht? War das alles wahr? Nein … oder?! Die Pistole liess ich fallen, alles um mich herum bewegte sich in Zeitlupe. Kyle rannte kreischend auf Dad zu. All unsere Bewegungen waren wie in Slow Motion. Mein Atem wurde schwächer, weshalb Ray mit mir in den Armen aus dem Raum stürmte. Ich schaffte es nicht, meinen Vater ein letztes Mal anzusehen. Ich war die Mörderin eines Serienkillers … meines eigenen Dads! Aber ich wusste, dass ich das Richtige getan hatte! Ich hatte jemanden getötet, der anderen Menschen das Leben nahm und noch nehmen wollte, das seiner eigenen Tochter.

Von Panik ergriffen, rannte Ray mit mir ins nächstgelegene Krankenhaus, das nicht weit entfernt lag. Alle Blicke waren auf uns gerichtet, Ray weinte beinahe. Ich sah aus wie eine Leiche, weiss wie Schnee und meine Klamotten blut-befleckt. Alles fühlte sich wie in Trance an, all die langsamen Bewegungen der auf uns zuspringen-den Ärzte. Ray schrie irgendwas, ich verstand kein einziges Wort. Das einzig Hörbare war mein Herz-schlag. Dieser wurde von Sekunde zu Sekunde schwächer.

Das war's wohl … Hinterkopfstimme, hast du noch irgendwas zu sagen? Ein letzter lustiger Satz vielleicht …?
Schweigen … Anscheinend war sie tot.

Ich realisierte, dass ich auf einer Liege lag und die Ärzte mich in ein Notfallzimmer brachten. Ray lief besorgt und voller Angst neben mir her und hielt meine Hand. Wie ich diesen Jungen liebte – und ich konnte es ihm nicht einmal mehr sagen! Doch, zumindest versuchte ich es.

„Nein! Nein! Nein! Cassie, rede nicht, du verlierst zu viel Sauerstoff. Bleib ruhig, okay?! Zusammen schaffen wir das!" Seine Augen waren mit Wasser gefüllt. Nein, ich wollte ihn nicht so sehen! Meine Unterlippe zitterte.

„Ray … ich liebe dich … "

Zuerst reagierte er überhaupt nicht, bis er checkte, was ich ihm zugehaucht hatte. „W…Was? Was, Cassie?"

Ich schluckte leer und merkte noch, wie sich meine Augen schlossen. „Ich … liebe … dich … "

Zärtlich küsste mich Ray auf die Wange. Seine Angst spürte ich in seinem Kuss, er zitterte am ganzen Körper. Tränen kullerten über seine Wangen. Auch mir entwischten ein paar Tränen.

„Ich liebe dich auch, Kitty. Seit Anfang an."

Zum allerersten Mal fühlte ich mich richtig geliebt, und das war ein unglaublich wunderbares Gefühl. Das Tüpfelchen auf dem i war, dass Ray mir meinen Kosenamen noch sagte, bevor ich alles um mich herum ausschaltete. Ich hörte nichts, sah nichts und spürte nichts mehr.

# 33. Der letzte Schrei

**Ray**

Völlig in meine Gedanken versunken, sass ich im
Wartezimmer und starrte ins Leere. Neben mir
sass Thomas, der nervös an seinen Nägeln kaute,
rechts von mir sass Kayla. Ihren Arm hatte sie um
meine Schulter gelegt. Komischerweise war sie
von uns dreien am ruhigsten. Und ich?! Ich
krepierte beinahe vor Sorge! Seit einem Tag
hockte ich im Wartezimmer und wartete auf einen
Arzt, der mich über Cassies Zustand zu infor-
mieren hatte. Tausende Fragen wirbelten durch
meinen Kopf. Würde sie überleben? Wenn nicht,
wie würde ich ohne sie weiterleben? Wenn doch,
würde sie jemals wieder dieselbe sein? Immer
wieder tauchten in meinen Gedanken Bilder auf,
wie sie regungslos in meinen Armen lag. Ihre
Wunde am Bauch machte mir am meisten Sorgen.
Doch Cassie war eine Kämpferin, stark und nun
einmal kein ‚normaler' Mensch, eben eine
Banshee! Das gab mir Mut.
„Ray, iss bitte einmal was", bat mich Kayla und
reichte mir Geld für den Automaten. Ich schaffte es
nicht, sie anzuschauen. Cassie glich ihr zu sehr.
Thomas sah mich hoffnungsvoll an. Ich sagte
nichts zu Kayla und lehnte ihr Geld ab. Ich mochte

nichts essen und wollte auch nicht schlafen! Ich wollte Cassie zurück!

*Ray … ich liebe dich …*

Beim Gedanken an diesen einen kleinen Satz schossen mir wieder Tränen in die Augen. Meine grosse Liebe starb vielleicht in dem Moment! Warum musste mein Leben nur so ungerecht sein? Zuerst verlor ich meine Familie, meine Mutter und beinahe meinen Job. Und jetzt! Meine Kitty lag im Sterben, und ich wusste nicht mehr weiter. Ich fühlte mich ohne sie hilflos. Endlich fand ich MEIN Mädchen, und keinesfalls wollte ich sie mehr hergeben. Wie oft stand ich in all den Jahren als Player da. Ich war ein für alle Mal keiner mehr und hasste es, wenn mich jemand so nannte! Und eines war mir klar! Ich brauchte Cassie mehr denn je. Sie war mir so sehr ans Herz gewachsen und ein Teil von mir geworden.
Ich wischte mir die Tränen unter den Augen weg und blickte zur Tür, die sich in dem Moment öffnete. Ach du heilige Maria! Das war der Arzt, der Cassie operiert hatte! Ich zitterte am ganzen Leib. Null Gefühle konnte ich in seinem Gesicht erkennen. Bitte, bitte, wenn die Operation nur gut verlaufen war!
Thomas erhob sich als Erster. „Wie geht's ihr?! Ist die Operation gut gegangen?! Warum hat sie derart lange gedauert?!" Genau diese Fragen wollte ich dem Arzt selber stellen. Danke, Thomas!

Der Arzt versteckte die Hände hinter dem Rücken und schnappte nach Luft. „Tut mir leid, dass Sie so lange warten mussten. Doch wir hatten anfänglich ziemliche Schwierigkeiten. Da Cassandra …"

„Cassie!", unterbrach ich ihn in einem ernsten Tonfall.

Der Arzt zögerte für einen Moment und schaute mich kritisch an. Ja, ich weiss, ich war fix und fertig und fühlte mich auch so.

„Cassie ist eine Todesfee. Da ich zuvor noch nie eine Banshee operiert hatte, musste ich zuerst ihren Körper verstehen. Wir können alle froh sein, dass eine Banshee - im Gegensatz zu normalen Menschen - über längere Zeit schwere Verletzungen übersteht. So kann sie besser durchhalten und wahrscheinlich überleben. "

Wahrscheinlich?! Was bedeutete das?! Sofort erhob ich mich und ging auf den Arzt zu. Ich bekam einen Schweissausbruch und atmete heftig ein und aus. „Sie lebt, oder?!"

„Sie liegt noch im Koma, mein Herr! Ihr Herz schlägt sehr schwach, und das kann sich innert einem Tag ändern. Wir wissen erst in 24 Stunden endgültig, ob sie überlebt oder nicht. Jetzt hängt es von Cassie ab."

Oh mein Gott! Verzweifelt klatschte ich meine Hände über dem Schädel zusammen und hätte wieder weinen können. Thomas und Kayla standen dicht hinter mir und rieben mir beruhigend den Rücken. Zum Glück hatte ich sie an meiner Seite.

„Dürfen wir zu ihr?", fragte Kayla leise. Ich wusste, wie sehr sie sich zusammenriss, um nicht zu weinen.

„Nur eine Person", entgegnete der Arzt ernst. Ich sagte Kayla, dass sie gehen dürfe.

Schliesslich ist sie Cassies Mutter.

„Ray, geh du", erwiderte sie überraschend. Thomas stimmte ihr zu. Leise bedankte ich mich bei ihr und folgte dem Arzt. Wir liefen die Treppen hoch. Meine Beine fühlten sich wie der Rest meines Körpers energielos an. Shit, fühlte ich mich schlecht. Wir gingen einen langen Flur entlang und blieben vor Cassies Tür stehen. Der Gedanke, sie nun ganz nahe bei mir zu haben, brachte mich beinahe um. Der Arzt öffnete die Tür, machte mir den Weg frei, und ich betrat das dunkle Zimmer. Er schloss die Tür hinter mir und liess mich mit ihr allein. Das Piepsen einer Maschine war gut zu hören. Und dann sah ich sie! Cassie war bis zum Bauchnabel zugedeckt, mit etlichen Kabeln an die Maschinen angeschlossen. Ihre Haut blass und ihre Haare wild zerzaust. Dieser Anblick brach mir das Herz.

„Kitty …", stotterte ich, griff nach ihrer kalten Hand und drückte sie vorsichtig. Der Herzmonitor neben ihr piepste. Ich folgte ihrem Herzschlag. Er war schwach …

Ich zitterte und weinte. Verzweifelt lehnte ich leicht meine Stirn an ihre. Ich verlor die Kontrolle über meine Tränen, mein Herz schmerzte zu sehr.

„Bitte geh nicht, Cassie! Du bist mir so wichtig, ich will dich nicht verlieren … Bitte! Bitte! Bitte! Ich flehe dich an, bleib bei mir! Ich möchte meine grosse Liebe nicht verlieren. Du bist mein Ein und Alles! Meine Freundin, meine Familie. Bitteee!" Meine Stimme wurde mit jedem Wort dünner. Alles in mir zerbrach in tausend Teile und konnte nicht mehr repariert werden. Ich war am Boden zerstört.

Es verging ein weiterer Tag, und Cassie lag noch immer im Koma. Ärzte kamen zwischendurch rein, um nach ihr zu schauen. Mir war klar, dass ich sie verloren hatte und sie nie mehr aufwachen würde. Ich war untröstlich und schrie nur noch. Thomas und Kayla mussten mich regelrecht aus dem Raum reissen. Sie versuchten umsonst, mich zu beruhigen. Heulend sass ich am Boden und fuchtelte wild um mich. Thomas sass neben mir und drückte mich sacht in seine Arme. Brachte das etwas …? Nein! Es wurde nur schlimmer. Ich bat ihn, mich loszulassen, damit ich zu Cassie konnte. Ich wollte bei ihr sein und sonst bei niemandem!
Sie brauchte mich und ich sie.
„Ray, du kannst nicht zu ihr!", meinte Kayla mit verhaltener Stimme.
„WARUM NICHT?!! VERSTEHST DU NICHT?!! CASSIE STIRBT GERADE, ICH BRAUCHE SIE!! WARUM TRAUERST DU EIGENTLICH NICHT, KAYLA?!! DEINE TOCHTER LIEGT IM STERBEN!!"
„Weil ich nicht glaube, dass sie stirbt. Sie ist ein starkes Mädchen und gibt nicht schnell auf.

Glaub mir, Ray!"

Kayla fixierte meine Augen. Ich konnte spüren, dass auch sie Angst hatte. Aber sie meinte es ernst. Hatte sie etwa recht? Wachte meine Kitty tatsächlich bald auf? Kayla wischte liebevoll meine Tränen weg und drückte mir einen Kuss auf die Stirn. Für einen Moment kam es mir vor, als hätte Mom mich geküsst. Kayla war für mich wie eine zweite Mutter. Meine Mom war auch immer sehr fürsorglich und immer für mich da. War ich traurig, drückte sie mir jeweils einen guten Besserungs-kuss auf die Stirn.

Ich hatte das Bedürfnis, Kayla zu umarmen, als ein unfassbar lauter Schrei im ganzen Krankenhaus ertönte. Meine Ohren schmerzten, die Fenster neben mir zerbrachen in tausend Scherben. Alle Ärzte und Krankenschwestern um uns herum verzogen das Gesicht und hielten sich die Ohren zu. Krass, wie laut das war! Auch Kayla hielt sich die Ohren zu und kniff die Augen zusammen. Das konnte nur Cassie sein!

Cassiiie!

Schrie sie etwa, weil sie starb? War das ihr letzter Schrei?

Das Gekreische hörte einfach nicht auf und ertönte immer lauter. Der Boden unter unseren Füssen bebte und die Wände zitterten. Wenn das Krankenhaus zusammenbrach, dann war ich am Arsch … nein, alle! Thomas lag schreiend am Boden, doch sein Gebrüll war nicht annähernd so laut wie dieser Schrei.

Mit beiden Händen hielt ich mir die Ohren zu und starrte zu Cassies Zimmer. Oh ja, das konnte wirklich nur meine Kitty sein! Ich nahm all meinen Mut zusammen und sprintete auf Cassies Zimmer zu. Das Schreien wurde noch stärker. Ich musste mich an die Wand lehnen, um nicht zusammenzuklappen. Mit voller Wucht stiess ich die Tür auf und erblickte sie kreischend im Bett. Ihr Körper war angespannt, ihr Mund weit aufgeklappt und jede einzelne Ader deutlich sichtbar. Verkrampft hielt sie sich an der Bettdecke fest. Das Fenster war zerbrochen und der Herzmonitor im Eimer. Vor meinen Augen flimmerte alles. Was lief denn hier gerade ab?!

Noch immer hielt ich mir die Ohren zu, kniff die Augen zusammen und ging auf die Knie. Cassies Geschrei hörte bestimmt ganz Adelaide!

Mit einem Mal wurde der Schrei im Sekundentakt leiser. Ich getraute mich kaum, die Augen zu öffnen, atmete laut ein und aus. Würde sie nochmals schreien oder war es vorbei? Noch immer hatte ich das Gefühl, als ob der Boden unter mir bebte. War das wohl ihr letzter Bansheeschrei? Cassie lag regungslos im Bett. Ich getraute mich nicht, aufzustehen und ihren Namen zu sagen. Lebte meine Cassie oder war sie für immer weg? Ich erkannte nicht, ob ihr Herz schlug oder nicht und sah sie nicht atmen …

Dann öffnete sie langsam ihre tiefbraunen Augen. Mein Herz machte einen riesen Satz, als ich in ihre verunsicherten Augen blickte. Ach du meine Güte!

Oh mein Gott! Eeendlich!! Ich war wie erstarrt und war mir nicht sicher, ob ich träumte. Cassie blinzelte ein paar Mal verwirrt und blickte zum zerbrochenen Fenster. Wusste sie, wo sie war? Konnte sie sich an alles erinnern? War sie wieder meine alte, sturköpfige Kitty?

„Ray …? Du siehst erschöpft aus! Hast du nicht geschlafen?"

MEINE CASSIE WAR ZURÜCK!!

Sanft legte ich meine Hände auf ihre kühlen Wangen und drückte einen langen Kuss auf ihre vollen Lippen. Im ersten Moment wirkte sie durcheinander. Ich weinte vor Glück und streichelte ihr zärtlich durchs zerzauste Haar.

Sie lebte!

„Ich dachte, du stirbst … Du weisst nicht, was ich durchgemacht habe, Kitty. Ich habe seit zwei Tagen kein Auge mehr zugekriegt, nichts zu mir genommen, und das nur wegen dir. Du kannst dir nicht vorstellen, wie erleichtert ich bin. Du machst mich gerade zum glücklichsten Jungen der Welt!", schluchzte ich.

Sie lächelte verschmitzt, was mich noch mehr berührte. Dieses süsse Schmunzeln nie mehr zu sehen, hätte mich umgebracht.

Cassie küsste meine Tränen auf den Wangen weg und presste mir einen dicken Kuss auf den Mund.

„Ich liebe dich, Ray."

„Ich liebe dich auch, Kitty." Stirn an Stirn lächelten wir beide überglücklich, und ich versuchte, nicht mehr zu heulen.

Ich konnte es noch immer nicht glauben, dass meine Kitty am Leben war.

Cassie hielt meine Hand und schaute fragend zum zersprungenen Fenster. „Es ist ja richtig kaputt. Warum, Ray?"

Ich wischte ihr lachend die verschwitzten Haare aus dem Gesicht. „Du hast vor ein paar Minuten wie eine Sirene losgeschrien und ganz Adelaide auf dich aufmerksam gemacht. Ich sage dir, Kitty, so ein lauter Schrei kam vorher noch nie aus dir! Tut dir der Hals nicht weh?"

„Nein, mir tut gar nichts weh …", meinte sie mit hochgezogenen Augenbrauen und blickte auf ihren Bauch. Aha! Sie konnte sich also noch an den üblen Messerstich erinnern. Irritiert sah sie zu mir. „Habe ich wirklich meinen eigenen Vater getötet, Ray?"

Ich setzte mich auf den Bettrand, atmete kräftig durch und streichelte mit meinem Daumen ihre Hand. Cassie liess ihren Blick nicht von mir und wartete auf meine Antwort. Ich tat mich schwer damit, ihr zu sagen, dass sie ihren leiblichen Vater mit einer Knarre in den Himmel geschickt hatte …

*Dieser Mann gehört in die Hölle! Er ist höchst-persönlich der Teufel!*
Ja, das stimmt!

„Ja, hast du, Kitty, aber es war das einzig Richtige. Dieser Mann verdient es nicht zu leben. Vielen Menschen hat er das Leben genommen."

„Und beinahe das seiner eigenen Tochter", fügte Cassie an und guckte dabei wieder auf ihren Bauch.

Er war es also, der meine Cassie hatte umbringen wollen! Zuerst hatte ich Kyle verdächtigt. Ich war so neben der Spur gewesen, dass ich gar nicht mitbekommen hatte, dass Cassie von ihrem eigenen Vater abgestochen worden war. Unvorstellbar …!

„Und weisst du was, Ray? Ich bin froh, dass ich es getan habe. Hätte ich ihn nicht erledigt, wäre er noch immer hinter mir her, und ich hätte dich nicht an meiner Seite. Ich habe den allerbesten Bodyguard und gleichzeitig den wundervollsten Jungen als meinen Freund. Und ich habe überlebt! Schöner könnte mein Leben nicht sein."

# Epilog

## Shane

„Shane! Beeil dich! Wir holen Nathan bei Grandma ab und gehen nachher zu Mom und Dad! Sie warten bereits auf uns!", brüllte mich meine Schwester Millie an.

Gooott, ich lebe nur einmal und will mein Leben geniessen!

Aber nein! Meine kleine Schwester musste mich stressen, während ich mit ein paar hübschen Girls beschäftigt war. Sauer stellte sich Millie neben die drei sechzehnjährigen Mädchen.

Millie ist erst vierzehn. Naja, für ihr Alter sieht sie sehr reif aus, und ich muss meine Kumpels von ihr fernhalten, da sie wie ein Magnet auf sie wirkt. Ich liebe meine Schwester über alles. Dad erzählte mir, dass Millie genau gleich ist wie dazumal unsere Mutter als Teenager. Sturköpfig, aufgestellt, frech und sehr neugierig. Und ich bin wie Dad, ein Mädchenschwarm, sehe gut aus, kann aber auch dickköpfig sein. Alle Wylers und Clarks sind sturköpfig.

Schnell checkte ich Millies Outfit und stellte wieder einmal fest, dass man zu viel Haut sah. Sie trug ein bauchfreies weisses Top und zerrissene

knappe Hotpants. Ihre braunen Haare hatte sie zu einem hohen Pferdeschwanz zusammengebunden, und ihre hellbraunen Augen strahlten geradezu. „Hör zu, Schwesterherz, Dad hat heute viele Meetings, und Mom koordiniert seine Termine. Lassen wir ihnen die Zeit, okay?"
„Und was ist mit Nathan? Grandma wartet auf uns!"
„Nathan hat kein Zeitgefühl, Bani!"

Meine Schwester ist wie Mom eine Banshee. Nur Frauen und Mädchen können Banshees sein. Deshalb nenne ich meine Sis oft Bani. Dad nennt Mom, seit sie sich kennen, nur Kitty. Zu Millie sagt er Banibaby, was ich sehr lustig finde. Dad hat einfach die besten Spitznamen!

„Und ausserdem ziehst du dir morgen bitte etwas anderes an. Längere Hosen und ein längeres T-Shirt! Meinen Jungs fallen die Augen raus, wenn sie dich so sehen."
Millie verdrehte auffällig die Augen und musterte mich von Kopf bis Fuss. Ich trug schwarze Cargo-Shorts und dazu ein passendes dunkelblaues Tanktop. Meine starken Oberarme kamen so noch besser zum Ausdruck. Meine dunkelbraunen Haare waren wie jeden Tag leicht verwuschelt, und meine grossen braungrünen Augen, die ich von Dad anscheinend erbte, glänzten im Sonnenlicht.
„Mom meinte, ich darf das anziehen!"
„Dad aber nicht! Das sagte er früher auch zu Mom, wenn sie zu knappe Klamotten getragen hat."

„Du bist mein Bruder, Shane!"

„Ja, dein älterer Bruder, und ich beschütze dich vor bösen Männern und vor Typen, die dich anmachen wollen!"

„Übertreib!" Sie latschte geradeaus zum Schulausgang und verschwand auf dem Pausenhof. Ich sah ihr hinterher, bis ich sie nicht mehr sehen konnte. Schande, ich musste ihr hinterher!

*Dann beweg deinen Arsch! Die drei heissen Ladys können auf dich warten. Sie halten es 24 Stunden auch ohne dich locker aus, oder?*
Jaja …

Kurz und knapp verabschiedete ich mich von den hübschen Girls und rannte auf den Pausenhof. Ich suchte wie ein Verrückter nach Millie. Diese kleine Nixe hatte einfach zu schnelle Beine! Warum musste meine vierzehnjährige Schwester nur so klein und flink sein?! Wiesooo?! Sie war mehr als einen Kopf kleiner als ich und konnte sich in jeder Ecke verstecken. Das war einfach unglaublich! Und ich? Ich schlug mir beinahe überall die Stirn an und konnte mich nur noch hinter Bäumen verstecken!
Doch da entdeckte ich sie! Millie lief gerade an meiner Clique vorbei, schenkte jedoch keinem ihren Blick. Das war meine Schwester! Leonard pfiff ihr hinterher. Doch bevor er sie an der Schulter packen konnte, funkte ich Millie und Leonard dazwischen. „Finger weg von ihr! Wie oft muss ich dir das noch sagen, Leo?!"

Sauer stiess ich ihn nach hinten, packte Millie am Oberarm und zog sie von der Gruppe weg. Ich hörte Leonard fluchen und beobachtete, wie er sich den Rücken rieb, weil er zu Boden plumpste. Naja, das war Karma. „Du hast wieder einmal gewonnen, Bani!" Mit einem stolzen Lächeln klopfte sich Millie auf die Schulter. Wir beide lachten und prusteten los.
Wie ich meine Schwester liebe!

Auf dem Weg zu Grandma lästerte Millie über ein Mädchen, das sie nicht ausstehen konnte, ich mochte sie ebenfalls nicht. „Und dann habe ich Daisy weggestossen! Coole Aktion, hab ich recht?" Sie sah mich dabei strahlend an.
Ich verwuschelte ihre Haare und lachte leise. „Sehr sogar."
Millie grinste breit und rannte auf Grandmas Haus zu, das sich nur noch wenige Meter vor uns befand. Ich eilte zu Millie und klingelte, obwohl Millie die Klingel bereits gedrückt hatte. Kurz hörte ich das Aufschreien eines kleinen Jungen, das konnte nur Nathan sein.

Unser kleiner Bruder ist gerade mal zehn Monate alt. Wir lieben ihn über alles. Er ist der Engel unserer Familie und rund um die Uhr glücklich. Wenn er mal weint, dann nicht lange, er bringt uns alle so oft zum Lachen.

Ich konnte es kaum abwarten, Nathan zu sehen.

Grandma öffnete die Tür und hielt glücklich unseren kleinen Bruder in den Armen.

Mom meint, dass Nathan mir stark gleicht. Er hat für sein junges Alter sehr viel braunes Haar, jetzt schon wunderschöne Lippen, und seine Augen strahlen braungrün wie meine.

Er sah einfach zu süss aus in seinem blau-gelben Minion-T-Shirt und den kurzen schwarzen Höschen. In der linken Hand hielt er seinen Schnuller, sein rechter Daumen war leicht feucht, was bedeutete, dass er an ihm gelutscht hatte. Freudestrahlend warf Nathan seine kleinen Arme in die Luft. „Sain …, Mimmi …!", frohlockte er mit seiner hohen Stimme.

Er klingt so süss, wenn er versucht, Shane zu sagen. Das „Sch" kann er noch nicht aussprechen. „Mimmi" klingt auch allerliebst und irgendwie witzig.
„Mimmi" gefiel Milli anfangs gar nicht, weil ich ihr darauf Minnie Mouse sagte. Aber irgendwann gewöhnte sie sich daran.
Und jetzt, jedes Mal, wenn sie Nathan sieht und er ihr Mimmi sagt, schmelzt sie dahin.

„Nathan!", rief Millie vergnügt und nahm ihn vorsichtig auf den Arm. Lächelnd spielte er mit ihren langen Haaren und blickte mich zwischen-durch an.
Dieser kleine Junge ist zu süss für die Welt!
Grinsend wuschelte ich durch seine vielen Haare,

was er so lustig fand.

Wie schon gesagt, er ist immer glücklich!

„Wie war die Schule, meine zwei Süssen?", fragte uns Grandma.

Bei ihrem Anblick sehe ich jedes Mal Mom vor mir. Grandma und Mom gleichen sich aufs Haar, und ich weiss ehrlich gesagt nicht, was Mom von Grandpa erbte. Doch Grandpa interessiert mich nicht! Dieser Mörder! Zum Glück hat Mom ihn erledigt! Okaaay, zugegeben, Dads Vater ist auch nicht top! Er verbannte Dad aus der Familie und brach den Kontakt zu ihm komplett ab.

Nachdem Millie und ich Grandma ein paar Schulgeschichten erzählt hatten, machten wir uns auf den Weg zu Dads Firma in Adelaide. Ich hatte Millies Erlaubnis, Nathan zu tragen. Immer wieder küsste ich seine Backen und kitzelte ihn zwischendurch. Er lachte und klatschte fröhlich in die kleinen Hände. Ich musste gut aufpassen, ihn nicht fallen zu lassen. Millie kniff Nathan und mir sanft in die Wange und kicherte laut. Sie bekam unsere volle Aufmerksamkeit.

Bald erreichten wir das grosse weisse Hochhaus, das nur meinem Dad gehörte.

Ich bin sehr stolz auf ihn und auf das, was er in den letzten Jahren alles gemeistert hat. Er ist mein Held.

Im Hochhaus war alles schön gepflegt. Im Hintergrund lief leise die Hitparade. Viele Männer und

Frauen gingen die Treppen hoch und runter. Einige nahmen den Lift oder holten sich etwas aus dem Automaten, der zuhinterst im Empfangsraum stand. Dort bediente ich mich oft, da für uns Kinder die Süssigkeiten umsonst waren. Auch Millie schlug oft zu, doch der grösste Suchti war ich! „Mama!", rief Nathan durch den ganzen Raum und zeigte mit seinem kleinen Finger zu einer wunderschönen Frau an der Rezeption … zu unserer wunderbaren Mom.

Wie einst als junge Frau hat sie noch immer gepflegtes langes dunkelbraunes Haar. Mit ihren ausdrucksvollen tiefbraunen Augen sieht sie noch heute bezaubernd aus. Ich verstehe, warum Dad ihr nie widerstehen konnte. Mom hat den besten Charakter und ist mit Abstand die schönste Mama ever. Ich bin stolz, sie als Mom zu haben.

„Hey, da seid ihr endlich! Hab schon gedacht, dass ihr gar nicht mehr kommt." Sie lief um die Rezeption, trug eine schöne weisse Bluse und einen engen, knielangen, schwarzen Rock.
Dad gefällt das sehr.
Lächelnd fiel Millie in Moms Arme, und Mom drückte ihr einen langen Kuss auf die Wange. Danach drehte sie sich zu mir um und blickte mich mit einem breiten Strahlen an. „Naaa, junger Mann, wie war die Schule? Viele Mädchen erobert?"
Wie ich meine Mom liebe.
Kichernd küsste ich sie auf die Stirn. „Beinahe.

Millie kam dazwischen!"

„Tjaa! Pech gehabt!", mischte sich Millie ein und stiess mich in die Seite.

Mom streckte ihre Arme nach Nathan aus, der sofort zu ihr wollte. „Nathibaby! Ich hab dich so vermisst, mein Baby." Mom verteilte in Nathans Gesicht überall kurze Küsschen, was bei ihm ein lautes Lachen auslöste.

„Du bist nicht die Einzige, die Nathibaby vermisst hat, Kitty!"

Ich blickte über Moms Schulter und entdeckte Dad, der gerade mit einer schwarzen Aktenmappe die Treppe runterkam. Er trug ein schickes weisses Hemd mit modernen schwarzen Jeans und schien, wie jeden Tag, sehr glücklich zu sein. Mom verdrehte lustig die Augen und strich dem schmunzelnden Nathan durchs viele feine Haar.

Millie zog Dad in eine liebevolle Umarmung und wollte ihn gar nicht mehr loslassen, bis ich hinter ihr stand.

Die Jungs aus meiner Clique umarmen ihre Dads gar nicht, doch ich schon. Es ist mir egal, was die anderen über mich denken, denn ich bin stolz auf meinen Vater und zeige das gerne. Seit klein auf ist Dad immer für mich da, unternimmt tolle Sachen mit mir und unterstützt mich jederzeit. Das schätze ich sehr an ihm, weshalb er nicht nur mein Held, sondern auch mein grösstes Vorbild ist.

Kaum liess Millie ihn los, fiel ich Dad um den Hals. Ich bin schon fast gleich gross wie er.

Dad legte die Mappe auf den Boden, um mich

ebenfalls zu drücken. „Wie war dein Tag, Shane, und wie lief es mit den Mädels? Hast du dir eine geangelt?", wollte er scherzend wissen und löste sich aus meinen Armen. Schade, ich wollte ihn noch länger umarmen.

„Nein, habe ich nicht, Dad. Beinahe hätte ich heute drei Herzen erobert, doch Millie kam dazu."

Dad klopfte mir lachend auf die Schulter und widmete sich dann Mom und Nathan.

Schmunzelnd betrachtete ich Dad und Mom. Es war einfach wunderschön, wie sie sich gegenseitig anlächelten. Unglaublich, die Geschichte meiner Eltern! Was Mom als Teenager alles hatte erleben müssen und wie sie mit achtzehn beinahe gestorben wäre. An jenem Tag, an dem sie zusammenkamen, wurde Moms Leben gerettet. Dank Dad überlebte sie!

Ich bin Dad unglaublich dankbar, dass er Mom nie im Stich liess, immer an ihrer Seite stand und dies bis heute tut. Denn ohne sie gäbe es Millie, Nathan und mich nicht. Und wenn Dad nie Moms Bodyguard geworden wäre, dann hätten sie sich nie ineinander verliebt und die ganze Geschichte hätte nie stattgefunden.

# Autorin

Ich heisse Joëlle Schüpfer und bin im Dezember
2002 zur Welt gekommen. Ich mag Tiere, vor allem
meine einzigartige und lustige Perserkatze. Tiere,
damit meine ich nun aber die kleinen, bunten
Wackelköpfchen aus Kunststoff mit den grossen
Kulleraugen, die Littlest Pet Shops, begeisterten
mich vom Kindergartenalter an bis Ende Primar-
schule. Mit ihnen spielte ich stundenlang und
zusammen versanken wir in unsere eigene
Fantasie- und Abenteuerwelt. Das Schreiben habe
ich diesen niedlichen Plastiktierchen zu verdanken.
Anstatt mit ihnen zu spielen, begann ich in meinen
Herbstferien 2014, am Computer meine eigenen
Fantasiegeschichten zu schreiben. Dies mache ich
bis heute mit viel Freude und guter Musik dazu.
Mein erstes Buch aus dem Jahre 2015 trägt den
Titel «Two black Shadows». Das zweite Buch
veröffentlichte ich 2017 und heisst «halbseelig».

Zeitfracht Medien GmbH
Ferdinand-Jühlke-Straße 7
99095 Erfurt, Deutschland
produktsicherheit@kolibri360.de